EMPREENDEDORISMO ESTRATÉGICO

Criação e gestão de pequenas empresas
2ª edição

Dados Internacionais de Catalogação na Publicação (CIP)

E55   Empreendedorismo estratégico : criação e gestão
de pequenas empresas / Osvaldo Elias Farah, Marly Cavalcanti, Luciana Passos Marcondes (Orgs.). - 2. ed.
- São Paulo, SP : Cengage Learning, 2017.
     308 p. : il. ; 23 cm.

     ISBN 978-85-221-2633-0

     1. Empreendedorismo. 2. Pequenas e médias empresas. 3. Plano de negócios. 4. Estratégia empresarial.
I. Farah, Osvaldo Elias. II. Cavalcanti, Marly. III.
Marcondes, Luciana Passos. IV. Título.

     CDU 658.012.29
     CDD 658.42

Índice para catálogo sistemático:

1. Empreendedorismo 658.012.29
(Bibliotecária responsável: Sabrina Leal Araujo - CRB 10/1507)

EMPREENDEDORISMO ESTRATÉGICO

Criação e gestão de pequenas empresas

2ª edição

Osvaldo Elias Farah, Marly Cavalcanti e
Luciana Passos Marcondes (Orgs.)

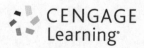

Austrália • Brasil • Japão • Coreia • México • Cingapura • Espanha • Reino Unido • Estados Unidos

Empreendedorismo estratégico – Criação e gestão de pequenas empresas
2ª edição
Osvaldo Elias Farah, Marly Cavalcanti e Luciana Passos Marcondes (Orgs.)

Gerente editorial: Noelma Brocanelli

Editora de desenvolvimento: Salete Del Guerra

Editora de aquisição: Guacira Simonelli

Supervisora de produção gráfica: Fabiana Alencar Albuquerque

Produção gráfica: Raquel Braik Pedreira

Especialista em direitos autorais: Jenis Oh

Revisões: Sandra Scapin, Vero Verbo e Marileide Gomes

Diagramação e capa: Gabriel Cernic

Imagem da capa: Sumkinn/Shutterstock

Copyright © 2018 Cengage Learning Edições Ltda.

Todos os direitos reservados. Nenhuma parte deste livro poderá ser reproduzida, sejam quais forem os meios empregados, sem a permissão por escrito da Editora. Aos infratores aplicam-se as sanções previstas nos artigos 102, 104, 106, 107 da Lei n. 9.610, de 19 de fevereiro de 1998.

Esta editora empenhou-se em contatar os responsáveis pelos direitos autorais de todas as imagens e de outros materiais utilizados neste livro. Se porventura for constatada a omissão involuntária na identificação de algum deles, dispomo-nos a efetuar, futuramente, os possíveis acertos.

A Editora não se responsabiliza pelo funcionamento dos links contidos neste livro que possam estar suspensos.

Para informações sobre nossos produtos, entre em contato pelo telefone **0800 11 19 39**
Para permissão de uso de material desta obra, envie seu pedido para
direitosautorais@cengage.com

© 2018 Cengage Learning. Todos os direitos reservados.

ISBN 13: 978-85-221-2633-0

ISBN 10: 85-221-2633-X

Cengage Learning
Condomínio E-Business Park
Rua Werner Siemens, 111
Prédio 11 – Torre A – Conjunto 12
Lapa de Baixo – CEP 05069-900
São Paulo – SP
Tel.: (11) 3665-9900
Fax: 3665-9901
SAC: 0800 11 19 39

Para suas soluções de curso e aprendizado, visite **www.cengage.com.br**

Impresso no Brasil

2 3 4 5   20 19 18 17

Apresentação

O primeiro capítulo desta obra apresenta o texto *Entre o sonho e a realidade*, abordando os principais conceitos sobre o empreendedorismo. Traça também o perfil do empreendedor de sucesso, apresentando as características que ele deve ter. Trata ainda dos motivos e recomendações a serem perseguidos quando da iniciação de um negócio.

No Capítulo 2, são elencados conceitos sobre plano de negócio, mostrando um roteiro básico para sua elaboração. Várias fases compõem o plano de negócio, e ele pode ser considerado um diagnóstico. O texto traz também informações sobre como localizar empresas industriais, comerciais e de serviços, além da escolha adequada do ponto onde a empresa deve ser instalada.

As principais funções administrativas estão apresentadas no Capítulo 3, com o objetivo de mostrar ao empreendedor o conhecimento teórico mínimo requerido para aumentar a chance de ser bem-sucedido em seu empreendimento. Nesse texto, os conceitos de planejamento, organização, comando, coordenação e controle, com ênfase no processo de tomada de decisão são discutidos.

O Capítulo 4 traz questões enfrentadas na vida do empreendimento. Aqui, são tratados conceitos sobre conflitos internos e pressões externas emanadas dos diversos *stakeholders* (grupos interessados na organização). O empreendedor terá aqui algumas dicas para administrar sua empresa em situações embaraçosas e em períodos turbulentos.

O Capítulo 5 oferece uma visão geral da abertura e da formalização de empresas no que tange às implicações legais, importante para o início e a sobrevivência da empresa. São trazidas à tona questões de ordem legal, que o empreendedor precisa conhecer para a regularização da pequena empresa juntos aos órgãos competentes.

Os autores apresentam no Capítulo 6 as unidades e suas diversas atividades concernentes a uma eficiente gestão de informações tanto interna quanto externamente. Apresenta também os sistemas mais viáveis de serem implementados nas pequenas empresas.

O Capítulo 7 mostra várias formas de estruturar um sistema de marketing, suas várias funções, responsabilidades, focando principalmente questões como comportamento do consumidor, plano de marketing, estratégias de marketing, entre outros.

O Capítulo 8 trata da gestão de pessoas, elencando sua posição dentro da estrutura organizacional e suas principais atividades, enfatizando o aspecto comportamental.

No Capítulo 9 são contempladas as funções principais atribuídas a um gestor de produção. Além disso, aborda a maneira como planejar e controlar a produção, os vários tipos de produção e as ferramentas para análise e controle na elaboração dos produtos.

A área financeira é estudada no Capítulo 10, que traz conceitos sobre o planejamento financeiro para a gestão, visando à sobrevivência e ao crescimento empresarial. O capítulo faz um link com o plano de negócio, abordando ainda a análise dos demonstrativos de resultados, o controle de caixa e de estoques, o balanço geral e os indicadores financeiros. Trata também da adequação dos custos e da formação do preço de venda.

Para que o empreendedor possa avaliar constantemente seu negócio, no Capítulo 11 são fornecidos conceitos sobre a avaliação do desempenho empresarial, e conta com a poderosa ferramenta que mostra a evolução dos resultados financeiros, batizada pelos autores como ERF.

O Capítulo 12 aborda o sistema de franquias que atualmente é uma opção forte para a iniciação de um negócio de sucesso. Traz as vantagens e desvantagens de ser um franqueado, além de mostrar os diferentes tipos de franquias.

No início de cada capítulo, são apresentadas Histórias vividas de um empreendedor e, no final, o capítulo é enriquecido com *Dicas do consultor*, onde os empreendedores poderão conferir as sugestões de como melhor gerir seus negócios.

O que há de novo nesta edição

Esta edição apresenta detalhes inéditos. A apresentação de cada capítulo conta com objetivos do capítulo, estudo de caso fictício com questões, dicas do consultor e questões no final, além dos termos-chave utilizados com a respectiva explicação. Ele ainda é enriquecido com histórias reais que abrem cada capítulo. Estas histórias elucidativas de experiência vivida com um dos autores retratam o cotidiano do comércio praticado pelos imigrantes árabes no Brasil, com o objetivo instrucional e também motivacional.

Material de apoio on-line para professores

Como material de apoio, estão disponibilizados no site da Cengage Learning (www.cengage.com.br), na página do livro, apenas para os professores, estudos de casos de empresas que retratam alguma situação-problema a ser resolvida. O caso pode ser resolvido individualmente ou em equipe, conforme o critério que o professor adotar, o que vai enriquecer e favorecer o aprendizado de forma mais prática e, em alguns casos, mais motivacional. Também estão disponíveis para os professores as respostas às questões propostas ao longo do livro. São questões apenas sugestivas, pois acreditamos na capacidade de colegas de uma profissão desgastante, mas ao mesmo tempo tão gratificante, que não só forma executivos, empreendedores, mas também pensadores, pesquisadores e designers do futuro da gestão empresarial brasileira.

***

Para críticas e sugestões, envie e-mail para o prof. dr. Osvaldo Elias Farah, atendimento@faraestrategiaeinovacao.com.br, ou visite o site www.farahestrategiaenivoacao.com.br e deixe sua contribuição.

Sobre os autores

Alfredo Colenci Junior

Doutor e mestre em Engenharia de Produção pela Escola de Engenharia de São Carlos, da Universidade de São Paulo (USP), foi vice-superintendente da Faculdade de Tecnologia (Fatec) Paula Souza-SP.
Contato: *colenci@terra.com.br*

Anderson Santos

Mestrando em Administração pela Universidade Metodista de Piracicaba (Unimep) e pós-graduado em Logística Empresarial, com especialização em Gestão Estratégica de Negócios Administrador, atuou como executivo em empresas nacionais e multinacionais nas áreas de operações, projetos e desenvolvimento de negócios. Atualmente é consultor do Sebrae-SP, Escritório Regional Piracicaba.
Contato: *andersons@sp.sebrae.com.br*

Antonio Carlos Giuliani

Graduado em Administração pela Unimep, com especialização em Marketing pela Fundação Getulio Vargas (FGV) e pela University of California Berkeley, e doutorado e mestrado em Administração pela Unimep. Coordenador e docente do PPGA — Programa de Pós-Graduação Mestrado Profissional e Doutorado em Administração e do MBA em Marketing da Unimep. É professor visitante da Universidad Nacional de La Plata, na Argentina; da Universidad Madero, no México; e da Universidad Sevilla, na Espanha. É autor e coautor de 17 livros publicados no Brasil, na Argentina, no México e nos Estados Unidos. Consultor *ad-hoc* do Ministério da Educação, Inep/Sinaes.
Contato: *cgiuliani@unimep.br*

Christiano França Cunha

Docente de Administração na Universidade Estadual de Campinas (Unicamp), campus Limeira, na Faculdade de Ciências Aplicadas (FCA). Ex-docente do Programa de Mestrado Profissional e Doutorado em Administração da Unimep, ex-docente da Fatec Piracicaba e da Escola Superior de Agricultura Luiz de Queiroz (Esalq/USP), Campus Piracicaba. Graduado em Engenharia Agronômica, pela USP; mestre em Economia Aplicada, pela Esalq/USP; e doutor em Administração, pela Faculdade de Economia, Administração e Contabilidade (FEA) da USP. Pesquisador visitante na Virginia Polytechnic Institute and State University, nos Estados Unidos.
Contato: *chfcunha@gmail.com*

Carlos Eduardo Franchisqueti

Graduado em Ciências Econômicas pelo Isca de Limeira-SP, com especialização em Gerência Financeira Administrativa e de Controle pela Universidade Salesiana (Unisal) Americana-SP e mestrado e doutorado em Administração pela Faculdade de Gestão e Negócios (FGN) da Unimep Piracicaba/SP. Atua como professor da Universidade Paulista (Unip) de Limeira e professor e coordenador dos Cursos de Administração e Ciências Contábeis das Faculdades Integradas Einstein de Limeira (Fiel). Tem experiência em gerenciamento de empresas nas áreas de controle, elaboração de custos, processos e operações financeiras.

Contato: *cefrancischetti@gmail.com*

Clóvis Luís Padoveze

Docente e pesquisador integral do PPGA da Unimep, graduado em Administração de Empresas pela Pontifícia Universidade Católica (PUC-Campinas) e em Ciências Contábeis pelo Isca de Limeira-SP, com especialização em Contabilidade e Finanças e em Especialização em Finanças pela Unimep, mestrado em Ciências Contábeis pela PUC-SP, em 1992, e doutorado em Controladoria e Contabilidade pela USP, em 1998. Consultor da Lojas Manica e consultor-conselheiro econômico da West Brasil.

Contato: *cpadoveze@yahoo.com.br*

Edmundo Escrivão Filho

Graduado em Administração de Empresas, pelo Centro de Ensino Superior de São Carlos-SP; em Ciências Contábeis, pelo Centro de Ensino Superior de São Carlos; e em Engenharia de Produção pela USP. Mestre em Administração pela PUC-SP; doutor em Engenharia de Produção pela Universidade Federal de Santa Catarina; especialista em Administração Hoteleira pela Faculdade Senac de Turismo e Hotelaria de Águas de São Pedro; e livre-docente em Engenharia de Produção pela USP. Docente-Associado 3 do Departamento de Engenharia de Produção da Escola de Engenharia de São Carlos (EESC) da USP e coordenador do Grupo de Estudos Organizacionais da Pequena Empresa (Geope).

Contato: *edesfi@sc.usp.br*

Edgard Monforte Merlo

Doutor e mestre em Administração pela Faculdade de Economia e Administração (FEA) da USP; mestre em Economia pela PUC-SP; bacharel em Economia pela PUC-SP; professor associado da FEA/RP da USP, campus Ribeirão Preto-SP; e coordenador da obra *Gestão do varejo*.

Contato: *edgardmm@usp.br*

Elaine Aparecida Dias

Mestra em Administração e especialista em Gestão Pública Municipal e em Administração Financeira, tem formação em Ciências Contábeis. Membro efetivo da Academia Limeirense de Letras (ALLe) e professora do Ensino Superior em graduação e pós-graduação/MBA. *Coach* e Analista de Perfil Comportamental, e diretora da ISI INFINITY Desenvolvimento Profissional e *Coaching*, onde forma *coaches*, líderes *coaches* e analistas comportamentais, além de trabalhar com desenvolvimento de lideranças e treinamentos abertos e customizados para organizações de todo tipo de tamanho.
Contato: *elaine@infinityative.com.br*

Ethel Cristina Souza Chiari

Doutora em Engenharia de Produção pela USP-SP, mestre em Engenharia (Engenharia de Produção) pela mesma instituição, graduada em Engenharia de Produção de Materiais pela Universidade Federal de São Carlos (UFSCar), atua como consultora interna nas áreas de planejamento e controle da produção e gestão de pessoas. Diretora do Departamento de Desenvolvimento Econômico da Secretaria Municipal de Desenvolvimento Sustentável, Ciência e Tecnologia da Prefeitura Municipal de São Carlos, é coordenadora do Curso de Graduação em Engenharia de Produção da Universidade de Araraquara (Uniara) e docente do Programa de Mestrado Profissional em Engenharia de Produção. Foi membro titular do Conselho Municipal de Ciência Tecnologia e Inovação de São Carlos (Comciti), do Conselho Municipal da Micro e Pequena Empresa de São Carlos (Commpe) e da Comissão Municipal de Emprego do Município de São Carlos. Sua área de atuação compreende gestão da produção e operações e gestão de pessoas.
Contato: *e-chiari@uol.com.br*

Francisco Ignácio Giocondo César

Graduado em Engenharia Mecânica pela Universidade Estadual Paulista Júlio de Mesquita Filho, tem Licenciatura em Matemática pelo Centro Universitário Claretiano de Batatais. É também mestre em Administração de Empresas Profissional pela Unimep, e doutor em Engenharia de Produção pela Unime. Atua como professor do Instituto Federal de São Paulo — *Campus* Piracicaba. Tem experiência na área de engenharia de produção, com ênfase em qualidade e produtividade, melhoria contínua, six sigma, gestão de projeto e produção enxuta. Atua, ainda, em grupos de pesquisa da Unicamp/FCA e é professor pesquisador do Instituto Federal de São Paulo (IFSP) e avaliador de Curso do Setec/MEC – Pronatec/Bolsa Formação. Faz parte da Comissão Especial de Avaliação do Processo de Reconhecimento de Saberes e Competência /Simec.
Contato: *giocondo.cesar@gmail.com*

X · Empreendedorismo estratégico

Graziela Oste Graziano

Doutora em Administração pela Universidade Nove de Julho (Uninove-SP). Mestra em Administração, especialista em Gestão de Pessoas e graduada em Administração de Empresas pela Unimep. Professora do Programa de Pós-Graduação – mestrado profissional em Administração, da Faculdade de Gestão e Negócios da Unimep e atua nas áreas de Gestão de Pessoas e Estratégias de Marketing.
Contato: *gzograzian@unimep.br*

Helenita R. da Silva Tamashiro

Graduada em Ciências Econômicas e pósgraduada em Gestão de Estratégias de Negócios do Centro Universitário Moura Lacerda, mestre em Administração pelo Centro Universitário de Franca (UNIFacef) e doutoranda em Administração pela Faculdade de Economia, Administração e Contabilidade de Ribeirão Preto, da USP.
Contato: *hrstamashiro@ibest.com.br*

Janilson das Neves Pinheiros

Mestre em Estudo dos Problemas Brasileiros pela Universidade Mackenzie, bacharel em Ciências Contábeis e em Administração pela Universidade Camilo Castelo Branco (Unicastelo) e em Ciências Jurídicas pela Universidade Cidade de São Paulo (Unicid), é pós-graduado (*lato senso*) em Psicologia pela Unicastelo, e em Estudo dos Problemas Brasileiros pela Universidade Mackenzie-SP. Cursou especialização em Economia e Geografia pela Unicid, e Política pela Escola Superior de Sociologia e Política. É diretor presidente da Gê Assessoria e Consultoria.
Contato: *janilson@geassessoria.com.br*

José Benedito Sacomano

Graduado em Engenharia Civil, é mestre e doutor em Engenharia Mecânica pela USP-SP. Atua como professor titular da Universidade Paulista (Unip-SP). Tem experiência na área de engenharia de produção, com ênfase em planejamento, projeto e controle de sistemas de produção, atuando principalmente nos seguintes temas: planejamento, qualidade, construção civil, administração da produção e engenharia de produção.
Contato: *jbsacomano@gmail.com*

Luciana Passos Marcondes

Doutora em Administração (Marketing) pelo Programa de Pós-graduação em Administração da Uninove, tem mestrado em Administração de Empresas pelo Centro Universitário Moura Lacerda. Atua como professora e orientadora do curso a distância de Gestão Empresarial (EAD) da Fatec de Araçatuba-SP, do Centro Universitário Católico Salesiano

Auxilium (UniSalesiano) e da Fundação Educacional de Penápolis (Funepe). Tem experiência na área de administração, atuando nas áreas de empreendedorismo, estratégia e finanças.

Contato: *lupassosmarcondes@terra.com.br*

Luciana Helena Crnkovic

Coordenadora do Curso de Administração da Unicastelo, campus Descalvado-SP, e do Instituto Matonense Municipal de Ensino Superior (Immes), em Matão-SP. Doutora em Administração, do PMDA da Uninove, mestra em Engenharia de Produção pela Escola de Engenharia de São Carlos (EESC-USP), é graduada em Ciências Sociais pela UFSC. Tem experiência na área de administração, com ênfase em recursos humanos, atuando principalmente nos seguintes temas: estratégia de pequenas empresas, empresas de base tecnológica e metodologia científica.

Contato: *crnkovic20@yahoo.com.br*

Marly Cavalcanti

Graduada em Medicina Veterinária pela Unip, e em Ciências Jurídicas e Sociais pela USP, é mestra em Ciências Sociais pela PUC-SP, em Administração de Empresas pela FGV/SP e em Filosofia pela PUC-SP. É doutora em Administração pela USP, livre-docente em Planejamento Estratégico pela PUC-SP e psicanalista pelo Sindicato dos Psicanalistas do Estado de São Paulo. Foi docente titular-graduação e pós-graduação em Administração da PUC-SP e docente permanente e titular B da Universidade Metodista de São Paulo (Umesp) no mestrado em Administração. É docente do Centro Estadual de Educação Tecnológica Paula Souza e do Centro Universitário Salesiano-Unisal, *campus* de Santa Terezinha-SP. Tem mais de 20 livros publicados.

Contato: *cavalcanti.marly@gmail.com*

Nadia Kassouf Pizzinatto

Doutora, mestra e especialista em Administração pela Escola de Administração de Empresas de São Paulo, da FGV, docente titular e pesquisadora do programa de mestrado em Administração da Uninove (PPGA/Uninove). É membro dos Conselhos Consultivo e Fiscal da Associação Nacional de Cursos de Graduação em Administração (Angrad) e consultora do curso de doutorado do Ministério da Educação em Comissões de Verificação de Cursos de Graduação em Administração no Brasil. É autora de livros, capítulos de livros e trabalhos apresentados em eventos científicos nas áreas de Administração e Marketing, dentre eles, o livro *Pesquisa pura e aplicada para marketing*. É Presidente da Comissão de Pesquisa do Conselho de Coordenação do Ensino, Pesquisa e Extensão da Unimep.

Contato: *nkpizzinat@unimep.br*

Osvaldo Elias Farah

Doutor em Administração pela Faculdade de Economia, Administração e Contabilidade (FEA-USP), mestre em Administração pela EAESP-FGV, bacharel em Ciências Econômicas pelo Centro Universitário Moura Lacerda, foi docente titular e pesquisador do Programa de Pós-graduação em Administração da Uninove (PPGA/Uninove) e do programa de Pós-graduação em Administração da Unimep. É organizador das obras *Empreendedorismo estratégico: criação e gestão de pequenas empresas* e *Empreendedorismo: estratégias de sobrevivência de pequenas empresas*, e coautor de mais de 15 obras nas áreas de administração, estratégia e marketing. É pesquisador do CNPQ, da Fapesp, sócio-presidente da Farah criação e estratégia e consultor de negócios.
Contato: *oefarah@gmail.com*

Pedro Luciano Colenci

Mestre em Desenvolvimento Regional e Meio Ambiente no Uniara. Advogado e contador; bacharel em Ciências Contábeis pelo Centro Universitário Central Paulista (Unicep) de São Carlos; pós-graduado pelo Instituto Nacional de Pós Graduação (INPG); especialista em Direito Empresarial; docente da Escola Técnica Profissionalizante da Fundação Paula Souza (Fatec); membro do Instituto de Desenvolvimento Humano e Sustentável.
Contato: *colencilu@yahoo.com.br*

Rodrigo Franco Gonçalves

Graduação e Bacharelado em Física pela USP, em 1999; mestrado em Engenharia de Produção pela Unip, em 2004; e doutorado em Engenharia (Engenharia de Produção) pela USP, em 2010. Tem experiência nas áreas de engenharia de produção, projeto e desenvolvimento de sistemas e inovação tecnológica. Atua nas seguintes áreas: gestão da produção, engenharia econômica e financeira, sistemas de informação, gestão do conhecimento, inovação e empreendedorismo. Atualmente, é professor titular do programa de pós-graduação *stricto sensu* em Engenharia de Produção da Unip, professor do departamento de Engenharia de Produção da Escola Politécnica da USP e professor de pós-graduação *lato sensu* da USP/Fundação Vanzolini.
Contato: *rofranco212@gmail.com*

Rubens Leonardo Marin

Graduado em Direito pela Universidade Presbiteriana Mackenzie (2000), especializado em Administração pela Faculdade Armando Álvares Penteado em 2002 e mestrando em Direito Civil pela USP. Atualmente é professor da Uniara.
Contato: *rlmarin@hotmail.com*

Ruth Aparecida Martins dos Santos

Mestre em Engenharia de Produção pela Unimep e pós-graduada em Psicopedagogia pela Uniso, com habilitação plena em Contabilidade e Custos pelas Faculdades Integradas Campos Salles de São Paulo e bacharel em Ciências Contábeis e Administração de Empresas pela Uniso. Docente em diversos cursos e orientadora de artigos científicos em Práticas de Pesquisa I, II e III na Uniso; docente e orientadora de trabalhos de conclusão no MBA da Escola Superior de Marketing e Comunicação de Sorocaba (Esamc) e da Uniso; ex-professora substituta na Universidade Federal de São Carlos (UFSCar); docente na Fatec de Itu; atua em consultoria organizacional, com ênfase em Organização e Controle em empresas de pequeno, médio e grande portes.

Contato: *rapare@hotmail.com*

Salvador Fittipaldi

Doutorando em Comunicação e mestre em administração pela Umesp; especialista em Didática do Ensino Superior pela Universidade São Judas Tadeu (USJT); especialista em Análise de Sistemas pela Faculdade de Ciências Econômicas de São Paulo (Facesp); especialista em Administração de Projetos pela Escola Politécnica da USP; bacharel em Administração pela Faculdade de Administração Luzwell; docente da Uninove e das Faculdades Santa Rita de Cássia; ex-docente da Faculdade Cantareira, da Universidade Bandeirantes (Uniban), das Faculdades Teresa Martin e da Universidade Guarulhos (Ung).

Contato: *prof.fittipaldi@gmail.com*

Silvia Helena Ramos Valladão de Camargo

Doutora em Administração pela Universidade do Estado de São Paulo (Fearp USP); pós-graduada em Didática do Ensino Superior e mestre em Administração pelo Centro Universitário Moura Lacerda; graduada em Ciências Contábeis e Administração; membro da Comissão Interna de Avaliação Institucional e do Colegiado de Cursos de Ciências Contábeis e Gestão Contábil; coordenadora do curso de Gestão Contábil do Centro Universitário Moura Lacerda.

Contato: *shcamargo.ml@convex.com.br*

Silvio Mandarano Scarsiota

Bacharel em Administração de Empresas pelo Centro Universitário Toledo e graduado em Tecnologia em Processamento de Dados pela Fundação Paulista de Tecnologia e Educação. Atualmente, é professor do Centro Universitário Salesiano de Araçatuba. Tem experiência na área de Administração, com ênfase em recursos humanos, estratégias corporativas e estruturas organizacionais.

Contato: *scars6@terra.com.br*

Teresa Dias de Toledo Pitombo

Doutorado (2015) e mestrado (2004) em Administração pela Universidade; graduada em Comunicação Social, com habilitação em Relações Pública pela PUC/Campinas (1994). Professora titular do Programa de Pós-Graduação em Administração da Unimep. Sócia diretora da Honne Comunicação e Marketing S.C. Ltda.
Contato: *tecpitom@unimep.br*

Valéria Rueda Spers

Doutora em Ciências Sociais pela PUC/SP em 2004. Atualmente, é docente permanente dos Programas de Pós-Graduação, Mestrado Profissional e Doutorado em Administração da FGN/Unimep. Docente do Doutorado e do Mestrado Profissional em Administração. Atua na área de Administração, com ênfase em estudos organizacionais, responsabilidade social, terceiro setor e governança corporativa.
Contato: *vrueda@unimep.br*

Walther Azzolini Júnior

Doutor em Engenharia Mecânica pela USP em 2004; docente pesquisador do programa de Pós graduação em Engenharia de Produção da EESC-USP de São Carlos; ex-docente do Uniara; Consultor ad hoc de Projetos de Pesquisa da Coordenação de Aperfeiçoamento de Pessoal de Nível Superior.
Contato: *wazzolini@sc.usp.br*

Yeda Cicera Oswaldo

Doutora em psicologia, mestra em educação, psicóloga, *master trainer coach* e mentora, *leader coach*, analista comportamental *master* bicertificada internacionalmente. Forma *master coaches*, mentores, líderes coaches e analistas comportamentais pela ISI INFINITY. Docente permanente do Mestrado Profissional em Administração da Unimep. Empresária, *business mentoring*, pesquisadora, palestrante, escritora com mais de 16 livros e capítulos de livros nacionais e internacionais, nos quais aborda assuntos relacionados a psicologia, gestão e negócios, liderança e gestão de pessoas.
Contato: *contato@infinityative.com.br*

Sumário

Prefácio	XXIII
Empreendedores das arábias	**1**
Capítulo 1 - Empreendedorismo: entre o sonho e a realidade	**3**
1.1 Empreendedorismo	**4**
1.2 Empreendedor	**7**
1.3 Perfil do empreendedor de sucesso	**15**
1.4 Características de gestão	**15**
1.5 Características gerais	**16**
1.6 Motivos para iniciar um negócio	**17**
1.7 Recomendações para se lançar na atividade empresarial	**18**
1.8 Empreendedorismo na pequena e média empresa	**19**
Termos-chave	**21**
Dica do consultor	**21**
Questões	**22**
Referências bibliográficas	**22**
Zaque e os amendoins	**27**
Capítulo 2 - Plano de negócio	**29**
2.1 O que é um plano de negócio	**30**
2.1.1 Roteiro básico para um plano de negócio	34
2.1.2 Objetivos	37
2.1.3 Análise de mercado	37
2.1.3.1 Marketing	38
2.1.3.2 Estratégias básicas	38
2.1.4 Produção e tecnologia	39
2.1.5 Organização e recursos humanos	39
2.1.6 Finanças – Projeções	40
2.1.7 Propriedade – Forma de organização jurídica	40
2.1.8 Formalização	40
2.2 O produto e o mercado	**41**
2.3 Esclarecimentos adicionais	**41**
2.4 Decisões sobre localização	**44**
2.4.1 O mapeamento local	44
2.4.1.1 O caso da indústria	44

2.4.1.2 Serviços	46
2.5 A escolha do ponto	**46**
Termos-chave	**49**
Dica do consultor	**50**
Questões	**51**
Referências bibliográficas	**51**
A ordem de Dobes	**53**
Capítulo 3 - Conhecendo a administração	**55**
3.1 Introdução	**56**
3.2 Processo administrativo	**58**
3.2.1 Planejamento	59
3.2.2 Organização	62
3.2.3 Liderança	65
3.2.4 Execução e controle	68
3.3 Processo administrativo e a tomada de decisão	**71**
3.3.1 Instrumentos da decisão	74
Termos-chave	**74**
Dica do consultor	**75**
Questões	**76**
Referências bibliográficas	**76**
O dia em que Salomão foi enganado	**79**
Capítulo 4 - Lidando com conflitos e pressões	**81**
4.1 Conflitos	**82**
4.1.1 Estratégias utilizadas para lidar com os conflitos	83
4.1.2 Solucionando conflitos interpessoais	85
4.1.3 Utilizando o conflito de forma produtiva	87
4.1.4 Lidando com as pressões externas	87
4.1.5 Apoio empresarial	89
4.1.6 Programas de treinamento e desenvolvimento	91
4.1.7 Programa de *coaching* e *mentoring*	92
Termos-chave	**93**
Dica do consultor	**94**
Questões	**96**
Referências bibliográficas	**97**
O chefe dos fiscais	**99**
Capítulo 5 - O nascimento de uma pequena empresa	**101**
5.1 Divisão das empresas antes do novo Código Civil	**102**

5.2 Divisão das empresas após a vigência do novo Código Civil 103
   5.2.1 Empresário 103
   5.2.2 Autônomo 104
5.3 Sociedades: conceituação 105
   5.3.1 Sociedade empresária 105
   5.3.2 Sociedade simples 106
5.4 Constituição e legalização de empresas 106
5.5 Sistema tributário brasileiro 121
   5.5.1 Lucro arbitrado 121
   5.5.2 Lucro real 122
   5.5.3 Lucro presumido 122
   5.5.4 Simples Federal (ME e EPP) 125
5.6 Considerações finais 125
Termos-chave 126
Dica do consultor 127
Questões 128
Referências bibliográficas 128

A criação do Excel, segundo Salim 131
Capítulo 6 - Gestão da informação 133
6.1 Introdução 134
6.2 De dados à informação 136
   6.2.1 Sistemas 136
6.3 Tipos de sistemas de informação 138
   6.3.1 Tipos de sistemas 138
      6.3.1.1 Sistemas de Informações Gerenciais (SIG)/Management
      Information System (MIS) 139
      6.3.1.2 Sistema de Apoio à Decisão (SAD)/Decision Support
      System (DSS) 141
      6.3.1.3 Sistema de Gestão Empresarial (SGE)/Enterprise Resource
      Planning (ERP) 141
      6.3.1.4 Data Warehouse (DW)/Data Mining (DM) 142
      6.3.1.5 Customer Relationship Management (CRM) 142
6.4 Considerações finais 143
Termos-chave 144
Dica do consultor 144
Questões 145
Referências bibliográficas 145

O Papai Noel	**147**
Capítulo 7 - Gestão de marketing	**149**
7.1 Conceitos de marketing	**150**
7.1.1 Tipos de marketing	151
7.2 Estruturas organizacionais de marketing	**153**
7.3 Estrutura organizacional do sistema de marketing	**153**
7.4 Gestão de desenvolvimento de produto	**154**
7.4.1 Gestão de vendas	155
7.4.2 Gestão de Comunicação Integrada de Marketing (CIM)	157
7.4.2.1 Comunicação administrativa	158
7.4.2.2 Comunicação institucional	159
7.4.2.3 Comunicação mercadológica	160
7.4.3 Gestão da distribuição física	162
7.4.4 Gestão de estudos de mercado	163
7.4.4.1 Setor de planejamento	163
7.4.4.2 Setor de informações de marketing	164
7.4.4.3 Planejando as atividades de marketing	165
7.5 Considerações finais	**166**
Termos-chave	**166**
Dicas do consultor	**167**
Questões	**168**
Referências bibliográficas	**168**
Treinamento para o trabalho	**171**
Capítulo 8 - Gestão de pessoas	**173**
8.1 Introdução	**175**
8.1.1 Entrega	176
8.1.2 Movimentação de pessoas	177
8.1.3 Captação de talentos	177
8.1.4 Internalização das pessoas	179
8.1.4.1 Contrato psicológico de trabalho	179
8.2 Desenvolvimento de pessoas	**180**
8.2.1 Treinamento e desenvolvimento	180
8.2.2 Gestão de carreira: uma responsabilidade compartilhada	181
8.2.3 Plano de carreira	182
8.3 Valorização e reconhecimento das pessoas	**183**
8.3.1 Remuneração	183
8.3.2 Remuneração direta	184
8.3.3 Fixação de metas	184
8.3.4 Remuneração indireta	185

8.3.5 Recompensas não financeiras	185
8.3.6 Empoderamento dos colaboradores	186
8.4 Considerações finais	**186**
Termos-chave	**187**
Dica do consultor	**187**
Questões	**189**
Referências bibliográficas	**189**

A carne de cabrito	**191**
Capítulo 9 - Gestão da produção	**193**
9.1 A função produção	**194**
9.1.1 Atribuições do administrador da produção	195
9.1.2 Estrutura do sistema produtivo	195
9.1.3 Planejamento e Controle da Produção (PCP)	197
9.1.3.1 Implantação do PCP	198
9.1.3.2 Programação da produção	199
9.1.4 A engenharia do produto	199
9.1.4.1 O desenvolvimento do produto	200
9.1.4.2 Especificação do produto e do processo	200
9.1.5 A engenharia do processo	201
9.1.5.1 Desenvolvimento do processo	202
9.2 Dimensões de operação da produção	**202**
9.2.1 Dimensão volume	202
9.2.2 Dimensão variedade	203
9.2.3 Dimensão variação (ou variabilidade da demanda)	203
9.2.4 Dimensão visibilidade (ou contato com o consumidor)	204
9.3 Ferramentas de análise e controle do produto	**204**
9.4 Considerações finais	**204**
Termos-chave	**205**
Dica do consultor	**206**
Questões	**207**
Referências bibliográficas	**207**

A boa mestra	**209**
Capítulo 10 - Gestão financeira	**211**
10.1 Introdução	**212**
10.2 Planejamento financeiro	**213**
10.2.1 Por onde começar	214
10.2.2 Elaboração do plano estratégico do negócio	215
10.2.3 Controle sobre as vendas	216

10.2.4 Custos e despesas	218
10.2.5 Análise dos demonstrativos de resultados	220
10.2.6 Controle de caixa do movimento realizado	221
10.2.7 Análise e adequação do fluxo de caixa e controle de estoque	222
10.2.8 Controle de estoques	225
10.2.8.1 Estoques não utilizáveis ou de dificuldade de utilização	227
10.3 Balanço gerencial	**227**
10.4 Indicadores financeiros	**228**
10.4.1 Ponto de equilíbrio	231
10.4.2 Cálculo do ponto de equilíbrio	231
10.5 Adequação dos custos e formação do preço de venda	**232**
Termos-chave	**236**
Dicas do consultor	**236**
Questões	**237**
Referências bibliográficas	**237**
A mudança ousada	**239**
Capítulo 11 - Avaliação do desempenho	**241**
11.1 Necessidade da avaliação do desempenho	**243**
11.2 Diagnóstico empresarial	**244**
11.3 Característica da análise empresarial	**244**
11.4 Análise de desempenho nas empresas maduras	**245**
11.4.1 Dependência de um cliente principal	246
11.4.2 Dependência de um único fornecedor	246
11.4.3 Modificações no mercado do produto	247
11.4.4 Alterações no mercado de insumos	247
11.4.5 Política de vendas	247
11.4.6 Empresas familiares	248
11.5 Avaliação dos resultados financeiros	**249**
11.6 Evolução dos Resultados Financeiros (ERF)	**250**
11.6.1 A metodologia	250
11.6.2 Procedimentos para calcular o ERF	250
11.6.3 Comportamento dos resultados	253
Termos-chave	**254**
Dicas do consultor	**254**
Questões	**255**
Referências bibliográficas	**255**

O cliente fiel	**257**
Capítulo 12 - Franquia: uma opção de negócios	**259**
12.1 Franquias no Brasil	**261**
12.2 Franquias: etapas na aquisição	**261**
12.2.1 Royalty	262
12.2.2 Taxa de franquia (*franchise fee* ou taxa inicial)	262
12.2.3 Fundo de propaganda (ou fundo de promoção)	262
12.2.4 Circular de oferta de franquia	262
12.3 Associação Brasileira de Franchising (ABF) e Business Format Franchising (BFF)	**263**
12.3.1 Associação Brasileira de Franchising (ABF)	263
12.3.2 Fatores contratuais da franquia de formato de negócio (BFF — Business Format Franchising)	263
12.3.3 Instrumento de franquia: a BFF	265
12.4 BFF: franquia conforme a natureza dos serviços prestados	**265**
12.4.1 Franquia de primeira geração	266
12.4.2 Franquia de segunda geração	267
12.4.3 Franquia de terceira geração	268
12.4.4 Franquia de quarta geração	270
12.4.5 Franquia de quinta geração	270
12.5 Diferenciais e suportes oferecidos pelas franqueadoras	**271**
12.6 Considerações finais	**277**
Termos-chave	**277**
Dicas do consultor	**278**
Questões	**279**
Referências bibliográficas	**279**
Indicação de sites	**281**

Prefácio

Ser empresário é uma tarefa para poucos. Apesar de haver muitos, não são todos que preenchem as características necessárias. Sobreviver como empresário são muitos, suceder como empresários são poucos. Preocupar-se com suas tarefas e dos outros, sustentar e garantir sustento de muitos é um senhor desafio. Nos tempos atuais, os responsáveis por empresas, principalmente as de pequeno porte, precisam ser pessoas com capacidade de realizar múltiplas tarefas. Como diz o provérbio popular "sem manter um olho no peixe e outro no gato" não se consegue prosseguir. A ousadia controlada, a coragem cautelosa e a retidão e determinação, além da busca por conhecimento e melhor formação devem ser características parceiras do bom empresário. O livro de Farah, Cavalcanti, Marcondes e colaboradores desenha um rumo para aqueles que querem estar engajados com sua empresa e sua determinação de progresso. Poucos livros reúnem os conceitos práticos necessários para alertar os empresários com relação a conceitos e aspectos necessários para o melhor desenho do plano de negócios de uma empresa. O presente livro vai direto ao ponto, mostrando diversos desses aspectos de forma clara e numa linguagem acessível a todos. É uma obra que deverá auxiliar muitos.

Como pesquisador e responsável por inovação na Universidade de São Paulo tenho a função de motivar e cooperar para que novas empresas surjam. Esta é a forma de participarmos da produção de recursos que alimentam e movem diversos setores do País. Motivando a formação de novas empresas, colocamos nossa contribuição à geração de recursos públicos.

Um aspecto importante no sucesso das pequenas empresas é a *inovação* e o aspecto empreendedor. *Inovação* é a palavra de ordem no desenvolvimento mundial. Nenhuma tecnologia é permanente. Tudo muda, e as empresas sabem que para se perpetuarem é necessário tornar seus produtos melhores, com diferenciais em relação aos concorrentes, ou mesmo proporem o novo. Nem sempre inovar é melhorar um produto, muitas vezes partir para o novo radical, ser ousado e empreendedor é a melhor saída. A rota da inovação e do empreender não é tão suave como parece. Há mais obstáculos que caminhos regulares, e desenvolver estratégias para superá-los são parte integrante do sucesso. Os pontos tomados como base neste livro facilitam a vida do inovador e empreendedor. Observar mercados, enxergar além, tirar das necessidades as oportunidades, exigem conceitos e preocupações expostas neste livro.

O livro deve ser uma leitura essencial para as empresas incubadas. Com as preocupações aqui expostas, as empresas terão certamente um ponto extra para que possam se graduar com a segurança necessária ao progresso e crescimento. Certamente é uma leitura que será introduzida nas incubadoras e parques tecnológicos da USP e de muitas outras.

Vanderlei S. Bagnato
Instituto de Física de São Carlos da
Universidade de São Paulo (IFSC-USP)
Agência USP de Inovação

Empreendedores das arábias

O avô Miguel Cônsul, vindo da Síria acompanhado de sua filha Najla e de seu filho Elias, viajou de trem para a cidade de Óleo a fim de visitar um amigo. Como não havia estação de trem na cidade, ele e os filhos acabaram descendo na estação de Cerqueira César, que era a mais próxima de Óleo. Como não podiam prosseguir no mesmo dia, pois o próximo trem só sairia no dia seguinte, começaram a andar pela cidade à procura de um local para descansar e pernoitar.

Ao passar pela loja de Antonio Salomão, Miguel escutou pessoas conversando em árabe. Entrou, apresentou-se e começaram a conversar. Quando foi convidado a pernoitar na casa de Salomão, prontamente aceitou. Miguel descobriu que Salomão também era natural de Yabroud, na Síria. A notícia se espalhou e outros patrícios acorreram à residência.

Depois de uns dias, Miguel acertou o casamento de Najla com o bem-sucedido comerciante. *Negócio fechado.* Dos dez filhos que tiveram, restaram quatro homens e quatro mulheres, pois um casal tinha falecido. Para se ter uma ideia da situação financeira de Salomão, sua festa de casamento durou uma semana. Iniciava por volta do almoço e só terminava às 21 horas. Os convidados não paravam de chegar. *Era aquela fartura.*

Salomão e seus dois irmãos eram donos da maior venda da cidade. Vendiam muito. Chegavam a receber um vagão de trem carregado de arroz ou açúcar. No entanto, em razão da quebra do café em 1930, seguido da revolução de 1932, perderam tudo.

Salomão viu-se em uma situação muito difícil. Sem nunca ter usado uma colher de pedreiro, decidiu abraçar essa profissão até que as coisas melhorassem. Partiu para o meio rural. *Fez serviços de pedreiro, carpinteiro, encanador, eletricista e pintor.*

Sem quaisquer meios de locomoção, ia e voltava a pé. Em 1940, construiu seu primeiro cômodo de alvenaria – *era um salão que servia para montar um negócio.* Descontente por ter perdido seu comércio, decidiu, porém, alugar o imóvel. *Após dez anos de trabalho pesado, sentindo-se muito cansado, Najla convenceu-o a montar um comércio.*

– Antonio, vamos montar um bar. Você fica no atendimento e eu na cozinha fazendo o que for necessário.

Iniciaram na véspera do Natal de 1949, com uma caixa de cerveja, uma de aguardente de cana, uma peça de mortadela e alguns pães. No dia de Natal fizeram pernil e pastéis. *A clientela foi gostando e começou a aumentar*. Com esse bar, conseguiram criar os filhos. Além disso, criavam carneiros, próximo ao estabelecimento, para vender a carne. E também curtiam o couro (pelego).

Quando se aproximava a Semana Santa, Salomão ia com os filhos menores buscar bambu, com os quais fabricava archotes para serem colocadas as velas para as procissões.

Euzelina, a filha mais velha, costurava peças de roupa e fazia flores para a confecção de coroas que seriam vendidas no dia de Finados. José, Zaque, Beethoven, Terezinha e Iolanda auxiliavam-na neste trabalho. Salomão ainda passou a consertar máquinas de costura de mão: comprava máquinas usadas e as reformava e vendia.

O casal agitava a família. Não tinha o que não fizessem e passassem o aprendizado para os filhos.

Eram os melhores empreendedores que conheceram.

Eram os seus heróis.

Os primeiros mestres na arte de negociar e empreender negócios.

Empreendedorismo: entre o sonho e a realidade

Marly Cavalcanti
Osvaldo Elias Farah
Luciana Passos Marcondes

Conteúdo

1.1 Empreendedorismo
1.2 Empreendedor
1.3 Perfil do empreendedor de sucesso
1.4 Características de gestão
1.5 Características gerais
1.6 Motivos para iniciar um negócio
1.7 Recomendações para se lançar na atividade empresarial
1.8 Empreendedorismo na pequena e média empresa

> *No alto do trampolim, bem como no empreendedorismo, a coragem não é a ausência de medo; ao contrário, é a capacidade de tomar medidas para alcançar uma meta digna, apesar da presença do medo.*
>
> **CACCIOTTI E HAYTON**

Objetivos do capítulo
Este capítulo tem como objetivo explicar o significado de empreendedorismo na prática e identificar as características gerais do perfil empreendedor capazes de levá-los ao sucesso, verificando se estas são inatas ou desenvolvidas. Apresenta ainda os motivos a serem perseguidos quando da iniciação de um negócio.

Entrando em ação
Ser empreendedor significa, acima de tudo, ser um realizador que produz novas ideias por meio da congruência entre a criatividade e a imaginação; porém a pessoa deve ser motivada pela realização e pelo desejo de assumir responsabilidades e ser independente.

Estudo de caso
Alberto, 35 anos, sempre trabalhou como empregado. Sua vida profissional vai bem; ele tem uma carreira estável e remuneração compatível com o mercado. Alberto, porém, sempre desejou ter um negócio; sente que poderia fazer mais, tem ideias frequentes sobre empreendedorismo, sonha em ter sua empresa e, mesmo sem se dar conta disso, faz pesquisas sobre novos negócios, aprecia livros de empreendedorismo, assiste a palestras de empreendedores de sucesso e admira histórias de pessoas corajosas que montaram a própria empresa. Mas sempre que toca nesse assunto com seus familiares (esposa e pais), eles o desencorajam, dizendo que ele está bem empregado, que ter um negócio é arriscado demais, que deve conhecer muitas histórias de pessoas que faliram, que não terá tempo para a família, e assim Alberto acaba ficando em sua zona de conforto, mas sentindo-se infeliz.

- O que Alberto pode fazer para minimizar os riscos do seu negócio, caso venha a empreender?
- O empreendedorismo é inato ou pode ser aprendido?
- Quais são as características de um empreendedor e de um negócio de sucesso?

Estas e outras questões serão respondidas e mais bem compreendidas com a ajuda dos tópicos estudados neste capítulo.

 ## 1.1 Empreendedorismo

Não há dúvida quanto à importância da ação empreendedora para o desenvolvimento e o crescimento de uma sociedade. O papel do empreendedor sempre foi fundamental na sociedade e, diante das transformações ocorridas no mundo a partir do século XX, os empreendedores estão revolucionando o mundo. Esses indivíduos são capazes de criar e aplicar seus inventos produzindo riqueza.

Empreendedorismo é um tema frequentemente abordado em pesquisas na Europa e na América do Norte. Na América Latina, o tema começa a ter relevância no meio acadêmico, e diversos estudos começam a apresentar características peculiares da região (Mas-Tur et al., 2015).

É comum, nos resultados de diferentes pesquisas, identificar uma relação entre o termo empreendedorismo e a criação de oportunidade de emprego, o incentivo ao processo de inovação, o crescimento econômico, a geração de riqueza e a criação de valor. Essa relação pode ser observada no âmbito de uma empresa, em setores da economia, em uma região e até mesmo em um país (Mas-Tur et al., 2015; Johnson et al., 2015; Wu; Huarng, 2015; Matejovsky et al., 2014).

Definir empreendedorismo não é tarefa fácil; diferentes correntes de pensamento apresentam suas definições conforme suas diretrizes e levam em conta diversos fatores, do individual ao empresarial, e níveis ambientais (Mas-Tur et al., 2015).

Considerando alguns pontos em comum da literatura, pode-se definir **empreendedorismo** como a ação de um indivíduo para criar um novo empreendimento, incentivado por uma necessidade pessoal, pela interação com o meio que se relaciona ou pela descoberta de uma oportunidade de negócio. (Lam; Harker, 2015; Cacciotti; Hayton, 2015; Sahut, 2014; Lourenço et al., 2012).

Na definição, quando se diz "criar um novo empreendimento", não necessariamente se está dizendo criar uma nova empresa, e pode também estar relacionado ao desenvolvimento de um novo processo ou produto dentro de uma empresa já estabelecida. Assim, a literatura descreve três tipos diferentes de empreendedorismo, levando em consideração o contexto empresarial na exploração de oportunidades (Cacciotti; Hayton, 2015):

1. Empreendedorismo *start-up* ou criação de novas empresas.
2. Exploração de oportunidades ou exploração em empresas estabelecidas.
3. Empreendedorismo em geral; nesse caso, a exploração de oportunidade não ocorre nem dentro de uma *start-up* nem em uma empresa estabelecida.

Atualmente, está em evidência um tipo de empreendedorismo — o *start-up* —, também conhecido como *high-tech*. O **high-tech empreendedorismo** caracteriza-se pela abertura de uma pequena empresa, normalmente do setor de tecnologia, que transforma uma ideia em um produto ou serviço com alto potencial comercial, e esse empreendimento atrai investidores financeiros ou investidores intelectuais que ajudam na gestão do crescimento da empresa (Yetisen et al., 2015).

O empreendedorismo sempre está em contínua evolução, adaptando-se às novas oportunidades que o mercado oferece. Atualmente, com o avanço da tecnologia e a abertura do mercado internacional, entramos na era do empreendedorismo global, na qual um empreendedor tem acesso a diferentes mercados, a capital internacional e à possibilidade de angariar investimento em diferentes partes do mundo e oferecer ou implementar seu empreendimento fora do seu local de origem (Yetisen et al., 2015; Wu; Huarng, 2015).

6 · Empreendedorismo estratégico

Uma nova tendência começa a ganhar espaço no mercado global, na qual os empreendedores estão descobrindo oportunidades para gerar riqueza em questões sociais e ambientais. Essa nova tendência é conhecida como *empreendedorismo sustentável*, isto é, empreendedorismo com a capacidade de gerar riqueza a partir de projetos que criam valores sociais e ambientais (Lourenço et al., 2012).

Independentemente do tipo de empreendedorismo, o principal fator que o caracteriza é a inovação em seu sentido mais amplo, isto é, qualquer mudança estratégica em uma empresa ou na introdução de um produto novo em determinado mercado. É importante, porém, não confundir inovação com invenção. Inovação é função de empresários, e invenção é função dos inventores (Bittar et al., 2014).

A inovação por si só não é certeza de sucesso, mas é considerada pelos estudiosos um dos fatores-chave para o empreendedorismo. A *inovação* é um componente não apenas da atividade empresarial, mas também da capacidade de descobrir, avaliar e explorar as oportunidades que o mercado oferece aos empresários (Mas-Tur et al., 2015).

Empreendedorismo e inovação são os temas mais *linkados* na literatura atual. Esses estudos deixam claro que a existência de empreendedorismo e inovação em uma economia são fatores indispensáveis ao desenvolvimento econômico e à possibilidade de criar vantagem competitiva (Mas-Tur et al., 2015; Wu; Huarng, 2015; Sahut, 2014; Lam; Harker, 2015; Belso-Martinez et al., 2013).

Esse desenvolvimento econômico, decorrente da interação entre empreendedorismo e inovação, é diretamente influenciado pela dimensão cultural local (Sahut, 2014). Entender a cultura de um país, de uma região, de uma empresa ou de uma pessoa permite identificar suas características. Essas informações vão mostrar as facilidades e as dificuldades de se identificar as oportunidades necessárias para o desenvolvimento do empreendedorismo pelos indivíduos que fazem parte do sistema analisado.

A descoberta e a exploração da oportunidade é considerada uma função do empreendedorismo. A oportunidade captura a essência empresarial. *Oportunidade* pode ser definida como um conjunto de ideias, crenças e atitudes que viabilizam o desenvolvimento de produtos e serviços futuros que ainda não estão disponíveis no mercado atual (Mainela et al., 2014).

Em diversas situações, o empreendedor depende de ajuda externa para criar oportunidades favoráveis ao desenvolvimento do empreendedorismo. Nesse contexto, as políticas públicas transformam-se em importante ferramenta, principalmente considerando as pequenas e médias empresas, que, por suas características estruturais, têm dificuldade de empreender (Liu et al., 2013; Stewart; Gapp, 2014; Gelbmann, 2010; Musson, 2012).

Algumas políticas públicas, como investimento em educação, capacitação da força de trabalho e redução do custo tributário e financeiro para empresas e empreendedores, são consideradas fatores formais que facilitam o surgimento do empreendedorismo. Mas também é possível destacar fatores informais, como o desenvolvimento de uma cultura empresarial e exposição da mídia (Sahut, 2014).

Estudos realizados no Canadá comprovaram a teoria de que uma política pública voltada para facilitar o empreendedorismo local tem um impacto direto no crescimento da renda do país no longo prazo. Nessa pesquisa, a política pública voltada ao empreendedorismo tornou-se o principal motor de crescimento econômico, superando todas as outras políticas existentes (Matejovsky et al., 2014).

Na tarefa de desenvolver o empreendedorismo, diferentes fatores internos e externos formam as características necessárias ao seu surgimento. O Modelo Cebola, usado por Milagrosa et al. (2015) para testar o nível de empreendedorismo em diferentes empresas de pequeno e médio porte do Egito, da Índia e das Filipinas, consegue consolidar os principais fatores.

O Modelo Cebola enquadra as características do empreendedorismo em quatro grandes categorias: características do empreendedor, características da empresa, redes (pessoal e profissional) e o seu ambiente de negócio (Milagrosa et al., 2015):

1. *Características do empreendedor* • Capital humano (incluindo a experiência profissional e formação), idade do empresário, sexo, capacidade de motivação e habilidade de assumir riscos.
2. *Características da empresa* • Idade da empresa, tamanho, setor, localização, informalidade e capacidade de absorção da modernização da empresa.
3. *Redes profissional e pessoal* • Refere-se ao trabalho em rede entre empresas e pessoas, elementos estes que desempenham um papel importante no processo de criação e crescimento da empresa.
4. *Ambiente de negócio* • A qualidade geral do ambiente de negócio é o principal determinante da probabilidade média de crescimento de pequenas e médias empresas em um país.

Esse modelo apresenta um *checklist* de características que permite, ao se estudar um ator específico (um empreendedor, uma empresa, cidade, região ou um país), identificar pontualmente onde existe maior fragilidade para o desenvolvimento do empreendedorismo.

Independentemente de todas as características apresentadas, o empreendedor tem de ser o foco principal da análise. Identificar o que influencia suas ações e decisões é fundamental para entender o surgimento e a evolução do empreendedorismo. Sem o indivíduo não existe empreendedorismo (Lam; Harker, 2015).

● 1.2 Empreendedor

A palavra francesa *entrepreneur*, que significa empreendedor, é utilizada em diversas áreas do conhecimento. No contexto econômico, com o sentido de gerar novos negócios, há um consenso na literatura que foi introduzido por Cantillon, em 1755 (Bittar et al., 2014).

A partir de Cantillon, o significado de "empreendedor" vai se moldando à realidade econômica e pessoal de cada pesquisador do tema.

Algumas evoluções teóricas destacam-se como (Bittar et al., 2014):

- *Jean-Baptiste Say (1880)* • Acrescentou ao conceito inicial a ideia do empreendedor como um coordenador do processo de produção e distribuição.
- *Knight (1921)* • Levanta a discussão de que o empreendedor trabalha com as incertezas de mercado.
- *Schumpeter (1934)* • Destaca o empreendedor como necessário para o desenvolvimento da economia. O empreendedor fortalece a rotina e a burocratização em detrimento do processo criativo, aproximando, dessa forma, a teoria com a realidade de mercado da época. Um novo ator foi incluído na discussão sobre "empreendedor": o Estado. De acordo com Schumpeter, políticas públicas podem incentivar ou não a criatividade empreendedora.

Com base na interpretação de Schumpeter sobre o significado de empreendedor, a relação entre o empresário como unidade empreendedora e o governo passa a ganhar relevância nas discussões acadêmicas e políticas.

Estudiosos, na década de 1980, explicam que as ações dos empresários superam as ações do governo sobre eles. É criada uma imagem positiva, de um ator da economia autossuficiente, e uma negativa, com o intuito de ter como influenciar o Estado conforme seu interesse (Perren; Dannreuther, 2012).

Os mesmos autores destacam que, na década de 1990, as ações do Estado tiveram um impacto maior nas ações dos empresários. No entanto, a partir da década de 2000, o Estado assumiu relevância nas ações do empreendedor, sendo ativo no suporte e na medição da atividade empresarial.

Mesmo com toda a intervenção do setor público, o empresário continua tendo um papel de destaque na economia a partir de seu empreendedorismo e sua inovação. Essas características surgem pela relação com seu meio ambiente e têm resultado direto no crescimento econômico, na produtividade, na geração de emprego e na renovação de redes produtivas e sociais (Mas-Tur et al., 2015; Wu; Huarng, 2015; Sahut, 2014).

Assim, o ***empreendedor*** é considerado o agente econômico que traz novos produtos para o mercado por meio de combinações mais eficientes dos fatores de produção ou pela aplicação prática de alguma invenção ou inovação tecnológica (Bittar et al., 2014). Segundo Hisrich e Peters (2004, p. 29) em quase todas as definições de empreendedorismo, é de comum acordo que o empreendedor reúne características de comportamento, como tomar iniciativa, organizar e reorganizar mecanismos sociais e econômicos com o objetivo de transformar recursos e situações para proveito prático e, por fim, assumir o risco do sucesso ou do fracasso.

Até alguns anos atrás, acreditava-se que empreender era um comportamento inato, em que pessoas nasciam com um diferencial e eram predestinadas ao sucesso nos negócios, enquanto aquelas sem essas características eram desencorajadas a empreender. Hoje em dia, acredita-se que o processo empreendedor pode ser ensinado e entendido por qualquer pessoa que assim o desejar, e que o sucesso é decorrente de vários fatores internos e externos ao negócio, do perfil empreendedor e de como ele administra as adversidades no dia a dia do seu empreendimento (Oswaldo, 2015).

O perfil do empreendedor é também muito requisitado nas empresas que enfrentam o desafio de ser competitivas no atual mercado globalizado. Por isso, estudos recentes têm apontado para a necessidade de tratar o intraempreendedorismo ou o empreendedorismo corporativo com maior profundidade. Tal interesse tem fundamento: além da importância econômica e social, muitos estudos demonstram que a aptidão para ser empreendedor pode ser aprendida e moldada nos indivíduos predispostos a esse comportamento. Até mesmo porque existem pessoas para as quais o empreendedorismo é indispensável.

O empreendedor é alguém que imagina, desenvolve e realiza sua visão de futuro. A visão, ou o processo visionário, conforme mostra a Figura 1.1, é uma ideia ou um conjunto de ideias e objetivos (imagens) que se deseja atingir no futuro. Ele apresenta três categorias de visão: as emergentes (primárias), as centrais e as complementares. As visões emergentes resultam de ideias acerca de produtos e/ou serviços imaginados pelo empreendedor antes do início de um novo negócio. Nesse estágio, este tem apenas uma imagem pouco nítida do formato final que terá o seu empreendimento. Ele, normalmente, "inspira-se" com um *insight* sobre alguma característica do produto que o torna especial ao atender a alguma necessidade de mercado, sem saber ainda se a ideia é economicamente viável nem onde encontrar os recursos para financiá-la (Filion, 2000).

A personalidade empreendedora transforma uma condição comum em uma oportunidade excepcional. O empreendedor é o visionário dentro de nós, o sonhador, a energia por trás de toda atividade humana. A imaginação que acende o fogo do futuro. O catalisador das mudanças (Gerber, 1996).

A visão central resulta de uma única visão emergente ou da combinação de várias visões emergentes. A essa altura, o empreendedor já passou tempo suficiente preparando um plano de negócio ou mesmo realizando sua visão para que conheça alguns dos fatores de custo, bem como o mercado potencial e as forças, as fraquezas, as oportunidades e as ameaças envolvidas. Nesse estágio, a ideia evoluiu até se tornar um escopo claro de atuação. A capacidade de produção ou de prestação de serviço foi estabelecida, as fontes de apoio financeiro foram negociadas e os protótipos e as operações de pré-lançamento já foram testados e aprovados.

As visões complementares estão relacionadas aos aspectos gerenciais do novo negócio, dando suporte à visão central. Esses "refinamentos operacionais" podem incluir melhorias de logística, inovações do tipo *learn-by-doing*, melhorias de produto, segmentação de mercado e ajustes da estrutura da empresa para o desempenho ótimo, conforme observado na Figura 1.1.

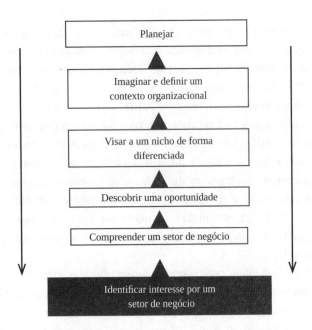

Figura 1.1 • O processo.
Fonte: Adaptado de Workshop TTT "Formação de formadores", Programa Reune — UFMG, 1999.

A maioria dos autores concorda que, em geral, todo empreendedor segue uma linha padrão de comportamento, que o leva a realizar seus sonhos e alcançar seus objetivos. Diferentemente do empregado, que tende a preferir estabilidade e seguir normas e regras, o empreendedor aprecia tomar as próprias decisões e caminhos. No entanto, vale ressaltar que isso não significa falta de limites ou de parâmetros, muito pelo contrário, a necessidade de planejamento e de organização é fundamental para um negócio bem-sucedido.

No conjunto, essas definições de empreendedor deixam claro que, quando se trata de apontar o que identificaria um empreendedor, há três ordens de preocupação entre os autores. A primeira refere-se ao *âmbito de atuação do empreendedor*: alguns autores entendem que o segmento da sociedade no qual o empreendedor atua é a economia, enquanto outros acreditam que ele pode e deve voltar-se também para outras áreas da sociedade. A segunda trata do *perfil do empreendedor*: algumas definições sugerem que a melhor maneira de saber se alguém é ou não um empreendedor é localizando os resultados ou o produto de sua atuação. A terceira preocupação diz respeito ao *raio de influência* que se atribui a um empreendedor na sociedade em que ele está inserido.

A atividade empreendedora realizada pelo empresário tem um fim específico, qual seja, ser recompensado por retornos financeiros. Mas entre a criação de um novo produto e o lucro dessa atividade, o empresário tem de lidar com incertezas do mercado, decorrentes de fatores externos e/ou internos, que podem influenciar suas decisões (Bittar et al., 2014). Os fatores externos estão relacionados à localização da empresa próxima de serviços privados e públicos, como universidades, incubadoras de empresas, centros de pesquisa, serviços de consultoria, sistema financeiro etc. Estar próximo desses serviços viabiliza a capacitação e a informação dos empresários (Belso-Martinez et al., 2013).

Diferentemente, os fatores internos podem ser decorrentes do "meio ambiente" do empreendedor, como família, amigos e contatos profissionais; da sua "formação", como experiência profissional e nível educacional; e também de "fatores psíquicos", como otimismo, vigor e espírito empreendedor influenciando positivamente, e tristeza, dúvida e medo influenciando negativamente (Cacciotti; Hayton, 2015; Lam; Harker, 2015).

Os três fatores internos — meio ambiente, formação e fatores psíquicos — podem ser explicados como:

1. Meio ambiente • É representado por duas diferentes formas de conselho: informal ou formal. O conselho informal está relacionado com os familiares, os amigos e as pessoas da rede de contato profissional e pessoal do indivíduo, podendo ter um efeito positivo ou negativo.

Quando o conselho é dado por uma pessoa do seu ciclo pessoal com experiência profissional, aumenta a possibilidade de sucesso do negócio, sendo este considerado um conselho confiável. Estudos mostram que filhos de pais empresários têm quatro vezes mais chances de se tornar um empreendedor que o restante da população (Belso--Martinez et al., 2013; Mas-Tur et al., 2015).

Situação adversa se dá quando o conselho é dado por uma pessoa que não tem experiência ou conhecimento técnico sobre o empreendimento a ser iniciado. Em geral, esse conselho leva o empresário a um falso entendimento sobre o seu negócio.

Diferentemente do conselho informal, o conselho formal ocorre por meio da contratação de uma empresa profissional de consultoria, que pode ser pública ou privada, a qual traz para dentro do negócio do empresário uma fonte de conhecimento externo que vai contribuir para criar uma base sólida de procedimentos e direcionamentos que o ajudarão na solução de problemas que vão surgir. Quando um empresário inicia um empreendimento com o apoio de uma empresa de consultoria, esta é uma decisão profissional e mais segura de alcançar o sucesso (Mas-Tur et al., 2015).

2. Formação • Analisa basicamente o capital humano do empresário sobre as condições de formação acadêmica e experiência profissional. O capital humano do empresário é composto de conhecimentos, habilidades e experiências que aumentam a capacidade de empreender, podendo ser dividido em duas categorias: (a) capital humano genérico e (b) capital humano específico (Belso-Martinez et al., 2013):

　　a. *Capital humano genérico* é aplicável a uma grande variedade de atividades. Quanto maior o nível educacional, mais fácil será para o empresário adquirir novos conhecimentos e maior capacidade de resolver problemas. Tal situação, porém, não garante vantagem competitiva, porque é facilmente copiada.

b. *Capital humano* específico é formado pela experiência profissional que o empresário adquiriu durante anos, a qual lhe permite ter uma visão ampla dos riscos e das necessidades da nova empresa.

Para o sucesso de uma nova empresa, a experiência profissional é mais importante que um maior nível educacional, o que não quer dizer da importância em investir em educação para qualquer empresário que queira evoluir profissionalmente. Estudos mostram que 88% dos empresários experientes possuem um desempenho melhor que novos empresários. (Mas-Tur et al., 2015; Bittar et al., 2014).

3. Fator psíquico • A atual literatura relaciona o sucesso empresarial a características como ambição, perseverança, confiança e afetividade. Essas características são necessárias para os empresários conseguirem superar o medo de falhar, decorrente das incertezas do mercado (Johnson et al., 2015; Cacciotti; Hayton, 2015; Lam; Harker, 2015). O medo do fracasso está entrelaçado com a jornada empreendedora, podendo tornar-se uma barreira para novos empresários. Esse sentimento pode ocorrer em situações cotidianas, como perder um cliente, não ser pago por um trabalho realizado, não conseguir entregar um pedido, não ter tempo para cuidar da família, perder recursos, entre outros (Cacciotti; Hayton, 2015; Lanivich, 2015).

Considerando o impacto direto no indivíduo para empreender, os fatores internos superam os externos em importância para o resultado do negócio do empresário. Estudos recentes promovidos por renomadas instituições e pelas maiores escolas de negócios do mundo detectaram características comportamentais de pessoas de espírito empreendedor; tais estudos também mostram que métodos de treinamento, *coaching* ou *mentoring* se mostram muito eficazes para que essas competências sejam desenvolvidas e aprimoradas. Enquanto o treinamento é voltado para a aquisição do conhecimento, o *coaching* trabalha com objetivos, ação e resultados, e o *mentoring* com elevação de pensamento e sabedoria (Oswaldo, 2015).

Entretanto, vale a pena ressaltar que uma pessoa dificilmente reunirá todas as características detectadas. Todavia, a possibilidade de adquirir ou moldar um comportamento está ao alcance de todas as pessoas que desejem um melhor desempenho pessoal à frente de seu negócio. Há treinamentos, principalmente por meio de seminários, como os aplicados pelo Sebrae, por universidades e outras instituições, que têm como objetivo principal moldar e/ou treinar tais comportamentos.

As características a seguir relacionadas são adaptações das seguintes fontes: Manual de iniciação empresarial; Estudos Sebrae — sondagem balcão Sebrae: a voz e a vez dos pequenos empresários; Candidato a empresário; Estudos da mortalidade das empresas paulistas; e O empreendedor (Degen, 1989, *apud* Farah; Cavalcanti, 1992).

1. *Capacidade de assumir riscos calculados* • É uma das qualidades mais importantes do empreendedor de sucesso. Assumir riscos é ter coragem de enfrentar desafios, de tentar um novo empreendimento, de buscar os melhores caminhos.

É importante observar a expressão "final calculado". O ato de começar um negócio não pode ser encarado como uma simples aventura, mas, antes de tudo, deve ser uma aventura planejada; portanto, os riscos assumidos deverão estar em um contexto em que serão avaliados e mantidos sob controle.

2. *Aproveitar as oportunidades, tendo iniciativa e força de vontade* • Não basta perceber a oportunidade de um negócio; é importante agir para concretizá-la. Essa característica é básica na personalidade de um empreendedor, pois reúne a percepção da oportunidade para um novo negócio e o senso prático da iniciativa e da força de vontade, com objetivo de materializar uma ideia, seja este um novo negócio, seja um novo processo de produção, seja um novo modelo de operação.

3. *Busca de informações e conhecimento do ramo empresarial* • Quanto mais o futuro empresário conhecer o ramo de negócio que pretende explorar, maior será sua probabilidade de sucesso. Esse conhecimento pode vir da experiência prática ou de informações obtidas em publicações especializadas e em centros de tecnologia e outras fontes, como clientes, fornecedores e até mesmo a concorrência. No entanto, é importante ressaltar que uma personalidade empreendedora se dedica pessoalmente a essa busca; não se limitando a um simples relato, mas verificando pessoalmente um novo processo de fabricação de produto ou o fornecimento de serviço, procura assessoria técnica e especializada para certificar-se da potencialidade de sucesso de seu empreendimento.

4. *Planejamento e senso de organização* • A desorganização no início do empreendimento pode comprometer, em pouco tempo, seus resultados. O empresário de sucesso deve ser capaz de utilizar os recursos de que dispõe. Um modo simples e eficaz de o empresário organizar-se é planejar as atividades, dividindo-as em etapas e estipulando prazos para o seu cumprimento, procurando cumpri-los sempre. Dessa forma, o empresário estará monitorando o próprio desempenho e revisando suas metas, se necessário. Um cronograma de atividades e custos, bem como registros financeiros sempre atualizados, são imprescindíveis para uma tomada de decisão acertada.

5. *Liderança, comprometimento pessoal e otimismo* • **Liderança** é a capacidade de definir e orientar a realização de tarefas, de combinar métodos e procedimentos práticos e de conduzir pessoas para alcançar objetivos almejados. Além dessa habilidade, o empreendedor de sucesso deve ter um comprometimento pessoal com o cumprimento de suas propostas, sendo capaz de substituir os próprios empregados, quando necessário, e de manter o otimismo, por conseguir enxergar sempre o sucesso em vez de imaginar e temer os possíveis fracassos.

6. *Persistência e espírito empreendedor* • Um empresário de sucesso deve ser capaz de agir diante de um obstáculo, podendo até mesmo mudar de estratégia a fim de enfrentar o desafio e alcançar os objetivos, assumindo pessoalmente a responsabilidade pelo desempenho. O espírito empreendedor procura sempre

transformar ideias em fatos concretos e dinâmicos, buscando fazer as coisas de modo mais rápido, com menores custos e melhores resultados.

7. *Autoconfiança e independência pessoal* • Estas são qualidades de pessoas que procuram ser o próprio patrão. Muitos empresários de sucesso trocaram bons empregos pelo risco de montar o próprio negócio, tornando-se independentes; são pessoas que buscaram autonomia em relação a normas e controles de outras pessoas e expressam confiança na própria capacidade de realizar as tarefas propostas, seja qual for o nível de dificuldade delas.

Pode-se citar outras competências fundamentais para o empreendedor, como automotivação, *resiliência* (capacidade de superação), gestão do tempo, relacionamentos interpessoais positivos, inteligência emocional, adaptabilidade, capacidade de gerar resultados efetivos e visão sistêmica (Oswaldo, 2015).

O perfil do empreendedor, de acordo com as características citadas, pode ser mais bem elucidado pela matéria da revista Valor Econômico de abril de 2001, que publicou o resultado do prêmio Executivo de Valor, edição 2001, cujo objetivo foi escolher os executivos que se sobressaíram em seus setores, alavancando seus negócios e suas carreiras. Os profissionais foram escolhidos por representantes das maiores e mais conceituadas empresas de *headhunting* e consultores do País, que levaram em consideração o desempenho individual do executivo e os resultados obtidos pela empresa em sua gestão. No somatório dos votos, tiveram vantagem aqueles que usaram a criatividade e a habilidade administrativa para, em alguns momentos, driblar as instabilidades do mercado e, em outros, comandar a transformação nas organizações em que atuam. Capacidade de liderança, ousadia, visão estratégica, modo de gestão e coragem foram algumas das qualidades destacadas pelo júri de *headhunters* e consultores.

Filion (2000, p. 2.003) também elencou as características de empreendedores bem-sucedidos com certa similaridade em relação aos itens apontados pelos outros autores:

- Valores e cultura de empreendedorismo adquiridos por meio de contato com, pelo menos, um modelo empreendedor no período da juventude.
- Experiência em negócios.
- Diferenciação.
- Intuição.
- Envolvimento.
- Trabalhadores incansáveis.
- Sonhadores realistas (visionários).
- Líderes.
- Trabalham em rede com moderação.
- Têm o próprio sistema de relações com os empregados.
- Controladores do comportamento das pessoas ao seu redor.
- Aprendizagem dos próprios padrões.

1.3 Perfil do empreendedor de sucesso

As pesquisas na área do empreendedorismo concentram-se fundamentalmente no estudo do ser humano e dos comportamentos que podem conduzi-lo a um tipo de gratificação ou sucesso psicológico. O conjunto que compõe o instrumental necessário ao empreendedor de sucesso, ou seja, o *know-how* tecnológico e o domínio de ferramentas gerenciais são vistos como uma consequência do processo de aprendizado (*learn-how*) de alguém capaz de atitudes definidoras de novos contextos. O indivíduo portador das condições necessárias para empreender saberá absorver o que for necessário para a criação, o desenvolvimento e a realização de sua visão.

Para Degen (1989), o empreendedor de sucesso é aquele que não se cansa de observar negócios, na constante procura de oportunidades, seja no caminho de casa, seja no trabalho, seja nas compras. Nenhum empreendedor nasce com o conhecimento e a experiência necessários para identificar e avaliar negócios. A criatividade, responsável pela grande diferença entre empresas comuns e empreendedoras, é orientada pela observação incansável de outros negócios e pela associação de ideias, sucessos e fracassos. Diante disso, o empreendedor desenvolve competências que aprimoram o seu perfil empreendedor e gestor, sendo, desse modo, impossível abordá-lo sem visualizá-lo como um gestor inovador. A competência e a criatividade geram uma nova ideia, e a inovação a coloca em prática.

 ## 1.4 Características de gestão

"A capacidade empreendedora, como abordagem administrativa, é definida por Birley e Muzyka (2001) como a exploração de oportunidades independentes dos recursos disponíveis." Tal descrição, segundo os autores, pode ser refinada pelo que eles chamam de "as seis dimensões da prática dos negócios":

1. *Orientação estratégica* • É a que descreve os fatores que impelem a formulação da estratégia de uma empresa. Um empreendedor é verdadeiramente movido por oportunidades. Sua orientação é: "eu serei impelido somente por minha percepção das oportunidades existentes no meu ambiente e não serei limitado pelos recursos disponíveis". Ele não está necessariamente preocupado com a busca de novos terrenos.
2. *Comprometimento com a oportunidade* • Há pensadores criativos que nunca realizaram nada. É preciso ir além da identificação das oportunidades para explorá-las.
3. *Comprometimento dos recursos* • O comprometimento de recursos em múltiplos estágios com o comprometimento mínimo em cada estágio ou ponto de decisão é outra característica observada em bons empreendedores.
4. *Controle sobre os recursos* • Empreendedores aprendem a usar bem os recursos de outras pessoas e a decidir, ao longo do tempo, quais recursos precisam ser incorporados ao seu negócio. Poucas imobiliárias empregam um arquiteto; elas precisam

do melhor, mas não querem empregá-lo, porque a necessidade daquele recurso, apesar de crítica para o sucesso dos negócios, é temporária. O empreendedor é proficiente no uso de habilidades, talentos e ideias dos outros.

5. *Estrutura administrativa* • Muitas pessoas tentaram distinguir entre o empreendedor e o administrador, sugerindo que ser um bom empreendedor implica não ser um bom administrador. O empreendedor é estereotipado como egocêntrico e idiossincrático e, portanto, incapaz de administrar. No entanto, apesar de a tarefa gerencial ser substancialmente diferente da do empreendedor, a capacidade administrativa é, de qualquer forma, essencial. A variação está na escolha das ferramentas certas.

6. *Filosofia de recompensas* • Por fim, as empresas empreendedoras diferem gerencialmente das administrativas em sua filosofia com relação a recompensas e remuneração. Organizações empreendedoras têm foco claro sobre a criação e a colheita de valor. Em situações de começo de uma empresa, os patrocinadores financeiros da organização, assim como os próprios fundadores, investiram dinheiro e querem retorno. Empresas empreendedoras tendem a basear a remuneração no desempenho (estando o desempenho intimamente associado à criação de valor) e também têm maior facilidade para recompensar equipes.

O Sebrae (2004) investigou, entre as empresas extintas e em atividade, os fatores condicionantes apresentados pelos empresários para o sucesso de um empreendimento, que se reúnem em três tipos de características comuns:

1. *Habilidades gerenciais* • Reúne fatores como bom conhecimento do mercado em que atua e boa estratégia de vendas.
2. *Capacidade empreendedora* • Engloba fatores como criatividade do empresário, aproveitamento das oportunidades de negócios, perseverança e capacidade de liderança.
3. *Logística operacional* • Reúne fatores como escolha de um bom administrador, uso de capital próprio, reinvestimento de lucros na empresa e acesso a novas tecnologias.

● 1.5 Características gerais

Segundo Dornelas (2005), é possível citar as seguintes opiniões sobre os requisitos necessários para se tornar um empreendedor de sucesso:

• No mundo dos negócios, como nos esportes, ninguém constrói uma carreira vencedora sem muito treino e sem traçar uma estratégia de jogo baseada no conhecimento do campo e das regras, de como o adversário joga, de suas fraquezas e de seus pontos fortes. Também é essencial que o competidor conheça bem a si mesmo (Abílio Diniz, presidente do Grupo Pão de Açúcar).

Capítulo 1 — Empreendedorismo: entre o sonho e a realidade • **17**

- Aprender sobre o negócio é fonte de prazer e o caminho para o sucesso. O trabalho é como o esporte: é preciso saber ganhar e perder. Para ele, manter o diálogo com os trabalhadores é importante, para não repetir os erros que a companhia cometeu no passado. Com conflito, não há como ser competitivo (Antonio Maciel Neto, presidente da Ford Motor Company Brasil Ltda.).
- A confiança na equipe que comanda é uma garantia de que tudo vai sair como o planejado. Ter competência e ser democrata facilitam o relacionamento com os subordinados, para quem o empreendedor deve ter facilidade de lidar com as pessoas, e as portas de sua sala devem estar sempre abertas (Carlos Rocha Ribeiro da Silva).
- O empreendedor não pode pensar pequeno; ser pequeno, ter medo de abusar da criatividade, não combina com o empreendedor (Fábio Fernandes, presidente da F/Nazca Saatchi & Saatchi).
- Identificar os pontos fortes e fracos da empresa, conquistar a confiança dos funcionários, motivá-los a arregaçar as mangas, ter talento natural para negócios, relacionar-se bem com as pessoas, delegar poderes e possuir uma habilidade incomum de construir equipes talentosas e trabalhadoras (Fernando Tigre, presidente da São Paulo Alpargatas).
- Não ter medo de enfrentar situações difíceis, ser um soldado sempre disposto a aceitar desafios (Firmim António, presidente da Accor Brasil).
- Gostar de desafios, gostar de enfrentar grandes dificuldades, ser um formador de equipes, possuir vibração no trabalho, determinação e estar sempre preocupado em aprender e enfrentar desafios (Luiz Meisler, presidente da Oracle do Brasil).
- Paciência, não gostar de exposição e achar que consolidação é um processo longo (Nildemar Secches, presidente da Perdigão).
- Pensar grande, fazer grande, acreditar em desafios, aprender os princípios da simplicidade, obsessão por gente, transparência, autoridade, responsabilidade e performance (Marcel Hermam Telles, copresidente do conselho de administração da Ambev).
- Confiar nas pessoas, tranquilizá-las, trabalhar desarmado, delegar tarefas, administrar de forma firme, ser conciliador, tomar decisão na hora certa e seguir sua intuição (Maria Sílvia Bastos Marques, presidente executiva da CSN).
- Fazer as coisas com muita agilidade, ser disciplinado dentro de uma agenda indisciplinada, ter a cabeça voltada para o trabalho e o crescimento da empresa (Maurício Novis Botelho, presidente da Embraer).

● 1.6 Motivos para iniciar um negócio

Existe uma grande variedade de motivos que levam as pessoas a ter o próprio negócio. De forma objetiva, a pesquisa *Global Entrepreneurship Monitor* (GEM), que atualmente é coordenada pela London Business School e pela Babson College (Estados Unidos), classifica os empreendedores segundo dois tipos básicos de motivação para empreender: (1) empreendedores por oportunidade, motivados pela percepção de um nicho de mercado em potencial; (2) empreendedores por necessidade, motivados pela falta de alternativa satisfatória de ocupação e renda (Sebrae et al., 2006, p. 13).

Alguns motivos específicos comumente apontados para que um indivíduo se lance ao empreendedorismo são: vontade de ganhar mais dinheiro que a condição de empregado possibilita; desejo de sair da rotina e levar as próprias ideias adiante; desejo de ser o próprio patrão e ter autonomia; necessidade de provar a si próprio e aos outros que é capaz de realizar um empreendimento; e desejo de desenvolver algo que traga benefícios não só para si, mas para toda a sociedade. Para Dornelas (2005), considerando esses motivos, vale a pena reler as características de um empreendedor de sucesso e refletir sobre os pontos fortes e os que precisam ser mais estimulados, para aperfeiçoar o comportamento mais adequado.

A percepção de oportunidades motiva a maioria dos negócios, levando as pessoas a optar por estabelecer a própria empresa; essa motivação é mais interessante quando há uma necessidade não atendida e o empreendedor a identifica. Outras razões que motivam as pessoas são a disponibilidade de tempo e a insatisfação em seu emprego. *Seja qual for o motivo, nunca é demais lembrar a importância dos estudos e do planejamento prévios, que auxiliam na formatação do negócio, evitando os erros mais comuns que determinam o fracasso de uma iniciativa promissora. Dessa forma, a leitura atenta do Capítulo 2 deste livro — Plano de Negócio — já é um grande passo.*

1.7 Recomendações para se lançar na atividade empresarial

Com a quantidade e a variabilidade de negócios no mercado, pode-se pensar que toda a necessidade mercadológica já está sendo atendida e que não há mais espaço para atuar. Trata-se de uma falsa percepção. As mudanças acorrem a uma velocidade assustadora, e muitas ideias arrojadas e inovadoras passam rapidamente à obsolescência. *As organizações que não se atualizam, não se reinventam e não oferecem nada novo ao cliente, invariavelmente seguem o caminho do insucesso.* Por outro lado, novas necessidades surgem e, com isso, novas oportunidades e novos empreendimentos (Buchbaum; Buschbaum, 2012).

Na maioria dos casos, há uma tendência de novos empresários abrirem seus negócios sem realizar qualquer pesquisa anterior à abertura e à implantação destes — eles o fazem com base somente na intuição. Tal precipitação, muitas vezes, é a causa da mortalidade precoce dessas organizações, que poderiam se tornar bem-sucedidas. Em estudo realizado com empresas de pequeno porte a respeito da taxa de mortalidade de empresas, o Sebrae (2004, p. 11) concluiu que 49,4% delas encerraram atividades com até dois anos de existência; 56,4% com até três anos; e 59,9% não sobrevivem além dos quatro anos. Nessa mesma pesquisa, os proprietários das empresas ativas e extintas citam o planejamento como a área de conhecimento mais importante no primeiro ano de atividade (24%), seguido pela organização empresarial (17%). Esses dados estão associados ao planejamento e à gestão do negócio, demonstrando a importância de se considerar seriamente as recomendações a seguir, as quais, aliadas a um plano de negócio bem estruturado, auxiliarão os futuros empresários.

- Ser criterioso na elaboração de seu projeto.
- Pesquisar o conjunto de informações em diversas fontes.
- Aperfeiçoar sua formação empresarial, incluindo o aspecto comercial.
- Informar-se a respeito das perspectivas de desenvolvimento do mercado.
- Fazer um estudo de mercado.
- Pesquisar e comparar várias fontes de financiamento.
- Analisar formas e montagens de financiamentos.
- Informar-se a respeito de procedimentos administrativos.
- Fixar cronogramas para a elaboração do projeto e o início eventual da atividade.
- Buscar a opinião de diferentes especialistas sobre o projeto.
- Adquirir sólidos conhecimentos de seu mercado.
- Esclarecer-se a respeito de patrimônio pessoal e patrimônio da empresa.
- Detectar seus pontos fortes e fracos, como experiência profissional, ambição, carteira de contatos, capital, receio de falhar e formação.

● 1.8 Empreendedorismo na pequena e média empresa

Discutir empreendedorismo na pequena e média empresa (PME) justifica-se pela importância que empresas desse porte têm nas economias mundial e brasileira. Existem vários critérios adotados para definir uma empresa de pequeno e médio porte. Diferentes governos, instituições públicas e privadas, assim como bancos, assumem alguns índices, como número de empregados, capital investido, quantidade total de ativos, volume de vendas e capacidade de produção (Liu et al., 2013).

Pesquisas demostram que PMEs representam 98% das empresas privadas do mundo e são fundamentais para a geração de emprego na maioria dos países. No Brasil, são responsáveis por 99% dos estabelecimentos, por 51,6% dos empregos privados não agrícolas formais e por quase 40% da massa de salários (Hoof; Lyon, 2013; Klewitz; Hansen, 2014; Sadaba et al., 2014). Na União Europeia, as empresas desse porte são as principais fontes de empreendedorismo e inovação; lá, elas contam com um forte apoio do governo local e parceria comercial com grandes empresas, que incentivam o processo criativo e inovador (Hilmola et al., 2015; Klewitz; Hansen, 2014).

Essa é uma realidade diferente no Brasil, em que, diante das dificuldades estruturais e da falta de apoio governamental, as PMEs são, em sua maioria, empresas ligadas aos setores de serviços e comércio, com gestão familiar, e desenvolvem pouca inovação e valor no seu processo produtivo. Comum em países em desenvolvimento, tal realidade é caracterizada por um fenômeno conhecido como "meio perdido", isto é, o mercado, em sua maioria, é formado por empresas de pequeno porte, poucas médias, e, dificilmente, essas pequenas empresas conseguem crescer, tornar-se médias e formalizar parcerias com grandes empresas (Milagrosa et al., 2015).

As empresas de pequeno porte nacionais costumam ser abertas por indivíduos sem qualificações técnicas para o negócio e descapitalizados, que, em muitos casos, fazem-no com a indenização decorrente do desligamento do trabalho formal que exerciam. Estudos demonstram que a maioria dos empresários que estão iniciando novas empresas de pequeno porte não têm um objetivo concreto para o negócio. A empresa é idealizada como forma de conseguir sobreviver financeiramente, e, em geral, esses indivíduos foram influenciados por suas relações sociais, como um amigo que iniciou um negócio e deu certo, ou um incentivo familiar (Lam; Harker, 2015).

É comum novos empresários de pequenas empresas decidirem aprender sobre o negócio na prática, pois falta-lhes planejamento formal, seus recursos são limitados e têm dificuldade de atrair financiamento, o que torna o empreendimento mais arriscado (Klewitz; Hansen, 2014). Por um lado, a empresa pode crescer por motivos que não fogem ao controle do empresário, como pela redução de concorrentes ou expansão do mercado consumidor do produto. Por outro, é do controle do empresário conseguir vantagem competitiva por meio da inovação, como:

- Inovação de produtos: lançar um produto novo;
- Inovação de processo: melhorar o processo de produção;
- Inovação setorial: mudar para um novo setor (Milagrosa et al., 2015).

Considerando as peculiaridades do mercado brasileiro e a necessidade de inovar para conseguir vantagem competitiva, alguns fatores, como *proatividade, assunção de risco* e *competitividade agressiva*, deveriam ser levados em consideração pelo indivíduo que pretende abrir uma empresa. Esses três fatores podem ser definidos da seguinte forma (Roux; Bengesi, 2014):

1. *Proatividade* • Ser o primeiro a oferecer um produto ou serviço ao cliente. A **proatividade** leva o empresário à capacidade de assumir riscos.
2. *Riscos* • Os **riscos** podem ser associados à instabilidade política, à falta de políticas de suporte às empresas, ao ambiente regulatório e às informações assimétricas.
3. *Comportamento agressivo* • Aproveitar oportunidades. Isso requer um **comportamento agressivo**, que implica ter um processo de produção flexível, estar constantemente pensando em produtos inovadores e dispor de um sistema de apoio ao cliente.

Assim, pode-se concluir que empreender em uma empresa de pequeno porte, principalmente em países em desenvolvimento, é uma atividade de risco, que necessita profissionalismo no planejamento do negócio, apresentar ao mercado um produto ou serviço inovador e dispor das características específicas de um empreendedor.

Termos-chave

Comportamento agressivo • Muitas vezes implica assumir altos riscos para aproveitar as oportunidades.
Empreendedor • O agente econômico que traz novos produtos para o mercado por meio de combinações mais eficientes dos fatores de produção.
Empreendedorismo • Processo de planejar, organizar e operar um novo negócio, com inovação, criatividade e *know-how* administrativo, com conhecimento do mercado.
Empreendedorismo sustentável • Empreendedorismo com capacidade de gerar riqueza a partir de projetos que criam valores sociais e ambientais.
High-tech empreendedorismo • Abertura de uma pequena empresa, normalmente do setor de tecnologia, que transforma uma ideia em um produto ou serviço com alto potencial comercial.
Inovação • Componente não só da atividade empresarial, mas também da capacidade de descobrir, avaliar e explorar as oportunidades que o mercado oferece aos empresários (Mas-Tur et al., 2015).
Liderança • Capacidade de definir e orientar a realização de tarefas, de combinar métodos e procedimentos práticos e de conduzir pessoas para alcançar objetivos almejados.
Oportunidade • Conjunto de ideias, crenças e atitudes que viabilizam o desenvolvimento de produtos e serviços futuros, que ainda não estão disponíveis no mercado atual.
Proatividade • Característica muito apreciada e procurada em colaboradores e empreendedores de uma forma geral.
Riscos • Designa a combinação da *probabilidade* de ocorrência de determinado evento.

Dica do consultor

DO SONHO À REALIDADE
Para que seu sonho não se torne um pesadelo, o consultor dá algumas dicas:
- Se for a primeira vez que você vai montar um negócio, procure consultar quem já está no ramo. Se em sua cidade você acha que vão negar-lhe tal informação, procure empresas em cidades vizinhas ou mais longe. Essas informações são tão ou mais importantes que as dos consultores que incentivam você a montar seu negócio.

- Antes de decidir pelo ramo, analise para verificar possíveis tendências. Atualmente, é muito arriscado investir em alguns setores, principalmente nos mercados imobiliário e de serviços. No primeiro, porque a falsa ideia de que, se encontrar "uma galinha morta" deve comprá-la para que, na frente, possa ganhar muito dinheiro vendendo-a a preço de peru de Natal, pode não dar certo. Além disso, se tiver comprado imóvel que tenha condomínio, essa despesa sairá do seu bolso enquanto o imóvel não for vendido.
- Fuja do senso comum que diz que "comer, todos precisam", e aí você mergulha de cabeça na montagem de um bar, uma pizzaria ou um restaurante.
- Faça uma breve pesquisa concorrencial: quantos estabelecimentos existem no segmento de mercado em que pretende atuar e quais os pontos fracos e fortes desses concorrentes.

Boa sorte!

? Questões

1. Que características tornam um ramo de negócio atraente para os empreendedores? Quais são os ramos mais atraentes para eles?
2. Descreva a tendência mais recente na abertura de negócios.
3. Quais os motivos essenciais do sucesso e do fracasso de empreendedores?
4. Conceitue empreendedorismo.
5. O que vem a ser empreendedor?
6. O processo visionário é uma ideia ou um conjunto de ideias que se quer atingir no futuro?
7. Quais são as categorias de visões apresentadas?
8. Quais são as tarefas do processo empreendedor?

Referências bibliográficas

BELSO-MARTINEZ, J. A.; MOLINA-MORALES, F. X.; MAS-VERDU, F. Combining Effects of Internal Resources, Entrepreneur Characteristics and KIS on New Firms. *Journal of Business Research*, v. 66, p. 2.079-2.089, 2013.

BITTAR, F. S. O.; BASTOS, L. T.; MOREIRA, V. L. Reflexões sobre o empreendedorismo: uma análise crítica na perspectiva da economia das organizações. *Rev. Adm. UFSM*, Santa Maria, v. 7, n. 1, p. 65-80, 2014.

BUCHBAUM, P.; BUSCHBAUM, M. *Negócios S/A*. São Paulo: Cengage: 2012.

CACCIOTTI, G.; HAYTON, J. C. Fear and Entrepreneurship: A Review and Research Agenda. *International Journal of Management Reviews*, v. 17, p. 165-190, 2015.

BIRLEY, S.; MUZYKA, D. F. *Dominando os desafios do empreendedor*. São Paulo: Makron Books, 2001.

CANTILLON, R. *Biographical Notes on Richard Cantillon* (1697-734), preparado por L. Karstensson, Department of Economics, UNLV, 12/20/1996.

DEGEN, R. G. *O empreendedor*. São Paulo: McGraw-Hill, 1989.

DOLABELA, F. *O segredo de Luísa*. São Paulo: Cultura Editores, 1999, 312 p.

DORNELAS, J. C. A. *Empreendedorismo*: transformando ideias em negócios. 2. ed. Rio de Janeiro: Campus, 2005. 293 p.

FARAH, O. E.; CAVALCANTI, M. *Empresas*: criação & administração. São Paulo: Érica, 1992.

FILION, L. J. Visão e relações: elementos para um metamodelo empreendedor. *Revista de Administração de Empresas Light*, v. 7, n. 3, jul./set. 2000.

GELBMANN, U. Establishing Strategic CSR in SMEs: an Austrian CSR Quality Seal to Substantiate the Strategic CSR Performance. *Sustainable Development*, v. 18, p. 90-98, 2010.

GEM - Empreendedorismo no Brasil 2005: relatório executivo. Disponível em: www.sebrae.com.br. Acesso em: 5 maio 2006.

GERBER, M. E. *O mito do empreendedor revisitado*: como fazer de seu empreendimento um negócio bem-sucedido. São Paulo: Saraiva, 1996.

HILMOLA, O-P.; LORENTZ, H.; HILLETOFTH, P.; MALMSTEN, J. Manufacturing Strategy in SMEs and its Performance Implications. *Industrial Management & Data Systems*, v. 115, issue 6, p. 1.004-1.021, 2015.

HISRICH, R. D.; PETERS, M. P. *Empreendedorismo*. Tradução de Lene Belon Ribeiro. 5. ed. Porto Alegre: Bookman, 2004.

HOOF, B. V.; LYON, T. P. Cleaner Production in Small Firms Taking Part in Mexico's Sustainable Supplier Program. *Journal of Cleaner Production*, v. 41, p. 270-282, 2013.

JOHNSON, S. L.; FREEMAN, M. A.; STAUDENMAIER, P. J. Manic Tendencies are not Related to Being an Entrepreneur, Intending to Become an Entrepreneur, or Succeeding as an Entrepreneur. *Journal of Affective Disorders*, v. 173, p. 154-158, 2015.

KLEWITZ, J.; HANSEN, E. G. Sustainability-oriented Innovation of SMEs: a Systematic Review. *Journal of Cleaner Production*, v. 65, p. 57-75, 2014.

LAM, W.; HARKER, M. J. Marketing and Entrepreneurship: an Integrated View from the Entrepreneur's Perspective. *International Small Business Journal*, v. 33, issue 3, p. 32-348, 2015.

LANIVICH, S. E. The RICH Entrepreneur: Using Conservation of Resources Theory in Contexts of Uncertainty. *Entrepreneurship Theory and Practice*, v. 39, issue 4, p. 719-995, July, 2015.

LIU, Z.; XU, J.; HAN, B. T. Small and Medium Sized Enterprise Post-disaster Reconstruction Management Patterns and application. *Nat Hazards*, v. 68, p. 809-835, 2013.

LOURENÇO, F.; JONES, O.; JAYAWARNA, D. Promoting Sustainable Development: the Role of Entrepreneurship Education. *International Small Business Journal*, v. 31, issue 8, p. 841-865, 2012.

MAINELA, T.; PUHAKKA, V.; SERVAIS, P. The Concept of International Opportunity in International Entrepreneurship: a Review and a Research Agenda. *International Journal of Management Reviews*, v. 16, p. 105-129, 2014.

MAS-TUR, A.; PINAZO, P.; TUR-PORCAR, A. M.; SÁNCHEZ-MASFERRER, M. What to Avoid to Succeed as an Entrepreneur. *Journal of Business Research*, v. 68, p. 2.279-2.284, 2015.

MATEJOVSKY, L.; MOHAPATRA, S.; STEINER, B. The Dynamic Effects of Entrepreneurship on Regional Economic Growth: Evidence from Canada. *Growth and Change*, v. 45, n. 4, p. 611-639, Dec., 2014.

MILAGROSA, A. H.; LOEWE, M.; REEG, C. The Entrepreneur Makes a Difference: Evidence on MSE Upgrading Factors from Egypt, India, and the Philippines. *World Development*, v. 66, p. 118-130, 2015.

MUSSON, A. The Build-up of Local Sustainable Development Politics: a Case Study of Company Leader in France. *Ecological Economics*, v. 82, p. 75-87, 2012.

OSWALDO, Y. O. *Planejamento estratégico e autogestão de carreira*. 3. ed. São Paulo: Life, 2015.

REVISTA VALOR ECONÔMICO. Valor Econômico S.A. São Paulo, abr. 2001.

PERREN, L.; DANNREUTHER, C. Political Signification of the Entrepreneur: Temporal Analysis of Constructs, Agency and Reification. *International Small Business Journal*, v. 31, issue 6, p. 603-628, 2012.

ROUX, I. L.; BENGESI, K. M. K. Dimensions of Entrepreneurial Orientation and Small and Medium Enterprise Performance in Emerging Economies. *Development Southern Africa*, v. 31, n. 4, p. 606-624, 2014.

SADABA, S. M.; EZCURDIA, A. P.; LAZCANO, A. M. E.; VILLANUEVA, P. Project Risk Management Methodology for Small Firms. *International Journal of Project Management*, v. 32, p. 327-340, 2014.

SAHUT, J.-M. Innovation, R&D and Entrepreneurship. *Technological Forecasting & Social Change*, v. 88, p. 287-289, 2014.

SAY, J. B. A Treatise on Political Economy: on the Production, Distribution and Consumption of Wealth. Nova York: Kelley, 1964.

SCHUMPETER, J. Managers and Entrepreneurs: a Useful Distinction. *Administrative Science Quaterly*, v. 42, p. 429-451, 1959.

SEBRAE. *Boletim estatístico de micro e pequenas empresas*. Observatório Sebrae, 1. sem. 2005. 84 p.

_____ Fatores condicionantes e taxa de mortalidade de empresas no Brasil. Brasília: Gráfica Charbel, 2004. 56 p.

_____ et al. *Empreendedorismo no Brasil 2005*: relatório executivo. Curitiba: s.n., 2006. 28 p.

STEWART, H.; GAPP, R. Achieving Effective Sustainable Management: a Small-Medium Enterprise Case Study Corporate Social. *Responsibility and Environmental Management*, v. 21, p. 52-64, 2014.

TACHIZAWA, T.; FARIA, M. S. *Criação de novos negócios*: gestão de micros e pequenas empresas. 2. ed. Rio de Janeiro: FGV, 2004. 288 p.

VÉRIN, H. *Entrepreneurs, entreprises, historie d'une idée*. Paris: Presses universitaries de France, 1982.

WU, C.-W.; HUARNG, K.-H. Global Entrepreneurship and Innovation in Management. *Journal of Business Research*, v. 68, p. 743-747, 2015.

YETISEN, A. K. et al. *Entrepreneurship. LabChip*, v. 15, p. 3.638-3.660, 2015.

Zaque e os amendoins

Zaque é o terceiro filho de Salomão e Najla. Tinha 11 anos e vendia amendoins nas ruas de Cerqueira César. Najla torrava-os, acondicionando-os em uma cesta de bambu, e Salomão cuidava de arrumar o troco necessário, passava a tarefa diária e, depois que os filhos retornavam, conferia o "caixa".

José também vendia amendoim. O negócio ia bem, até que, um belo dia, um amigo de Salomão disse-lhe:

– Salomão, vi o Zaque distribuindo amendoins de graça para as moças na praça.

Salomão agradeceu a informação do amigo, mas ficou intrigado com o que ouviu, pois o desempenho de Zaque não era diferente do de José.

"Mas como é que ele ainda consegue distribuir parte dos amendoins às moças", pensava. Resolveu então fazer uma auditoria na cesta dele, conferindo, como de costume, o dinheiro trazido. Assim que Zaque deixou a cesta em cima de uma mesa, ele foi examiná-la sem que o filho soubesse.

Para sua surpresa descobriu que a latinha usada para medida tinha no fundo pequenos pedaços de papelão. Entendeu, pois, que quando ele enchia a latinha para os clientes, estes recebiam menos amendoim do que seria o correto.

Salomão o repreendeu para que não fizesse mais isso.

2

Plano de negócio

Christiano França da Cunha
Anderson Santos
Edgard Monforte Merlo

Conteúdo

2.1 O que é um plano de negócio
2.2 O produto e o mercado
2.3 Esclarecimentos adicionais
2.4 Decisões sobre localização
2.5 A escolha do ponto

– Eu não falhei 999 vezes. O meu experimento continha mil passos. (Resposta a um jornalista sobre o fracasso ao acender a lâmpada pela primeira vez.)

THOMAS ALVA EDISON

Objetivos do capítulo
O objetivo deste capítulo é estudar os conceitos relacionados à elaboração de plano de negócio, algo fundamental e primordial para se iniciar qualquer empreendimento. A ideia de plano de negócio será mais bem definida ao longo deste capítulo, e, em seguida, o leitor terá à sua disposição importantes aplicações dos conceitos relacionados ao plano de negócio em diversos segmentos econômicos.

Entrando em ação
Muitas vezes, a causa do insucesso de um empreendimento é decorrente de uma decisão emocional ou circunstancial. Assim, a maneira de se aumentar as chances de sucesso é fazer um plano de negócio para assegurar-se de como o empreendimento vai se comportar nos próximos anos.

Estudo de caso
Em conversa com um colega mais antigo de sua república, um aluno de administração que acabou de se formar observa que há uma oportunidade de mercado em um setor específico da economia. Como ele não sabe se deve ou não abrir uma empresa nesse setor, procura ajuda de todas as formas possíveis: professores, colegas mais experientes e instituições públicas e/ou privadas de auxílio ao empreendedorismo. Após essas consultas, observou que, na maioria das vezes, todos o aconselharam a iniciar um novo empreendimento com a elaboração de um plano de negócio, pois muitas de suas dúvidas sobre o novo empreendimento vão surgir, como:
- Quais os custos totais, ou seja, os *custos fixos* e os *custos variáveis*, desse empreendimento?
- Há demanda para os produtos a serem oferecidos por essa nova empresa?
- Quais os principais dados primários e/ou secundários necessários para levantar o potencial desse futuro mercado?

Essas e outras questões serão respondidas e mais bem compreendidas com a ajuda dos tópicos estudados neste capítulo.

2.1 O que é um plano de negócio

Antes de iniciarmos a definição do que é um plano de negócios, o importante é saber o motivo pelo qual se deve fazer um plano de negócios. Afinal, por que isso é tão importante para o futuro dos novos negócios?

O *plano de negócio* é um processo que valida a ideia de que um empreendedor tem para constituir uma nova empresa. Assim, por meio de um planejamento detalhado, esse documento vai confirmar ou não se a ideia poderá ou não se tornar um novo empreendimento (Dolabela, 1999).

Várias são as razões para a elaboração de um plano de negócio, mas as principais são (McKeever, 2014):

1. Esse documento ajudará o empreendedor a obter recursos, principalmente financeiros, para transformar o seu sonho e/ou a sua visão de oportunidade em algo real, em uma nova empresa de mercado.

2. Esse planejamento futuro ajudará o empreendedor a tomar uma importante decisão no momento do surgimento de uma nova empresa: esse novo empreendimento deve prosseguir ou não? Ou seja, a continuidade da transformação dessa ideia em novo produto e/ou nova empresa é viável? Essa alteração deve ser feita ou não? Será que é melhor pensar em um "plano B" ou continuar com o plano atual ("plano A")?

3. Esse estudo ajudará o empreendedor a conhecer melhor os conceitos de mercado e/ou de produtos por trás da ideia inicial da nova empresa que está prestes a surgir. Com isso, é possível, além do conhecimento desses conceitos, o seu aprimoramento, a fim de atender de modo mais efetivo às necessidades dos consumidores almejados e/ou à oportunidade observada.

4. Considerando as três observações anteriores, nota-se que o plano de negócio terá um papel fundamental: o de aumentar as probabilidades de sucesso da nova empresa que está por surgir, pois, com os recursos alcançados (item 1), com a decisão de continuar (item 1) e com o pleno conhecimento do conceito por trás do novo empreendimento (item 3), o sucesso tem as suas chances maximizadas.

5. Além dos itens citados, esse documento ajudará o empreendedor a manter-se na "rota traçada", ou seja, a seguir o planejamento feito e, se houver necessidade de ajustes — e tenha certeza de que haverá —, a fazê-los de acordo com o planejamento inicial, aqui representado pelo plano de negócio.

Planejar um negócio e torná-lo sustentável é um dos maiores desafios dos potenciais empresários. Em um mercado extremamente competitivo, o mundo dos negócios exige que empreendedores tenham cada vez mais conhecimentos sobre sua empresa e busquem sempre entender as necessidades de seus clientes, atender com eficácia, aprimorar seus produtos e serviços e expandir sua atuação no mercado (Sebrae, 2013).

Por falta de experiência e de conhecimento do que é preciso para fazer uma empresa se desenvolver, aliado aos recursos necessários, ao rol das atividades a serem realizadas e, consequentemente, aos riscos envolvidos, o empreendedor, porém, carece de ferramentas que o auxiliem na implementação de um negócio, para que se sinta capaz de iniciar seu empreendimento com maior grau de acerto, minimizando os riscos envolvidos, além de aumentar a capacidade de inserção e de sobrevivência de sua empresa.

Nesse caso, o plano de negócio é uma ferramenta que tem o objetivo de apoiar o empreendedor na consolidação da ideia de forma efetiva, criativa e inovadora. No entanto, desenvolver um plano de negócio exige esforço e dedicação. Essa ferramenta permite avaliar todas as variáveis que interferem no empreendimento, a fim de proporcionar conhecimento e entendimento das condições mínimas necessárias para viabilizar a tomada de decisões assertivas (Sebrae, 2013).

O plano de negócio ainda possibilita descobrir se a ideia possui diferencial, se existe mercado e se os riscos são aceitáveis, bem como permite saber os custos envolvidos e a infraestrutura básica necessária, entre várias questões, que ajudarão o empreendedor a concretizar o seu negócio, contribuindo de forma significativa para aumentar sua probabilidade de sucesso.

Dessa forma, observa-se que um plano de negócio pode proporcionar ao futuro empresário um caminho para o lucro que ele também pode variar. Assim, este capítulo foi elaborado para auxiliar o futuro empreendedor a redigir um plano de negócio. Na elaboração desse caminho, algumas questões são de fundamental importância:

- Qual é o setor/*segmento* em que o empreendedor pretende atuar?
- Em que ramo de atividade o seu novo negócio está inserido?
- Que mercadoria essa nova empresa vai vender? Onde se localizam os principais agentes desse mercado, ou seja, os fornecedores, os clientes e a concorrência?
- Quem comprará seus *produtos/serviços*?
- Quais são seus principais concorrentes atuais e potenciais?
- Quais as principais estratégias de vendas a serem adotadas?
- Quais serão os principais métodos e ferramentas de marketing a serem usados?
- Como a concorrência age em relação a vendas e publicidade?
- Qual é o capital necessário para implementar a nova empresa?
- Como o empreendedor fará para que as principais atividades de gestão dessa nova empresa sejam bem realizadas?
- Quais controles administrativos são necessários?
- Como estes podem ser executados?
- Quando esse plano de negócio deveria ser revisto?
- Onde se pode solicitar assistência organizacional e financeira?

Observa-se que, dada a grande relevância dessas perguntas para o futuro empreendimento, as suas respostas, assim como o início da elaboração do plano de negócio, devem ser feitas pelo próprio empresário, pois esse conhecimento será primordial para o sucesso da nova empresa. Como a abertura de uma empresa tem a probabilidade de dar certo ou não, o empreendedor precisa planejar bastante, a fim de que as probabilidades de sucesso sejam bem maiores que as de fracasso (Azevedo, 1999). A ideia de criar uma empresa deve ser cuidadosamente avaliada e desenvolvida, de modo que o risco do negócio seja o menor possível.

De acordo com Azevedo (1999), para fazer um bom plano de negócio, o empreendedor precisa saber se a atividade que pretende explorar apresenta boas perspectivas e se tem real probabilidade de sucesso. Nos aspectos técnicos, é necessário descrever, caracterizar e qualificar os produtos a serem fabricados e o processo produtivo. No âmbito financeiro, precisa estabelecer e calcular o investimento fixo; quantificar os recursos humanos necessários e calcular os salários e os encargos; estimar as receitas e os custos gerais; apurar os resultados; projetar o fluxo de caixa e o capital de giro; apresentar a estrutura patrimonial e, por fim, calcular o preço de venda. Para preparar um plano de negócio, como se pode notar, o futuro empresário vai precisar de um bom volume de informações.

Essas informações podem ser obtidas de duas formas, sendo estas (Malhotra, 2012):

1. Via dados primários, ou seja, dados que serão coletados pelo próprio empreendedor, na maioria das vezes por meio de um questionário e/ou formulário aplicados aos potenciais clientes e/ou aos principais envolvidos nesse novo negócio, para que esses empresários possam responder às perguntas específicas de seu interesse, como: Este produto tem potencial?, Quanto o consumidor quer pagar por isso?, entre outras.

2. Via dados secundários, ou seja, dados que já existem e já foram coletados por outras pessoas e/ou instituições, como Sebrae, IBGE, entre outras. Esses dados, apesar de terem sidos coletados para outros fins, podem fornecer informações de grande importância aos futuros empreendedores, como os principais produtos consumidos em uma dada região, as principais dificuldades encontradas na abertura de empresas em um dado setor, entre outras.

Caso não possua essas informações, o futuro empresário terá de pesquisar no meio empresarial e em outras fontes. É preciso ter em mente que o roteiro de plano de negócio que será apresentado pode não ser suficiente para compreender todas as necessidades de planejamento da empresa que pretende instalar. Assim sendo, torna-se necessário acrescentar itens ou adaptar e retirar os que constam no roteiro, a fim de que o plano corresponda à natureza, ao porte e à complexidade do empreendimento. Portanto, antes de passar para o plano, o futuro empresário deve saber que faz parte desse roteiro um modelo guia em branco, no qual ele poderá elaborar o seu plano de negócio.

A ideia de criar uma empresa precisa ser desenvolvida e avaliada cuidadosamente em todos os seus aspectos. Para facilitar a avaliação dessa ideia, é necessário descrevê-la sob a forma de um projeto de negócio. Embora muitos dos fundadores de empresas não tenham habilidade nem disposição para colocar suas ideias no papel, a elaboração de um projeto ou plano de negócio escrito oferece as seguintes vantagens:

- Obriga o elaborador a aprimorar a ideia que lhe passa pela cabeça, a fim de torná-la clara e de fácil entendimento por terceiros.
- Acarreta a necessidade de buscar informações mais detalhadas sobre mercado, concorrentes, produção, fornecedores etc., as quais serão muito preciosas mais tarde.
- Facilita a possível negociação de recursos com bancos ou ajuda a entusiasmar novos sócios a investir na empresa.
- Obriga o criador a refletir exaustivamente sobre sua futura empresa e seus pontos fortes e fracos.

O roteiro de projeto apresentado a seguir também serve para casos de pequenos empreendedores industriais, e, dependendo da natureza da empresa, os itens da lista sugerida poderão ser introduzidos ou retirados. A simples leitura dos itens do roteiro propicia ao futuro empresário uma visão do volume de informações de que vai precisar.

Ao descrever esses tópicos, o empreendedor poderá perceber que não possui todas as informações e que precisará buscá-las no meio empresarial, via **dados primários** e/ou **dados secundários**. Essa busca de informações é muito benéfica para os criadores de novas empresas, pois os obriga a realizar um esforço importante de contatos externos e de reflexão contínua acerca da viabilidade de seu empreendimento. Nas páginas seguintes, fornecemos orientações sobre os tipos de informação que o futuro empresário deverá ter para elaborar o projeto da própria empresa.

Para obter essas informações, deve-se usar a abordagem da pirâmide invertida (Hisrich; Peters; Shepherd, 2014), cujas etapas são as seguintes:
- Obtenção de dados sobre tendências gerais ambientais e demográficas.
- Coleta de dados sobre tendências nacionais do setor que se quer estudar.
- Obtenção de informações sobre tendências locais, ambientais e demográficas.
- Obtenção de dados sobre tendências locais do setor que se quer estudar.
- Identificação dos pontos fortes e fracos da concorrência local.
- Identificação do posicionamento de mercado almejado pela empresa, ou seja, que imagem gostaríamos de manter na mente do nosso cliente.
- Identificar quais são os objetivos de mercado da empresa.

Vistos os principais conceitos sobre o plano de negócio, apresentaremos agora a sugestão de um roteiro básico, que contém os elementos fundamentais para que esse documento possa ter o efeito desejado, qual seja, o aumento da probabilidade de sucesso dessas novas empresas.

 2.1.1 Roteiro básico para um plano de negócio

Nesta parte do capítulo, desenvolveremos de modo mais amplo as ideias para a elaboração de um plano de negócio.

A. Resumo executivo
Apesar de ser a primeira parte de um bom plano de negócio, o *resumo executivo* deve ser o último aspecto a ser redigido, pois se trata de um resumo, ou seja, de uma pequena descrição e/ou uma visão geral de todos os aspectos que serão mais bem detalhados no documento (Aidar, 2007). Essa parte é de grande relevância, pois a ela cabe o objetivo de "vender" de forma concisa a ideia do novo empreendimento (Filion, 2000).

Ainda segundo Filion (2000), o resumo executivo deve ter alguns elementos básicos, como:

1. Enunciado do projeto, ou seja, o que se almeja desenvolver e/ou implementar.
2. Competências dos responsáveis, ou seja, quais funções as pessoas-chave do novo empreendimento vão exercer;
3. Os produtos, os serviços e a tecnologia a serem usados, ou seja, as principais características dos elementos que serão oferecidos pela nova empresa.
4. O mercado potencial, ou seja, o segmento da população que se almeja atingir.
5. Elementos de diferenciação, ou seja, as vantagens comparativas e/ou competitivas que a nova empresa terá em relação à atual concorrência.
6. Previsão de vendas no segmento em que pretende atuar, principalmente levando em conta as tendências de mercado, sejam estas de curto, médio ou longo prazo.
7. Rentabilidade e projeções financeiras, ou seja, os principais indicadores que mostrem a viabilidade da nova empresa.
8. A necessidade de financiamento: considerando que a grande maioria dos empreendedores não tem recursos próprios para a criação da nova empresa, é preciso deixar claro quanto esse empreendimento necessita de recursos financeiros para sair do papel e se tornar realidade.

Degen e Mello (1989) sugerem algumas coisas que devem e que não devem ser feitas em um plano de negócio:
1. Um plano de negócio deve ser sucinto, ou seja, o mais conciso possível, para que assim possa ser claro e detalhado, mas sem excessos, o que poderia impedir sua perfeita compreensão e/ou entendimento.
2. Esse documento não pode diversificar demais; precisa ter foco, ou seja, abordar no máximo dois produtos e/ou dois mercados principais. Assim focado, o plano pode ser mais específico e mais detalhado, algo que não poderá ser feito se houver um grande número de produtos e/ou mercado a serem descritos.
3. Não é recomendável o uso de jargões técnicos em partes que demandem esse tipo de linguagem, a fim de que a clareza seja maior, independentemente do tipo de público que possa ler o documento.
4. Ao projetar as vendas, as previsões devem ser feitas com base no mercado, e não na capacidade de produção que o futuro empresário acha que pode realizar.
5. Não se deve fazer afirmações vagas e/ou ambíguas, que possam causar confusão e, novamente, reduzir a clareza e a objetividade do texto.
6. Todos os potenciais riscos a que a nova empresa estará sujeita devem ser apresentados e discutidos em detalhes.
7. Os aspectos técnicos do negócio devem ser tratados com o máximo cuidado possível, para que não sejam negligenciados, menosprezados ou equivocadamente descritos.

36 · Empreendedorismo estratégico

8. O plano de negócio deve "vender" a sua imagem como empreendedor, pois ele vai refletir a sua personalidade, a sua experiência e o seu conhecimento sobre esse potencial novo empreendimento. Disso, e de outros fatores a serem abordados ao longo desse texto, dependerá o sucesso ou o insucesso da nova empresa.

Uma vez compreendida essa parte do conteúdo do plano de negócio, o próximo passo é compreender cada um de seus elementos fundamentais.

B. Expectativas e objetivos pessoais
Questões-chave:
- Por que tomei a decisão de ter um negócio próprio?
- O que espero dele?
- Quais são os meus objetivos com isso?
- Com que assuntos/problemas espero ter de lidar?
- Quais são os meus pensamentos (motivações) atuais com relação a um possível projeto empresarial: negócio próprio, iniciação, aquisição ou trabalho em uma empresa?

Questões complementares:
- Por que espero entrar no ramo empresarial?
- Em qual ramo deverei atuar?
- Por que me sinto atraído pelo negócio?
- Quais são os principais benefícios e custos da vida empresarial?

C. Conceitos (coisas *versus* ideias, emoções, sentimentos)
Este é um item estratégico do plano de negócio, pois dele dependerá todo o detalhamento dos outros tópicos do plano. O empreendedor definirá as necessidades dos potenciais clientes, os produtos e/ou os serviços a serem ofertados, além das oportunidades futuras.

Questões-chave:
- Qual é o conceito de meu negócio (produto/serviço)?
- Em que ramo de negócio ele se enquadra?
- Quem é o meu potencial cliente?
- O que o meu produto/serviço vai fazer pelo cliente? Por quê? Onde? O que ele não proporciona?
- O que esse produto deveria fazer posteriormente, mas não faz agora?
- Quais são os problemas em negócios similares?
- Quais oportunidades de crescimento futuro existem, em que se pode esperar uma operação com sucesso?

● 2.1.2 Objetivos

Questões-chave:
- O que a empresa quer ser?
- Qual é a razão da existência da empresa (*missão*)?
- O que a empresa pode realizar?
- Para onde vamos encaminhá-la no futuro?
- Quais são os interesses (ideologias) de longo prazo dos acionistas/proprietários (linha de conduta)?
- Quais são os objetivos operacionais no tocante a lucratividade, aspectos sociais/comunitários, produção, recursos humanos, finanças, tecnologia (*know-how*)?
- Quais são os seus objetivos imediatos? E os de médio prazo? E os de curto prazo? E quanto aos objetivos intangíveis ou ocultos?
- O que a nova empresa deverá representar, atualmente e em um futuro previsível, para os seus proprietários, para o seu *público-alvo* e para a sociedade a que pertence?
- A empresa terá recursos (humanos, técnicos, financeiros, mercadológicos) para atingir os objetivos escolhidos?
- Os objetivos escolhidos entrelaçam-se com o objetivo de formar um todo que satisfaça as expectativas?

● 2.1.3 Análise de mercado

Neste item, realiza-se o estudo do mercado, considerando seu potencial, os fatores que podem afetar a participação da empresa no mercado, o estudo da concorrência e os aspectos mercadológicos envolvidos, além das estratégias básicas para a obtenção de vantagem competitiva.

Questões-chave:
- Existem intermediários nesse mercado estudado?
- Qual é a importância desses agentes?
- Onde se localiza o mercado fornecedor? E o mercado consumidor? E a concorrência?
- Quais condições competitivas poderão afetar o negócio hoje e no futuro?
- Existem importantes influências, em relação ao governo, nesse mercado?
- Quais reflexos se podem esperar das mudanças econômicas, políticas e sociais?
- Quais são os pontos fortes e fracos dos concorrentes?
- Como penetrar nesse mercado potencial? Quais são os mercados ou os grupos de clientes a que a nova empresa pretende servir?

2.1.3.1 Marketing

Questões-chave:
- Quais são os principais métodos e as principais ferramentas de venda e de propaganda a serem usados?
- Quais produtos e/ou mercados receberão mais ênfase em termos de alocação de recursos e atenção dos empreendedores?
- Quais benefícios serão enfatizados nesses produtos?
- Como a nova empresa se compara com os concorrentes?
- Como será a política de crédito a ser adotada?
- Quais serão as bases para as decisões quanto aos itens anteriores relativamente a custo, valor adicionado e valor por cliente?
- Quem se responsabilizará pelas ações, ou seja, quem fará o quê e quando?
- Qual é a dimensão das despesas e qual o orçamento previsto?
- Qual é o plano de contingência, ou seja, o que fazer se crescer rápido demais ou se seu crescimento for inferior ao esperado?

2.1.3.2 Estratégias básicas

Estratégias para se alcançar os objetivos:
- Como será o desenvolvimento do produto?
- De que forma se dará o desenvolvimento do mercado?
- Haverá necessidade de realizar a *integração para a frente*, ou seja, a empresa terá de possuir mais de um estágio na cadeia produtiva, como produzir tal produto (produção) e também comercializá-lo junto ao consumidor final?
- Será necessário realizar a *integração para trás*, ou seja, minha empresa terá de possuir mais de um estágio na cadeia produtiva, como produzir o produto ("produção"), mas também responsabilizar-se pela elaboração e pela criação dos insumos necessários para essa produção ("insumos")?
- Há planos de praticar a *diversificação de produtos*, ou seja, a empresa focará em apenas um produto ou em uma grande gama de produtos complementares?
- Quanto tempo de permanência no mercado foi estabelecido até que os primeiros resultados apareçam?

Escolha de prioridades estratégicas:
- Quais serão as prioridades estratégicas da empresa no aspecto global?
- Quais serão as prioridades estratégicas da empresa no aspecto setorial?

Estratégias nas áreas específicas:
- Quais serão as estratégias da empresa na área de *produção*?
- Quais serão as estratégias da empresa na área de *marketing*?
- Quais serão as estratégias da empresa na área de *organização*?
- Quais serão as estratégias da empresa na área de *finanças*?
- Quais critérios a empresa terá como base para buscar e avaliar novas oportunidades de negócios?

2.1.4 Produção e tecnologia

Aqui, são identificados os recursos e as atividades aplicadas ao processo produtivo.

Questões-chave:
- Quais serão os processos tecnológicos a serem utilizados?
- Como sedará a obtenção desses processos?
- Será preciso adquirir equipamentos e/ou máquinas?
- A produção será com fabricação própria ou terceirizada?
- Quais serão as matérias-primas necessárias?
- Quais serão as fontes dessas matérias-primas?
- Haverá alguma inspeção de matéria-prima?
- Haverá algum controle de qualidade da matéria-prima?
- Será necessária uma previsão de embalagem, transporte e reparos?
- Quanto à mão de obra, o suprimento desses recursos será feito por contratação ou por terceirização?
- Caso esses recursos sejam terceirizados, quem vai supervisionar?
- Quem serão os responsáveis por cada uma das ações necessárias na empresa, ou seja, quem fará o quê?
- Como serão feitos os orçamentos necessários na empresa?
- Qual será a dimensão das despesas nessa nova empresa?

2.1.5 Organização e recursos humanos

Questões-chave:
- Quem será responsável por quem e para quê?
- Quais serão os incentivos materiais e psicossociais a serem oferecidos pela empresa?
- Como será a administração salarial dos funcionários e do pró-labore dos sócios?
- De que forma será feito o orçamento de pessoal?
- Como será elaborada a dimensão das despesas?

40 · Empreendedorismo estratégico

- Existem planos contingenciais?
- Quais habilidades e capacidades a organização precisará criar ou aperfeiçoar?

2.1.6 Finanças – Projeções

Questões-chave:

- Como será feita a formação de capital e quais serão os principais responsáveis por isso?
- Qual é o investimento necessário para lançar com sucesso a empresa?
- Como será elaborado fluxo de caixa?
- De que forma serão feitos os principais demonstrativos de resultados?
- Como serão feitos os balanços patrimoniais e de ativos?
- Qual é a expectativa da empresa em termos de receitas globais, lucro e crescimento?
- Quais são as expectativas de receita/lucro para cada produto ou agrupamento de produtos de importância?

2.1.7 Propriedade – Forma de organização jurídica

Questões-chave:

- Qual será a forma legal da empresa?
- Quais são as vantagens e as desvantagens dessa opção?
- Quais são as principais características jurídicas da empresa, ou seja, quais são as responsabilidades dos sócios e como será a contribuição de capital e de trabalho de cada um?
- Em caso da dissolução e/ou liquidação, como isso vai ser resolvido?
- Como será o relacionamento com os sócios?

2.1.8 Formalização

Questões-chave:

- Quais providências deverão ser tomadas para a formalização da nova empresa?
- Como devem ser obtidos os seus registros legais?
- De que forma deve ser elaborado o contrato de constituição do novo empreendimento?
- Como serão feitos, guardados e fiscalizados os livros fiscais?
- Essa nova empresa terá seguros? Quais?
- Haverá registros de marcas, patentes ou novas tecnologias a serem utilizadas?
- O empreendimento contará com apoio jurídico?

Antes de elaborar o seu plano de negócio, procure desenvolver suas ideias de modo bem claro e racional.

 ## 2.2 O produto e o mercado

O produto
- Faça uma descrição clara do produto, do serviço ou da ideia.
- Quais são as aplicações secundárias de seu produto?

O mercado
- Qual é o mercado potencial para o produto da nova empresa?
- Quais são as características da procura (demanda)? Por exemplo: De que tipo é a clientela? Como será o *market share*, ou seja, a divisão do mercado? Qual é a quantidade de clientes pretendida?
- Qual é o volume e a evolução da procura?
- Quais serão as características da oferta; por exemplo, quais são os atributos das ofertas dos seus principais concorrentes?

 ## 2.3 Esclarecimentos adicionais

Para obter melhores resultados na abordagem sugerida, vários tratamentos e orientações devem ser lembrados, como:
- O empresário iniciante deve, na medida do possível, desligar-se de boa parte das tarefas rotineiras e passar a pensar em termos estratégicos. Para tanto, deverá, quando possível, designar alguém que trate dos assuntos mais habituais da organização.
- A introdução do método de elaboração do plano de negócio deve ser feita paulatinamente, pois envolve muitos conceitos, por vezes "complicados" para ser introduzidos de uma só vez em novas empresas.
- Tentar fazer que a própria empresa elabore as informações, a fim de que o empreendedor pense no assunto e descubra, por si só, a natureza e o significado dessas informações.
- O empreendedor deve estabelecer a relação entre os dados obtidos e o destino e o uso que tais dados terão; em geral, o empresário não sabe se dispõe dessas informações. Não há uma única maneira de utilizá-las.
- O plano a ser adotado pelas novas organizações pode ser entendido como um processo pedagógico de aprendizagem, a fim de que, cumprida essa etapa, se possa chegar a um planejamento estratégico mais amplo.

42 · Empreendedorismo estratégico

- É preciso trabalhar com determinadas ações imediatas, as quais costumam ser simples e menos incertas e arriscadas. Adotar esse comportamento implica conseguir a participação e o envolvimento do empresário e, em consequência, um rápido aprendizado sobre o assunto.
- É preciso verificar o que deve ser executado e dar exemplos de cada ação, para mostrar a vantagem de se aplicar o plano de negócio. Vale salientar que esse instrumento de administração de um novo negócio somente terá sucesso em sua implementação a partir do momento em que os futuros empresários visualizarem corretamente duas questões: a) como será a execução de cada uma das ações previstas neste plano; e b) como medir os resultados alcançados com essas ações. Assim, será possível adotar duas distintas estratégias conforme os resultados atingidos: a) se forem positivos, será possível prosseguir para os próximos passos previstos no plano de negócio; ou b) se forem negativos, os gestores deverão saber quais motivos levaram a este resultado e o que deve ser revisto nas ações previamente propostas. Deve-se pensar em termos de futuro, ou seja, é preciso despertar para essa visão de negócio, em outras palavras, pensar estrategicamente.
- Convém descrever as coisas que podem ser feitas de imediato e as que não podem e, portanto, devem ser proteladas. Em geral, deve-se abordar uma área isenta de muito risco e para a qual existam dados disponíveis, com menor grau de incerteza.
- Quando o grau de incerteza for maior, relativamente a outros fatores, as ações devem ser postergadas.
- Deve-se dar à nova empresa uma exata visão do que lhe é facultado, ou seja, deixar algum espaço para atuação, adiar decisões etc.
- Os empresários devem estar cientes de que o processo de formulação do plano de negócio, embora possa estar enfaticamente fundamentado em sua intuição, deve basear-se em uma série de conceitos e técnicas sistematizadas que lhe são desconhecidos; sem isso, correrão o risco de adotar estratégias com poucas possibilidades de êxito.

É necessário elaborar um plano de negócio antes de iniciar um empreendimento em razão dos seguintes aspectos:

- O processo de preparação de um plano de negócio força os candidatos a empresários a terem uma visão realista e objetiva, evitando envolvimentos emocionais no novo empreendimento.
- A maioria das pessoas que têm ideias faz isso de forma aleatória.
- A preparação de um plano de negócio, além de dar ao empresário a oportunidade de ser criador, permite-lhe adotar uma abordagem realista (externa) na implantação da ideia.
- O plano de negócio é um instrumento operacional para que o novo negócio alcance sucesso e também funciona como um veículo de comunicação na divulgação de

novas ideias para terceiros, como bancos, sócios, investidores, potenciais clientes, fornecedores etc.

- Nem sempre as grandes ideias tornam as pessoas ricas: há uma grande diferença entre quem teve a ideia e quem decidiu transformá-la em algo lucrativo.
- O plano de negócio força o empresário a identificar os pontos fracos e fortes do novo empreendimento, os quais, normalmente, não seriam levados em conta com vistas a neutralizar futuros problemas.

Um plano de negócio muito bem elaborado pode ficar ultrapassado em razão de mudanças de condições. Algumas vezes, essas mudanças se dão quando vários funcionários especializados da empresa deixam o emprego ou quando os desejos e os gostos dos clientes sofrem modificações. Por exemplo, uma nova ideia pode empolgar determinado setor durante seis meses e "morrer" da noite para o dia. Algumas vezes, ocorre uma mudança tecnológica, quando novas matérias-primas e componentes são colocados no mercado. A fim de ajustar um plano de negócio a essas mudanças, o empreendedor precisa:

- Estar alerta às mudanças que ocorrem em sua empresa, seu setor, seu mercado e sua comunidade.
- Verificar o seu plano em relação a essas mudanças.
- Determinar que revisões são necessárias em seu plano.

O empreendedor pode delegar partes desse trabalho de acompanhamento. Por exemplo, pode atribuir ao profissional de vendas a tarefa de observar as modificações técnicas relatadas em periódicos comerciais do setor em que a empresa atua e esperar que este o mantenha atualizado sobre as mudanças significativas ocorridas. Contudo, ele terá de fazer esses julgamentos com base no êxito da empresa.

Se fizer julgamentos errados, as perdas deverão ser reduzidas de forma rápida, mas, antes de tudo, é preciso aprender com a experiência. A angústia mental causada por procedimentos errados é parte do preço que o empreendedor paga por ser o próprio patrão. Por outro lado, ele obtém sua recompensa com base na satisfação e nos lucros resultantes de atitudes e decisões corretas.

Às vezes, é possível prever problemas sérios da mesma forma que se pode planejar um curso de ação. Por exemplo, quais medidas adotar se as vendas estiverem 25% mais baixas que o previsto ou se estiverem 10% mais altas? O empreendedor poderá preparar uma estratégia para o que considera um "orçamento problema", prevendo situações como vendas mais baixas, custos mais altos, ou uma combinação de ambas as hipóteses. Deve-se considerar que o empreendedor terá também de exercitar a precaução caso suas vendas sejam maiores que o previsto, pois o crescimento das vendas pode ser apenas temporário; portanto, a expansão também deve ser planejada.

2.4 Decisões sobre localização

A localização da empresa é fundamental no plano de negócios. Quantas empresas com capital inicial adequado, equipamentos novos, administração a cargo de pessoas competentes têm sucumbido em razão da má escolha do local para o desenvolvimento de suas atividades?

Não se pretende aqui delinear mapas de localização que deem ao empreendedor as coordenadas para encontrar a "mina de ouro". Isso é impossível, em razão de inúmeras variáveis. Tendo em vista os conceitos já expostos e o conhecimento obtido de outras fontes, cabe ao empreendedor, porém, identificar o local em que sua empresa deverá se localizar.

 ### 2.4.1 O mapeamento local

O mapeamento ambiental leva em conta todas as variáveis dos diversos segmentos ambientais, como: mercado consumidor, mercado fornecedor, mercado de mão de obra, segmentos político, econômico e cultural etc. Agora, resta ao empreendedor concentrar-se mais especificamente no mapeamento local, ou seja, naquele que lhe propiciará condições para escolher a localização física do empreendimento no município em que o negócio será instalado.

 #### 2.4.1.1 O caso da indústria

Há duas categorias de estímulos que influenciam nas decisões de localização desse tipo de empresa:
- Alterações na demanda de bens e serviços.
- Alterações na oferta de insumos para a operação.

Em alguns casos, as decisões de localização estão vinculadas às alterações ou às reduções no volume agregado da demanda. Por exemplo, para um fabricante de roupas, o aumento da demanda pode exigir uma capacidade produtiva maior. A empresa poderia expandir-se no local onde está instalada ou, alternativamente, se o lugar não comportar uma instalação maior, poderá ser escolhido um novo local em outra região. Uma terceira opção seria manter a fábrica existente no local atual e encontrar uma segunda localização para uma adicional.

Duas dessas alternativas envolvem uma decisão de localização. Em geral, as operações de processamento de clientes com alto contato não podem ser expandidas no mesmo local para atender a uma demanda maior. Por exemplo, se uma empresa que oferece um serviço de processamento de fotos expandir suas atividades, ampliando as instalações no local atual, isso lhe traria somente poucos negócios a mais. Quando uma empresa oferece um serviço para clientes muito próximos às instalações, é aconselhável localizar-se próximo a eles. No caso de indústrias que precisam expandir e têm seus clientes espalhados em outras regiões, encontrar um local adicional para operação provavelmente será uma opção a mais para a expansão.

Outro ponto que pesa na decisão sobre a localização são as alterações no custo ou na disponibilidade de suprimentos para a operação. Por exemplo, uma empresa de mineração ou perfuração de petróleo precisa deslocar-se quando os minérios que está extraindo (próximo ao local onde está instalada) se esgotam. Uma empresa de manufatura pode escolher e realocar a produção em uma parte do mundo em que o custo de mão de obra seja mais baixo (é o caso no nordeste do Brasil e, mundialmente, na China), porque os recursos humanos em sua localização original se tornam relativamente caros. Às vezes, é o preço da terra que provoca a mudança. Por exemplo, uma empresa pode escolher mudar seu escritório central porque o valor do terreno que ocupa representa uma excelente alternativa para venda, gerando fundos atrativos para a empresa.

O objetivo da escolha do local é atingir um equilíbrio adequado entre três objetivos relacionados:

1. Custos, especialmente os variáveis, uma vez que estes se alteram de acordo com a localização geográfica.
2. Serviço prestado aos clientes.
3. Receita potencial da operação.

Em organizações com fins lucrativos, os dois últimos objetivos estão relacionados. A hipótese é de que, quanto melhor o serviço prestado aos clientes, maior será seu potencial para atraí-los e, consequentemente, gerar receita. Em organizações sem fins lucrativos, o potencial de receitas pode não ser um objetivo relevante; logo, o custo e o serviço ao cliente são, em geral, considerados os objetivos principais da localização.

Ao tomar decisões sobre o local da empresa, os gerentes devem preocupar-se em minimizar a interferência negativa do novo local na receita da empresa e nos serviços oferecidos aos clientes. A localização afeta ambos, mas não igualmente em todos os tipos de operações. Por exemplo, quando um consumidor final compra determinado produto, normalmente não se preocupa com o local aonde ele foi elaborado; porém, para o fabricante, os custos da produção provavelmente serão muito afetados por isso.

Fatores da sociedade são aqueles que influenciam os custos de uma operação e que derivam dos ambientes social, político e econômico locais. São eles:

- Impostos locais.
- Restrições à movimentação de capital.
- Assistência financeira do governo.
- Assistência de planejamento do governo.
- Estabilidade política.
- Atitudes locais em relação a investimentos estrangeiros no país.
- Idioma.
- Amenidades locais (escolas, teatros, lojas etc.).

- Disponibilidade de serviços de apoio.
- Histórico de relações trabalhistas.
- Restrições ambientais e disposição de rejeitos.
- Procedimentos e restrições de planejamento.

Os fatores sociais podem ter um impacto direto na rentabilidade de uma organização. Não é de surpreender que impostos locais, por exemplo, tenham um papel importante nas escolhas de localização de empresas internacionais. Outro fator, como o idioma falado na região, parece não ter muita influência nos custos, mas, na prática, pode mostrar-se muito importante.

2.4.1.2 Serviços

Alguns critérios válidos para as empresas comerciais servem também para as de serviços, mas há algumas peculiaridades. No caso do comércio, duas empresas comerciais concorrentes podem não possuir clientela suficiente, e apenas uma sobreviverá. No caso de duas escolas próximas, ambas podem sobreviver, pois possuem não apenas alunos do bairro, como também de bairros vizinhos.

Deve-se levar em conta a influência do tamanho da cidade ou do bairro na escolha do ponto. Grandes centros atacadistas possuem concorrentes localizados ao lado uns dos outros. No entanto, a quantidade de clientes servidos por esses centros é suficiente para o desenvolvimento das empresas, pois a concentração permite que estes se supram de tudo o que necessitam, gastando pouco tempo e podendo fazer uma pesquisa criteriosa de preços, prazos e produtos. Bons exemplos disso são os centros atacadistas de confecções localizados nos bairros do Bom Retiro e do Brás, na cidade de São Paulo.

2.5 A escolha do ponto

No comércio varejista, o impacto da localização pode ser especialmente significativo, mas a decisão do local também é importante em outros tipos de empresas. Por exemplo, instalar uma fábrica em local em que é difícil atrair mão de obra com as qualificações necessárias afetará a eficácia da produção. Em outras palavras, a escolha do ponto costuma ter efeito nos custos de produção, bem como na facilidade de prestação de serviços aos clientes. A outra razão pela qual as decisões de localização são importantes é que, uma vez tomadas, são difíceis de serem desfeitas ou simplesmente corrigidas. Os custos de mudança podem ser extremamente altos, assim como os riscos de criar inconvenientes para os clientes.

O empreendedor deve observar se o ponto escolhido é adequado para instalar sua empresa. O ponto de partida é, sem dúvida, a definição do negócio que pretende montar, a

Capítulo 2 Plano de negócio • 47

dimensão das instalações necessárias, a linha de produtos ou serviços e o tipo de público que se quer atingir. Feito isso, há um ritual de seleção que passa por três etapas distintas.

A primeira etapa é o estudo comparativo de mercado de algumas cidades eleitas *a priori*, com base na população e sua renda e na atração exercida sobre os consumidores de municípios satélites. A segunda etapa é uma análise comparativa das áreas de comércio de duas ou três cidades de melhor potencial; trata-se de uma investigação mais minuciosa, que pode requerer pesquisa de campo para conhecer os possíveis consumidores, desde os moradores da região às pessoas que costumam trafegar por ali, seu poder aquisitivo e seus hábitos de consumo. Quanto mais impulsiva for a compra do produto, maior será a necessidade de tráfego na frente do estabelecimento.

Selecionada a cidade-alvo, a terceira etapa consiste na análise das possíveis instalações; uma escolha em que pesam o valor do aluguel, as condições de segurança, as facilidades de acesso e de estacionamento, a dinâmica da região — com suas tendências de crescimento ou estagnação — e, claro, o impacto da concorrência e da vizinhança. Em alguns segmentos, os consumidores costumam comparar produtos e preços. Enfim, o sucesso ou o insucesso pode depender até de detalhes, como estar em certa quadra de determinado bairro ou do lado da calçada em que, à tarde, faz sombra, amenizando a temperatura para os clientes.

Observa-se, desse modo, que o plano de negócio é um documento que interessa a diversos agentes diferentes, sendo estes o público interno e externo da futura empresa a ser elaborada. Das principais partes interessadas nesse planejamento, destacam-se: (a) as incubadoras de empresas; (b) os futuros clientes dessa empresa; (c) os potenciais funcionários; (d) os empreendedores acionistas; (e) os fornecedores; (f) os financiadores; (g) os investidores; e (h) os parceiros (Aidar, 2007).

Nota-se que há uma grande interdependência de quatro fatores para o sucesso de um novo empreendimento, sendo estes (Sahlman, 2008):

1. *As pessoas* • Neste fator, deve-se considerar não somente as pessoas que estão diretamente ligadas ao início do empreendimento, mas também todas aquelas que possam fornecer serviços-chave e/ou de grande importância para que a nova empresa seja aberta, como advogados, contadores e fornecedores.

2. *As oportunidades* • Neste fator, deve-se considerar o que a empresa vende e para quem pretende vender, como o empreendimento pretende crescer e em que velocidade, e quais os seus custos e quais as melhores formas de se atingir o sucesso com base nessas informações.

3. *O contexto* • Neste fator, deve-se observar a "visão panorâmica" do negócio; para isso, é preciso considerar o ambiente institucional e regulatório, os valores atuais das taxas de juros, as tendências macroeconômicas, a inflação e suas consequências, entre outros fatores que não são controlados pelo empreendedor.

4. *Os riscos e as recompensas* • Neste fator, deve-se observar tudo o que está dando certo, o porquê deu certo e quais as suas consequências; além disso, é preciso avaliar como a equipe de empreendedores pode resolver cada dificuldade.

Os planos de negócio devem integrar de forma plena as diversas áreas analisadas, desde os aspectos mercadológicos, passando pelos detalhes operacionais, gerenciais e financeiros. Dessa forma, o plano operacional deve estar intimamente ligado ao de marketing, em que os produtos são desenhados e/ou criados para atender às demandas dos consumidores, mas para isso há a necessidade de recursos humanos, ou seja, de um plano gerencial, e assim sucessivamente, para a perfeita integração de todos os aspectos aqui observados e levantados (Aidar, 2007).

Segundo Hisrich, Peters e Shepherd (2014), os planos de negócio podem fracassar como consequência de um ou mais fatores, a saber:

1. As metas que foram estabelecidas pelo empreendedor são muito ambiciosas e não atingíveis.
2. As metas estabelecidas pelo plano não são mensuráveis e, portanto, não podem ser controladas e/ou aprimoradas.
3. O empreendedor não se comprometeu totalmente com o negócio nem com a família.
4. O empreendedor não tem a correta quantidade de experiência no negócio planejado.
5. O empreendedor não analisou de forma correta as potenciais ameaças ou os pontos fracos da empresa.
6. A empresa não atendeu a nenhuma necessidade do cliente com seus produtos e/ou serviços.

Além disso, observa-se que a preparação do empreendedor, principalmente quanto à elaboração de plano de negócio, pode ter muito impacto na chance que o novo empreendimento tem de obter de capital para a sua concretização (Chen; Yao; Kotha, 2009).

Ao final deste capítulo, cabe ressaltar que a grande maioria dos potenciais investidores em um novo negócio vê o plano de negócio como algo extremamente decisivo para investir ou não o seu dinheiro no empreendimento. Todavia, o sucesso na obtenção de aporte financeiro deve-se ao fato de o documento de planejamento inicial de uma empresa ser adaptado à linguagem e aos interesses dos diferentes apoiadores e/ou investidores desse potencial novo empreendimento. Em outras palavras, para tentar obter dinheiro de um banco, o plano de negócio deve ter determinado enfoque, que é diferente de quando se tenta obter o aporte de um fundo de investimento e que, por sua vez, é diferente de quando o plano de negócio é apresentado a um *fundo anjo* de investidor — em cada caso, deve-se dar mais ênfase a uma área ou a outra.

As diferenças em relação à ênfase são: "Para bancos, o plano de negócio deve enfatizar a parte financeira. Para fundos de investimento, a ênfase deve estar tanto na parte financeira quanto na de mercado. Para fundos anjos, deve-se enfatizar a pessoa do empreendedor e a maneira como ele se ajusta ao negócio proposto" (Mason; Stark, 2004).

Resumidamente, as ideias básicas que o plano de negócio almeja responder são as seguintes (Baron; Shane, 2010):

- *Qual* a ideia fundamental e primordial para o novo produto e/ou serviço?
- *Por que* esses novos produtos e/ou serviços têm utilidade e/ou atração? Para quem isso ocorre?
- *Como* a ideia para esse novo empreendimento deverá ser executada? Qual o plano geral para a elaboração e a criação desse novo produto? E para sua comercialização e marketing? Como lidar com a concorrência, seja esta existente e/ou potencial?
- *Quem* são os futuros empreendedores? Essas pessoas têm experiência, habilidades e conhecimentos necessários para a realização dessa ideia? E para a perfeita continuidade dessa nova empresa?
- Se o plano de negócio demandar aporte de recursos para a sua realização, quanto é necessário de investimento e de que tipo, ou seja, os empreendedores almejam buscar isso em bancos, em *incubadoras de empresas* ou junto a investidores anjos? Uma vez obtido, como o recurso será utilizado? Como as pessoas que vão investir seus recursos nessa nova empresa serão remuneradas por seu investimento? De que forma? Em quanto tempo?

✎ Termos-chave

Custos fixos • Aqueles que não sofrem alteração de valor em caso de aumento ou diminuição da produção.

Custos variáveis • Aqueles que variam proporcionalmente de acordo com o nível de produção e/ou de atividades.

Dados primários • Aqueles que ainda não foram antes coletados; eles são pesquisados com o objetivo de atender a necessidades específicas.

Dados secundários • Informações já existentes, que são utilizadas — tabuladas e analisadas — com o objetivo de complementar novas investigações.

Diversificação de produtos • Consiste em investir no desenvolvimento de novos produtos ou alterar as características de produtos existentes, mantendo-se a sua distribuição no mesmo mercado.

Fatores da sociedade • Influenciam os custos de uma operação e derivam dos ambientes social, político e econômico locais.

Finanças • É a ciência e a profissão da gestão do dinheiro.

Fundo anjo • Empreendedor ou executivo de sucesso na iniciativa privada que investe capital próprio, experiência e conhecimento em empresas iniciantes, assumindo um papel minoritário na sociedade.

Integração para a frente • Centra-se na forma em que uma empresa supervisiona a distribuição de seus produtos ou seus serviços.

Integração para trás • Concentra em como uma empresa controla o fornecimento de seus bens (ativos e materiais).

Incubadoras de empresas • Instituições que auxiliam as micro e pequenas empresas nascentes ou que estejam em operação, que têm como principal característica a oferta de produtos e serviços no mercado com significativo grau de inovação.

Marketing • Conjunto de técnicas e métodos destinados ao desenvolvimento das vendas, mediante quatro possibilidades: preço, distribuição, comunicação e produto.

Missão • Papel que a empresa desempenha em sua área de atuação.

Organização • Arranjo lógico de objetos e informações.

Plano de negócio • Documento que contém caracterização do negócio, sua forma de operar, suas estratégias, seu plano para conquistar uma parcela do mercado e as projeções de despesas, receitas e resultados financeiros.

Produtos/serviço • Conjunto de atributos, tangíveis ou intangíveis, constituído pelo processo de produção, para o atendimento de necessidades reais ou simbólicas, e que pode ser negociado no mercado, mediante determinado valor de troca, quando então se converte em mercadoria.

Público-alvo • Fator primordial no planejamento da empresa, podendo passar por readequações ao longo do tempo; ter uma definição mais completa do público, certamente, ajudará a estruturar melhor os objetivos comerciais e de marketing.

Produção • Processo que consiste na combinação dos fatores de produção com a finalidade de satisfazer as necessidades humanas em termos de bens ou serviços.

Resumo executivo • Primeira seção de um plano de negócio, o resumo é a parte mais importante desse documento para quem está procurando investimento (e mesmo para quem não está), porque fornece uma visão geral de todo os outros elementos do plano.

Segmento • As partes que compõem ou dividem um negócio.

🗲 Dica do consultor

O plano de negócio é o instrumento mais importante na concepção de um novo negócio. Sem ele você está a pé. Procure gastar o máximo de tempo possível elaborando-o com o máximo de informações que conseguir. Você não se arrependerá mais tarde.

Há empreendedores que, ao visitar feiras, se entusiasmam com equipamentos que produzem fraldas descartáveis e absorventes higiênicos e, por já possuírem uma boa clientela em outro ramo, julgam que conseguiriam colocar em seu carrinho de compra também esses produtos; aí, compram o equipamento e "dão com os burros n'água". Em primeiro lugar, isso acontece porque o fabricante mostra ao empreendedor a margem bruta, mas não fala sobre os outros custos a que o franqueado estará sujeito. E mais, ele comprou um equipamento para produzir um produto cujo consumidor quer, acima de tudo, qualidade comprovada. Para fraldas descartáveis, ele já elegeu a marca X ou Y. O mesmo se dá com absorventes, que, provavelmente, a própria dona do negócio não usará por falta de confiança.

O investimento total tem de conter, inclusive, todos os custos que ocorrerão antes de se atingir o ponto de equilíbrio, ou seja, antes do momento em que as despesas se igualam à receita. Se os custos não forem bem dimensionados e faltar capital próprio, o empresário terá de pedir socorro aos bancos. Aí a "vaca vai pro brejo", e você, com quase toda certeza, terá de abortar as operações mercantis, pois não terá o que vender e, assim, fechará as portas.

Inicie sem muitas contratações, porque os encargos engolirão o lucro inicial e faltará dinheiro para o capital de giro.

? Questões

1. Defina um plano de negócio.
2. Qual é a importância de se elaborar um plano de negócio antes de abrir um novo negócio?
3. Quais questões devem ser consideradas na formatação de um plano de negócio?
4. O que deve ser levado em conta na escolha do ponto?
5. Em sua opinião, que tipo de empresa você abriria próximo a uma faculdade?

Referências bibliográficas

AIDAR, M. M. *Empreendedorismo*. São Paulo: Thomson, 2007.

AZEVEDO, C. M. G. *Princípios de paradoxos*. Equipe de Change Integration da Price Waterhouse. São Paulo: Atlas, 1999.

BARON, R. A.; SHANE, S. A. *Empreendedorismo*: uma visão do processo. São Paulo: Cengage Learning, 2010.

CHEN, X.; YAO, X.; KOTHA, S. Entrepreneur Passion and Preparedness in Business Plan Presentations: a Persuasion Analysis of Venture Capitalists' Funding Decisions. *Academy of Management Journal*, v. 52, n. 1, p. 199-214, 2009.

COLLINS, J. C. et al. *Empreendedorismo e estratégia*. Harvard Business Review. 5. ed. Rio de Janeiro: Campus/ Elsevier, 2002.

DEGEN, R. J.; MELLO, A. A. A. *O empreendedor*: fundamentos da iniciativa empresarial. São Paulo: McGraw-Hill, 1989.

DOLABELA, F. *O segredo de Luísa*. São Paulo: Cultura Editores, 1999.

DORNELAS, J. C. A. *Empreendedorismo*: transformando ideias em negócios. 2. ed. Rio de Janeiro: Elsevier/Campus, 2005.

FILION, L. J. O plano de negócios e seus componentes. In: FILION, L. J. et al. *Boa ideia! E agora*. Plano de negócio, o caminho seguro para criar e gerenciar sua empresa. São Paulo: Cultura Editores Associados, 2000.

HISRICH, R. D.; PETERS, M. P.; SHEPHERD, D. A. *Empreendedorismo*. Porto Alegre: Bookman, 2014.

MALHOTRA, N. K. *Pesquisa de marketing*: uma orientação aplicada. Porto Alegre: Bookman, 2012.

MASON, C.; STARK, M. What do Investors Look for in a Business Plan? A Comparison of the Investment Criteria of Bankers, Venture Capitalists and Business Angels. *International Small Business Journal*, v. 22, n. 3, p. 227-248, 2004.

MCKEEVER, M. *How to Write a Business Plan*. New York: Nolo, 2014.

MELO NETO, F. P. de; FROES, C. *Empreendedorismo social*: a transição para a sociedade sustentável. Rio de Janeiro: Qualitymark, 2002.

RAMOS, F. H. *Empreendedores*: histórias de sucesso. São Paulo: Saraiva, 2005.

SAHLMAN, W. A. *How to Write a Great Business Plan*. Boston: Harvard Business Press, 2008.

SEBRAE. *Como elaborar um plano de negócio*. Brasília: Sebrae, 2013. Disponível em: <https://www.sebrae.com.br/Sebrae/Portal%20Sebrae/Anexos/COMO%20ELABORAR%20UM%20PLANO_baixa.pdf>. Acesso em: 8 de mar. 2017.

A ordem de Dobes

Dobes e Salim trabalhavam na agência do Banco do Brasil, em São Paulo. O trabalho consistia em colocar fichas em ordem alfabética e numérica (as fichas eram cópias de títulos a serem pagos pelos clientes). *O sistema era de tarefa: eles tinham horário para entrar na agência, mas não para sair.* Assim que terminavam a tarefa iam embora. Na maioria das vezes, antes das seis da tarde (jornada diária de trabalho). As tais fichinhas estavam acondicionadas em uns dez arquivos de aço.

Uma bela manhã, o chefe Romildo, com a sala cheia de colegas, parou no meio dela, olhou para a dupla dinâmica e disse:

– Dobes e Salim, assim não dá, pô. Olha aqui o que encontrei no arquivo de vocês: vinte e três fichas fora do lugar. *Mas que enorme desordem!!!*

Dobes, mais que depressa, respondeu em tom sério.

– Chefe, darei duas razões para isso. Para a primeira, vai uma pergunta: prezado Romildo, quantas fichas comportam esses arquivos?

– Não sei.

– Chuta, chefe.

– Dobes, eu tenho mais o que fazer; afinal por que essa pergunta?

– Arrisca um palpite, chefe. Só unzinho.

– Deve conter alguns milhares.

– Então, chefe, há alguns milhares, e o senhor encontrou somente vinte e três fora do lugar. Por outro lado, contou quantas estão no lugar certo?

E arrematou:

– A outra razão e mais forte que esta é a seguinte: o senhor disse *desordem*, e eu afirmo com toda segurança, chefe, que não existe desordem, o que existe é uma ordem que não nos convém.

3

Conhecendo a administração

Edmundo Escrivão Filho
Marly Cavalcanti
Helenita R. da Silva Tamashiro

Conteúdo

3.1 Introdução
3.2 Processo administrativo
3.3 Processo administrativo e a tomada de decisão

Administrar é usar recursos escassos e torná-los suficientes para atingir um objetivo.

ELIANE DE OLIVEIRA

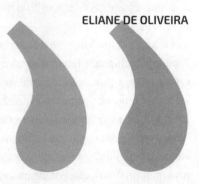

Objetivos do capítulo
Os objetivos deste capítulo são definir a administração, descrevendo suas funções principais, e discutir os componentes estratégicos e os tipos de estratégia alternativa.

Entrando em ação
Administração é a tarefa que possibilita alcançar objetivos previamente definidos com maior eficiência. Em seus princípios gerais, possui as seguintes funções administrativas: planejamento, organização, direção (liderança) e controle. Para conhecer essas funções, o administrador de empresas deve entender o significado de cada uma dentro do contexto da pequena empresa.

Estudo de caso
Laís Rosário é uma cozinheira bem-sucedida. Em razão de seu desenvolvimento profissional, conseguiu capital para abrir o próprio negócio. Em toda sua carreira, sempre trabalhou com coisas práticas e operacionais. Está acostumada a trabalhar com receitas sofisticadas, mas nunca lidou com situações abstratas nem com pessoas. Agora, está prestes a se tornar empresária, e seu principal desafio passou a ser lidar com pessoas e com situações diversas dentro da sua empresa.
- Por onde Laís deveria começar?
- Como ela deveria planejar, organizar, liderar e controlar a sua empresa?

Essas e outras questões serão respondidas e mais bem compreendidas com a ajuda dos tópicos estudados neste capítulo.

 ## 3.1 Introdução

O mundo dos negócios tem caminhado rumo às exigências do mercado global, que se tornou mais completo e competitivo nas últimas décadas, conforme respaldado por Awanga et al. (2014).

De acordo com Milgrom e Roberts (1990), no início do século XX, por exemplo, Henry Ford revolucionou a fabricação com a introdução da sua tecnologia de "linha de transferência" para a produção, na qual insumos básicos são processados em sequência fixa de etapas, usando equipamento especificamente concebido para produzir um único produto padronizado em quantidades extremamente grandes em determinado período. Já no século XXI, a manufatura vem passando por uma significativa revolução. O modelo de produção em massa de Ford está sendo substituído por uma versão de empresas flexíveis, voltadas para multiprodutos, que enfatizam a qualidade e a resposta rápida às condições de mercado, fazendo uso de equipamentos tecnologicamente avançados e novas formas de organização.

Para que as organizações consigam sobreviver e prosperar, os administradores, mais que nunca, precisam pensar e agir estrategicamente quanto à construção de uma força de trabalho capaz de gerenciá-las, a fim de que produzam bens e serviços capazes de fornecer o maior valor possível aos consumidores, os quais, por sua vez, estão cada vez mais conscientes dos seus direitos e também exigentes (Bateman; Snell, 1998). Segundo esse padrão, os administradores e as organizações precisam trabalhar, uma vez que sua sobrevivência no mercado estará sempre associada a quatro tipos de desempenhos essenciais:

1. Competitividade em custo • *Competitividade em custo* significa que a empresa gera produtos e/ou serviços a preços que os consumidores estão dispostos a pagar. Uma boa administração requer que se administrem os custos, mantendo-os sob controle, e que a empresa possa vender seus produtos e/ou serviços a preços justos, cobrindo custos e realizando lucros.
2. Qualidade • Refere-se à excelência onipresente de bens e serviços, a qual recai sobre a atratividade e a confiabilidade por parte dos consumidores, que sempre almejam ter suas expectativas atendidas em relação aos produtos e aos serviços que adquirem.
3. Velocidade • É preciso que as organizações não apenas atendam às necessidades e às expectativas dos consumidores, mas que façam isso mais rápido que seus concorrentes, ou seja, que tenham *velocidade*. Isso implica lançar produtos novos no mercado e atender às solicitações dos clientes sem comprometer a qualidade que lhes foi prometida.
4. Inovação • Diz respeito à habilidade de criar novos bens e serviços que os consumidores valorizam. As práticas de gerenciamento inovadoras constituem a chave para trás ou para a frente dos concorrentes.

Nesse enfoque, a tarefa básica da administração é interpretar os objetivos da organização e transformá-los em ações por meio dos esforços de seus colaboradores, de forma que os objetivos organizacionais e pessoais possam ser alcançados. Para tanto, supõe-se que essa tarefa considere a interpretação dos objetivos organizacionais e as necessidades dos clientes intermediários e finais, o que, sem dúvida, exige todo um planejamento, uma organização, uma direção e um controle dos esforços realizados em todas as áreas funcionais da empresa.

Assim, torna-se necessário considerar parte dos processos, dos princípios e das funções administrativas, tudo aquilo que faz a estrutura organizacional ter vida, dinamizar-se e movimentar-se. A dinâmica de seres humanos que utiliza as mais diferentes matérias-primas e tecnologias para a fabricação de seus produtos, que se comunica e leva bens até o consumidor final, enfim, que troca informações com os vários segmentos ambientais, implica o estabelecimento de uma rede de processos, princípios e funções administrativas responsáveis pela dinâmica empresarial.

Embora haja vários processos, princípios e funções administrativas, serão considerados neste capítulo apenas alguns. Ainda que o tratamento metodológico proposto apresente subsídios práticos baseados em um corpo teórico consistente, caberá ao leitor o papel de complementar seu conhecimento com outras obras que tratam do assunto.

3.2 Processo administrativo

Administração, concebida por Bateman e Snell (1998), é o processo de trabalhar com pessoas e recursos para realizar objetivos organizacionais, com foco na eficiência e na eficácia. A eficácia diz respeito ao alcance dos objetivos, enquanto a eficiência requer o atingimento dos objetivos com o mínimo de perda possível dos recursos (tempo, dinheiro, materiais e pessoas).

Para Henri Fayol (1990), a administração era considerada um processo comum a todos os empreendimentos humanos, e suas operações deveriam contemplar seis atividades — técnica, comercial, financeira, segurança, contábil e administrativa —, as quais, por sua vez, exigem da empresa a integração de planejamento, organização, comando, coordenação e controle, conforme ilustrado na Figura 3.1, em que temos:

- Funções técnicas: produção de bens ou de serviços.
- Funções comerciais: compra, venda e troca.
- Funções financeiras: gestão financeira.
- Funções de segurança: proteção e preservação dos bens e das pessoas.
- Funções contábeis: registros contábeis (inventários, registros, balanços, custos e estatísticas).
- Funções administrativas: planejamento, organização, comando, coordenação e controle.

Figura 3.1 • Funções da empresa, segundo Fayol.
Fonte: Adaptado de Chiavenato (2000).

Planejamento constitui a maneira de se examinar o futuro e idealizar os planos de ação; *organização* refere-se à estruturação de recursos humanos e materiais; *comando* implica dirigir e orientar as pessoas; *coordenação* tem a função de ligar, unir e harmonizar todos os atos e esforços coletivos; por fim, *controle* constitui a verificação do que foi planejado e executado.

Assim como as atividades industriais se expandiram e as organizações cresceram em termos de número e tamanho, e também aumentou a necessidade de estas serem mais competitivas em relação à qualidade, à velocidade e à inovação, os conceitos propostos por Fayol também evoluíram e resultaram na definição da administração que é estudada na atualidade. Nessa definição, administrar é um processo que, segundo Maximiano (2008), exprime a ideia de tomar decisões que promovam o uso adequado de recursos para a realização de objetivos. Esse autor complementa ainda que esse processo de tomar decisões e realizar ações compreende cinco funções interligadas, chamadas funções da administração, conforme ilustrado na Figura 3.2.

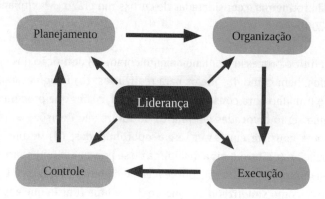

Figura 3.2 • Principais funções do processo de gestão.
Fonte: Maximiano (2008, p. 8).

3.2.1 Planejamento

É a função administrativa que determina antecipadamente o que se deve fazer e quais objetivos devem ser alcançados. É uma reação à mentalidade simplista de solução de problemas à medida que estes surgem e uma técnica para absorver a incerteza e permitir mais consistência no desempenho da empresa.

O planejamento envolve a seleção de objetivos e diretrizes para a empresa como um todo ou para qualquer uma de suas partes organizadas.

Tem como principal objetivo conduzir o indivíduo ou a empresa à realização de suas metas, por meio do estabelecimento de programas e procedimentos para a distribuição lógica dos recursos disponíveis no tempo e no espaço. É uma importante ferramenta na introdução de ordem e método nas atividades, diminuindo desperdícios e, consequentemente, reduzindo custos. O planejamento é o passo inicial da tomada de decisão; é a função administrativa que determina antecipadamente o que grupos de pessoas devem fazer, como, quando e onde o farão.

Divisão do planejamento:

1. O *planejamento estratégico* é elaborado pela alta administração e inclui a definição da missão, da visão de futuro e dos valores, bem como as estratégias necessárias ao alcance dos objetivos (longo prazo).

2. O *planejamento tático* é, na verdade, o desdobramento do planejamento estratégico; nele se definem as ações prioritárias a serem colocadas em prática no médio prazo.

3. O *planejamento operacional* é o nível em que ocorre a realização das atividades administrativas, definidas no nível tático; as atividades realizadas nesse nível são rotineiras e consideradas de curtíssimo prazo (Maximiano, 2008; Oliveira, 2006).

Pode-se definir o processo de planejamento como: (a) definição dos objetivos a serem alcançados, bem como dos meios para realizá-los; (b) imaginação de uma situação futura e o trabalho para construí-las. Todas as decisões que procuram influenciar o futuro ou que serão colocadas em prática no futuro são decisões de planejamento. Sua importância consiste em (a) enxergar oportunidades; (b) definir novos rumos para a organização; (c) introduzir a disciplina de se pensar em longo prazo; (d) clarear o foco a ser seguido; (e) facilitar a coordenação e o controle. Conforme já destacado, o planejamento, como sintetizado no Quadro 3.1, é uma função que engloba todos os níveis organizacionais.

Planejamento	Conteúdo	Extensão do tempo	Amplitude
Estratégico	Genérico, sintético e abrangente.	Longo prazo	Macro-orientado; aborda a empresa em sua totalidade.
Tático	Menos genérico e mais detalhado.	Médio prazo	Aborda cada unidade da empresa, separadamente.
Operacional	Detalhado, específico e analítico.	Curto prazo	Aborda apenas cada tarefa ou operação.

Quadro 3.1 • Níveis de planejamento.

Fonte: Adaptado de Lacombe e Heilborn (2006, p. 162).

Para Maximiano (2008), o planejamento é também uma questão de atitude empresarial, que se classifica em: atitude proativa, representada pelas forças que desejam impulsionar as

Capítulo 3

Conhecendo a administração · **61**

mudanças, e atitude reativa, representada pelas forças que desejam preservar a estabilidade. Segundo esse mesmo autor, um planejamento é composto pelos seguintes componentes:

- *Objetivos* (gerais e específicos) • É o estabelecimento de um resultado, normalmente, em longo prazo e, em geral, não quantificado.
- *Resultados desejados* • São os fins, os propósitos e as intenções que se pretende alcançar.
- *Metas* • É a quantificação do resultado a ser alcançado.
- *Meios de alcance* • É a definição das atividades operacionais e dos recursos necessários, além dos prazos a serem cumpridos.
- *Meios de controle* • São as informações necessárias para se avaliar até que ponto os objetivos estão sendo alcançados.

Em razão de suas características, o planejamento se define por:

- *Ser permanente e contínuo* • É realizado continuamente dentro da empresa.
- *Ser voltado para o futuro* • O aspecto de temporalidade e futuro está implícito no planejamento; é com o futuro que o planejamento se preocupa.
- *Facilitar e racionalizar a tomada de decisão* • O planejamento orienta o processo decisório, limitando as alternativas de decisão.
- *Selecionar entre várias alternativas um curso de ação* • O planejamento é um curso de ação escolhido entre várias alternativas de caminhos potenciais.
- *Ser sistêmico* • O planejamento abrange a organização como um todo.
- *Ser flexível* • O planejamento deve ser suficiente e prudentemente flexível para aceitar ajustes e correções.
- *Ser uma técnica de alocação de recursos* • Visa à alocação de recursos humanos e não humanos da empresa, antecipadamente estudada e decidida.
- *Ser integrativo* • Interage com as demais funções de maneira integrada.

Lacombe e Heilborn (2006) defendem a ideia de que não há nenhuma fórmula para orientar o administrador quanto ao período abrangido pelo planejamento nem quanto ao grau de detalhamento que será adotado para a inclusão no processo das atividades que dirige, tampouco uma solução única, aplicável a toda a empresa. Ao contrário, para cada atividade, é preciso levar em conta vários tipos de planos que poderiam ser úteis, estudando cuidadosamente as limitações individuais e comparando-as com as vantagens que poderão resultar da aplicação generalizada de cada tipo de plano.

Com base nisso, pode-se esperar que algumas empresas ou departamentos, em razão da natureza repetitiva de suas operações, deem grande ênfase a métodos e procedimentos (padrão e padrões de produção); dada a especial importância de acertar da primeira vez, talvez seja mais necessário fazer projeções para longo prazo e programar cuidadosamente as atividades.

Sendo o planejamento uma seleção de alternativas de objetivos, metas e planos, sua essência é a tomada de decisão, ou seja, a opção por um método de ação entre aqueles apresentados como alternativas. Maximiano (2000) afirma que um dos princípios mais úteis do planejamento pode ser chamado de fator restritivo ou estratégico, e é assim enunciado: ao escolher entre alternativas, deve-se dar atenção primordial aos fatores restritivos ou estratégicos para a decisão envolvida. Assim, por exemplo, o capital próprio pode ser o fator restritivo para uma empresa que pretenda expandir-se, enquanto no funcionamento de uma máquina, o fator restritivo pode ser o disjuntor. Esse fatores variam muito com o tempo, e aqueles que hoje podem ter importância, amanhã podem não ter mais. A busca e o reconhecimento do fator de limitação no planejamento dos negócios nunca cessam.

Segundo Maximiano (2008), os planos podem ser temporários, como calendário acadêmico ou construção de uma casa, e permanentes, como os de uma empresa que precisa definir claramente suas políticas (orientação que define o curso de ação a ser seguido pela empresa) e procedimentos (rotinas ou normas que descrevem detalhadamente a sequência das atividades a serem executadas).

A próxima subseção traz as descrições relacionadas ao elemento organização.

● 3.2.2 Organização

As *organizações*, de acordo com Maximiano (2008), são grupos sociais que procuram realizar objetivos, e o principal é o fornecimento de alguma combinação de produtos e serviços. De acordo com esse mesmo autor, as organizações podem ser públicas ou privadas, com ou sem fins lucrativos, permanentes ou temporárias. Há também as organizações mistas, nas quais esforços públicos são combinados com privados, como é o caso da Eletrobras, empresa de economia mista e de capital aberto, sob controle acionário do Governo Federal, que atua como uma *holding*, controlando empresas de geração e transmissão de energia elétrica.

A organização diz respeito ao processo de definir como as atividades serão realizadas por meio da utilização de recursos, a fim de que os objetivos planejados sejam alcançados. Define-se, por exemplo, por meio de uma estrutura organizacional, o trabalho que as pessoas devem realizar na organização, a fim de que os objetivos sejam alcançados (Maximiano, 2008).

Organização é a função administrativa que tem por objetivo identificar e agrupar as atividades da empresa e estabelecer as relações de trabalho entre as pessoas e os órgãos que constituem a estrutura, de modo que os recursos disponíveis sejam aplicados de maneira mais eficiente, a fim de que empresa e empregado realizem seus objetivos mútuos.

Essa conceituação abrange três aspectos — estrutura organizacional, métodos de trabalho e aspecto comportamental —, e reflete a atividade organizadora que nos apresenta vários resultados, entre os quais, destacam-se a estrutura e os métodos de trabalho.

A estrutura quanto à forma de se organizar uma empresa é uma representação gráfica das áreas constituintes das unidades que compõem os níveis hierárquicos, que projeta e organiza os relacionamentos e o fluxo de informações estabelecidos nos níveis hierárquicos da organização. O tipo de estrutura a ser adotada e sua dimensão dependem de alguns fatores, como os objetivos e o próprio tamanho da organização.

Segundo Maximiano (2008), o processo de organizar consiste em dividir o trabalho e atribuir responsabilidades e autoridade às pessoas, conforme mostra a Figura 3.3.

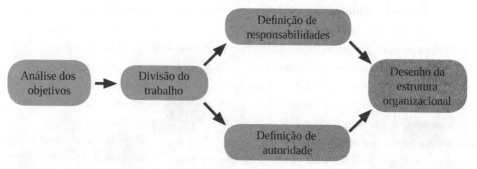

Figura 3.3 • Principais funções do processo de gestão.
Fonte: Maximiano (2008, p. 134).

Detalhando as funções apresentadas na Figura 3.3, temos:
- **Análise dos objetivos** • É o estabelecimento de um resultado.
- **Divisão do trabalho** • É o processo pelo qual uma tarefa é dividida em diferentes partes, de forma que cada uma seja atribuída a diferentes pessoas. Cada unidade, setor ou bloco de trabalho é chamado de departamentalização (gerências, diretorias, seções ou áreas).
- **Responsabilidades** • São os deveres ou as obrigações de cada pessoa dentro da organização, e o conjunto das tarefas pelas quais uma pessoa é responsável chama-se "cargo". Assim, um departamento constitui um conglomerado de cargos, e um cargo consiste em um conjunto de tarefas ou atividades que uma pessoa deve desempenhar.
- **Autoridade** • É o direito legal que chefes ou gerentes têm de dirigir ou comandar os integrantes de sua equipe. A *autoridade* de linha é inerente à cadeia de comando e define a relação entre chefes e subordinados; a autoridade de assessoria baseia-se no desempenho de funções especializadas (funções de apoio) e serve para aconselhar, assessorar e recomendar; e a disposição da autoridade em níveis chama-se hierarquia ou cadeia de comando. A amplitude do controle relaciona-se ao número de pessoas subordinadas a um gerente; assim, quanto mais aguda for a amplitude de controle, maior será o número de chefes e menor o de subordinados por chefe, e quanto mais achatada, menor o número de chefes e maior o de subordinados por chefe.

- **Desenho da estrutura organizacional** • Estrutura é o que Maximiano (2008) chama de resultado das decisões a respeito da divisão do trabalho sobre a atribuição de autoridade e responsabilidades, configurando um mecanismo de coordenação das pessoas e das unidades de trabalho definidas pela organização. Essa estrutura é normalmente representada por um gráfico denominado organograma. O tipo e o tamanho da estrutura a serem adotados pela organização dependem de alguns fatores, como o próprio tamanho da empresa e seus objetivos, conforme Figura 3.4.

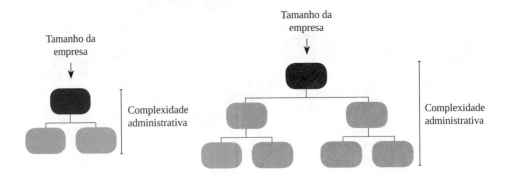

Figura 3.4 • Estrutura da organização.
Fonte: Elaborada com base em Maximiamo (2008).

Funções organizacionais são tarefas especializadas, executadas para viabilizar o alcance dos objetivos. As funções consideradas mais importantes por Maximiano (2008) são:
- **Produção** • Tem como objetivo a transformação de matérias-primas em produtos e serviços. Indica todos os tipos de operações relacionadas ao fornecimento dos produtos e dos serviços.
- **Marketing** • Tem como função básica o estabelecimento de relações entre as organizações e seus clientes e consumidores.
- **Pesquisa e desenvolvimento** • Tem como objetivo básico transformar informações de marketing, ideias e avanços da ciência em produtos e serviços. Tem ainda a função de identificação e introdução de novas tecnologias e melhoramentos nos processos produtivos das organizações.
- **Finanças** • Área que cuida da saúde financeira da empresa, pois tem como objetivo a proteção e a utilização eficaz dos recursos financeiros, o que inclui a maximização do retorno dos acionistas. Abrange as decisões sobre financiamento, investimentos, controle do desempenho financeiro e destinação dos resultados.

- **Recursos humanos** • Seus objetivos são atrair e manter as pessoas na organização; envolve atividades que começam antes mesmo da contratação dos funcionários.

As organizações realizam todas essas funções adquirindo e fazendo uso de recursos; desse modo, um desempenho suficientemente capaz de garantir sua efetividade no mercado dependerá da sua eficiência (uso econômico dos recursos) e eficácia (alcance dos objetivos).

As discussões sobre liderança são apresentadas na próxima seção.

3.2.3 Liderança

Direção é a terceira função do processo administrativo. Ela tem a importante missão de fazer a empresa funcionar, orientando as atividades, de modo que os objetivos sejam alcançados. Não se pode imaginar que uma empresa possa alcançar seus fins sem o concurso da direção. A eficiência de quem dirige depende muito da espécie e da quantidade prévias de planejamento e organização. Quanto mais precisos forem o planejamento e a organização, menores serão os problemas inesperados e as decisões de última hora que o administrador encontrará.

Em um conceito simples, diríamos que a direção conduz e coordena o trabalho do pessoal empenhado nas atividades em curso na empresa.

À direção, compete obter a participação de todos os empregados, a fim de que executem as tarefas (ou os serviços) que lhes forem atribuídas. O dirigente deve saber orientar e coordenar o trabalho de seus subordinados, indicando-lhes o que deve ser feito e também como fazê-lo. O sucesso ou o fracasso de um empreendimento está na razão das pessoas que o conduzem.

Há diversas formas pelas quais o administrador pode obter a participação de todos seus empregados para alcançar os objetivos previamente traçados, e aqui é necessário incluir também a realização dos objetivos individuais desses empregados.

Pesquisas feitas revelam que, em geral, as pessoas trabalham a 75% de sua capacidade total "para manter o emprego". O restante é conseguido pela MOTIVAÇÃO.

São fatores de satisfação (motivação) no trabalho:
- Realização: êxito, satisfação, orgulho.
- Reconhecimento: vaidade, orgulho.
- O trabalho em si: importância do trabalho.
- Responsabilidade: importância pessoal.
- Progresso: promoção (às vezes, aumento salarial).
- Dignidade: ser tratado como criatura humana.

Em um contexto caracterizado por competição e por um processo de mudanças cada vez mais rápido, a figura do líder é fundamental em razão do papel de facilitação das discussões e dos questionamentos no âmbito das organizações que ele desempenha. Ao líder, cabe encontrar oportunidades, além de desenvolver pessoas e inspirá-las, sem abrir mão da ética, da valorização e da motivação de seus liderados.

Para Bennis (1996), a presença do líder é importante para a eficácia das organizações, principalmente em momentos de turbulências e mudanças do ambiente, como os que presenciamos entre 2008 e 2016. Nesse caso, temos a chamada liderança situacional, pois está diretamente relacionada ao contexto ambiental.

Na liderança situacional, conforme reportado por Hersey e Blanchard (1986), a liderança é concebida como um atributo psicossocial complexo, diferentemente da consideração de traços ou de características de personalidade. Ou seja, o líder não pode fazer uso de apenas um estilo de liderança como forma de influenciar o desempenho de outras pessoas; pelo contrário, é necessário valer-se de vários estilos, de acordo as diferentes necessidades dos colaboradores da organização.

Exercer o papel de líder é algo extremamente desafiador, pois envolve variáveis bem complexas, como tipos de poder e autoridade, características pessoais dos líderes e liderados, inter-relações sociais, poderes atribuídos aos cargos, necessidade de alcançar objetivos corporativos e conjuntos de competências desejadas e necessárias ao seu exercício. A preocupação com esse tema existe desde o início da humanidade, com muitos historiadores enunciando que o desenrolar da história humana esteve, e ainda está, sujeito à ação de líderes privilegiados e únicos e que a história dos povos é o somatório da biografia dessas pessoas.

Assim, a liderança é um dos papéis dos administradores, quando o assunto é influenciar liderados por meio do entendimento dos fatores que realmente motivam as pessoas que fazem parte da organização (Maximiano, 2008). Segundo esse mesmo autor, a liderança pode ser entendida como o processo de conduzir ações ou influenciar o comportamento e a mentalidade de outras pessoas. Ou seja, é a capacidade de fazer que os indivíduos se comprometam com o alcance dos objetivos organizacionais. É do líder o papel de encorajar e ajudar os outros a trabalhar com entusiasmo, e ele deve fazer uso da influência não coercitiva para dirigir as atividades dos membros de um grupo e levá-lo à realização dos objetivos (Maximiano, 2008).

O gerente configura-se uma espécie de intermediário entre a organização e seus empregados. Nessa perspectiva, Wood Jr. (1999) assinala que liderar não significa apenas planejar, controlar, dominar, dirigir e comandar, mas, acima de tudo, convencer e seduzir os colaboradores da organização. Nas organizações contemporâneas, os líderes tendem a tornar-se entidades essencialmente políticas, capazes de gerir imagens e significados e sobreviver em complexas redes de interesse. O Quadro 3.2 resume a diferença entre autoridade e liderança.

Autoridade	Liderança
Poder ligado ao cargo.	Poder ligado às qualidades e ao carisma do líder.
Seguidores obedecem a lei incorporada na figura do líder.	Seguidores compartilham a missão representada pelo líder.
Limitada no tempo e no espaço organizacional.	Limitada pela crença do grupo.
Autoridade e liderança nem sempre andam juntas!	

Quadro 3.2 • Diferença entre autoridade e liderança.
Fonte: Elaborado com base em Maximiano (2008).

A liderança, enquanto processo social, no entender de Maximiano (2008), pressupõe os seguintes aspectos: a própria figura do líder, as motivações dos liderados, a conjuntura e a tarefa ou a missão proposta pelo líder. Ressalta-se ainda o papel dos estilos de liderança, que podem ser:

1. *Tirania* • Estilo de liderança em que há um abuso da autoridade. Configura excesso de poder.
2. *Autocracia* • Aqui, há toda uma centralização de poder de decisão no chefe. É um estilo de liderança orientado para tarefa.
3. *Democracia* • Divisão do poder de decisão entre chefe e subordinados. Estilo de liderança centrado nas pessoas.
4. *Demagogia* • Estilo de liderança que se baseia na busca de popularidade com os subordinados. Pode ser orientada para os chefes e também pode ser orientada para os subordinados, como se pode ver na régua da liderança, apresentada na Figura 3.5.

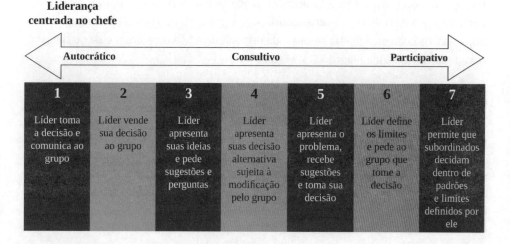

Figura 3.5 • Régua da liderança.
Fonte: Adaptado de Chiavenato (2000).

Diante do exposto, pode-se inferir que, dentro de uma organização, os líderes são o elo primordial interferente no desempenho desta; tidos como identificadores e comunicadores de valores coletivos, asseguram recursos para as pessoas internamente e ouvem a maior parte do tempo, pois são modeladores e defensores de culturas voltadas para o desempenho. Esses profissionais removem equipes para servir ao bem comum, muitas vezes em detrimento de objetivos pessoais, considerando que a liderança menos direta é favorecida pela orientação de exemplos e de uma comunicação e visão de valores estimulantes muito mais alicerçada em escutar e cuidar dos seguidores.

Maximiano (2000) acredita que o estudo da liderança está muito ligado à necessidade de entender os mecanismos de influência entre líderes e liderados. De qualquer forma, o objetivo final é desenvolver habilidades de liderança em gerentes, tornando-os mais eficazes na execução de tarefas que envolvam a direção de pessoas.

Segundo Maximiano (2000), uma das tendências do século XXI é a autogestão, que provocou uma grande transformação nas tarefas dos gerentes, que passaram a precisar muito mais de habilidades de liderança que de poderes de chefia. Essa tendência, de acordo com esse mesmo autor, parece evidenciar que a liderança não é uma variável tão importante ou decisiva como tem sido até agora.

Os aspectos referentes ao processo de execução e controle são apresentados a seguir.

3.2.4 Execução e controle

O processo de execução, segundo Maximiano (2008), consiste em realizar as atividades por meio da aplicação dos recursos necessários (energia física, capacidade intelectual, recursos financeiros etc.) para fornecer os produtos e os serviços propostos. Destaca-se que a natureza das atividades varia muito, pois depende do tipo de organização, dos seus objetivos, da competência das pessoas, da disponibilidade dos recursos e de outros fatores, conforme mostra a Figura 3.6, a seguir.

Figura 3.6 • Processo de execução.
Fonte: Maximiano (2008, p. 198).

Destaca-se ainda que a execução de atividades consiste nos processos de planejamento e organização, e que seus resultados são produtos, serviços ou ideias. Além disso, os planos evoluem na medida em que a execução avança, podendo ser detalhados e modificados para incorporar novas decisões e implementar ações corretivas (Maximiano, 2008). São exemplos de atividade de execução: elaborar planos e realizar as atividades a eles relacionadas; realizar uma tarefa operacional, como montar um automóvel, preencher um formulário ou atender a um cliente; ministrar uma aula; preparar um trabalho escolar etc.

O processo que visa assegurar se tudo o que foi planejado foi executado adequadamente recebe o nome de controle; trata-se de uma função administrativa que envolve o processo de monitoramento das atividades para se ter certeza de que elas estão sendo realizadas como planejado, e seu objetivo é corrigir eventuais desvios (Maximiano, 2008). Para tanto, esse processo procura:

- Obter informações sobre os resultados de uma atividade ou um processo.
- Comparar os resultados obtidos com os objetivos propostos.
- Implementar ações para assegurar a realização dos objetivos.
- Manter o nível de desempenho dentro de determinado padrão.

Os controles internos, de acordo com Bordin e Saraiva (2005), servem para evitar não apenas o abuso de poder, mas também possíveis erros, fraudes e, principalmente, ineficiência. São fundamentais para que as entidades resguardem os seus ativos e assegurem a fidelidade e a integridade de seus registros, suas demonstrações, suas informações e seus relatórios contábeis. Como facilitador para o trabalho do auditor, os controles internos servem para que seja conhecida efetivamente a realidade da empresa a fim de que estabeleçam quais são os seus compromissos com a gestão, orientem, estimulem e comuniquem as diretrizes administrativas.

Para Lacombe e Heilborn (2006), o controle é a conclusão lógica do ciclo administrativo. Este acompanha a execução do que foi planejado e organizado, verificando a manutenção dos padrões prefixados e procurando assinalar e remover qualquer obstáculo ou anomalia ao funcionamento ideal do sistema. Assim, o processo de controle atua para ajustar as operações a determinados padrões previamente estabelecidos e funciona de acordo com as informações que recebe, comparando-as com esses padrões, para permitir a adoção de uma ação corretiva quando ocorre um desvio inaceitável. A ação corretiva apropriada pode ser a revisão e a alteração dos padrões existentes (se tiverem sido estabelecidos de maneira inadequada), a fim de ajustá-los às limitações dos recursos disponíveis e das possibilidades da empresa.

Conforme Oliveira (2001), controles internos representam o acompanhamento, o controle e a avaliação dos resultados apresentados em relação aos objetivos e aos resultados esperados, o que implica dizer que é necessária uma constante averiguação da qualidade das tarefas executadas pelos indivíduos na empresa. Será que as tarefas estão sendo executadas da maneira correta? Será que essa execução está se dando no tempo certo? Será que estão sendo feitas no lugar certo? A função de controle abrange as atividades desenvolvidas pelos administradores para adequar os resultados reais e os planejados.

Para ter controle, é preciso que haja três condições básicas:

- *Padrões ou normas dos resultados desejados* • Esses padrões ou normas derivam das funções de organização e planejamento e estão refletidos nos documentos contábeis, de produção, de marketing, financeiros e orçamentários. De modo mais específico, refletem-se em procedimentos, normas de conduta, ética profissional e normas de trabalho.
- *Informações para que os resultados reais e os planejados possam ser comparados* • Muitas organizações desenvolveram sistemas de informação sofisticados, que fornecem aos administradores dados de controle, como os sistemas de custo--padrão e de controle de qualidade amplamente usados pelas modernas empresas industriais. Em outros casos, as fontes de informações poderão consistir apenas em observações feitas pelos supervisores com relação ao comportamento das pessoas designadas para cada departamento.
- *Ação corretiva* • Sem a capacidade de ação corretiva, a função de controle não tem sentido; torna-se um exercício sem substância.

O controle deve ser executado nas áreas operacionais, na administração das áreas operacionais e na empresa, em sua totalidade: avaliação de desempenho global e analítica. Para que seja implementado com sucesso, o controle envolve quatro etapas:

1. Prever os resultados das decisões na forma de medidas de desempenho.
2. Reunir informações sobre o desempenho real.
3. Comparar o desempenho real ao previsto.
4. Verificar quando uma decisão foi deficiente e corrigir o procedimento que a produziu e suas consequências, quando possível.

O processo de controle aplica-se a todas as organizações, pois todos os aspectos relacionados ao seu desempenho devem ser monitorados e avaliados nos três níveis da organização, quais sejam: estratégico, administrativo e funcional/operacional (Maximiano, 2008).

- O **controle estratégico** complementa o planejamento estratégico, pois procura monitorar o grau de realização da missão, das estratégias e dos objetivos estratégicos; a adequação da missão, dos objetivos e das estratégias às ameaças e às oportunidades do ambiente, da concorrência e de outros fatores externos, além de eficiência e demais fatores internos.
- O **controle administrativo** é praticado nas áreas funcionais da empresa, como produção, marketing, finanças e recursos humanos. Trata-se de controles que geram informações especializadas e permitem a tomada de decisão em cada uma das áreas. Há critérios e padrões de controle tradicionais para todas as áreas; por

Capítulo 3 — Conhecendo a administração • **71**

exemplo: quantidade e qualidade dos produtos e dos serviços, bem como produtividade, taxa de rotatividade, absenteísmo, participação no mercado e desempenho do esforço promocional (marketing).

- O *controle operacional* focaliza as atividades e o consumo de recursos em qualquer nível da organização. As principais ferramentas de planejamento e de controle operacional são: cronogramas, diagramas de precedência e orçamentos.

O autor adverte que a eficácia de um sistema de controle está diretamente relacionada à definição dos procedimentos e das ferramentas para a produção e ao processamento e à apresentação das informações necessárias à tomada de decisão.

3.3 Processo administrativo e a tomada de decisão

Quando o assunto é tomada de decisão, parece haver na literatura um consenso entre os estudiosos sobre a dualidade racional/irracional, objetivo/subjetivo. Contudo, ressalta-se que o estudo do processo decisório deu origem a modelos sobre a melhor forma de decidir, ou os passos a seguir para tomar uma boa decisão, conforme pode ser observado em Hammond, Keeney e Raiffa (2004), os quais apresentam oito etapas a serem analisadas para se chegar a uma decisão inteligente: problema certo, objetivos claros, alternativas viáveis e variadas, análise das consequências, seleção das alternativas, enfrentamento da insegurança, análise do perfil de risco, decisões encadeadas.

Quando se foca exclusivamente as consequências de uma decisão, tem-se uma ideia errônea do que seja uma tomada de decisão, uma vez que, de acordo com Simon (1986), há outros fatores que precisam ser considerados, como a busca de informações, a realização de um diagnóstico sobre estas, e toda uma reflexão a respeito. Todavia, Tversky e Kahneman (1986) chamam a atenção para o fato de que nem sempre os indivíduos seguem os modelos normativos de tomada de decisão, principalmente em momentos turbulentos no mundo dos negócios.

Quem dirige uma empresa deve dar ordens e instruções aos subordinados; pode-se dizer que o gestor é um tomador de decisões. Isso é denominado Processo Decisório e é conceituado como "a escolha entre cursos de ação alternativos ou a seleção de um curso preferencial de ação a partir de duas ou mais alternativas". A tomada de decisões é o núcleo da responsabilidade gerencial.

O administrador deve, constantemente, escolher o que fazer, quem deve fazer, quando fazer e, muitas vezes, também como fazer. Muitas vezes, as empresas dispõem de recursos materiais modernos e eficientes, mas, apesar disso, não alcançam os resultados esperados; em tais situações, pode-se diagnosticar os pontos fracos como consequência do processo decisório. Para que isso não ocorra, ou então para que as falhas sejam minimizadas, é conveniente saber tomar decisões.

Decisões são escolhas entre alternativas ou possibilidades. Elas são tomadas para resolver problemas ou aproveitar oportunidades, e o processo de tomá-las (ou processo decisório) constitui uma sequência de etapas que vai da identificação de uma situação que oferece um problema ou uma oportunidade até a escolha e a colocação em prática de uma ação ou uma solução — quando a decisão é colocada em prática, o ciclo se fecha. Uma decisão que se coloca em prática cria uma situação nova, que pode gerar outras decisões ou processos de resolução de problemas (Maximiano, 2000, p. 111).

Uma decisão é uma escolha para enfrentar um problema, que conduz à outra situação, que, por sua vez, pode exigir novas decisões, conforme mostra a Figura 3.7.

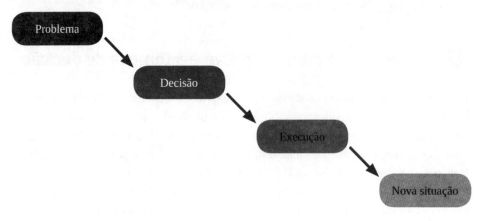

Figura 3.7 • Processo de resolução de problemas.
Fonte: Maximiano (2000, p. 111).

Em um ambiente de concorrência acirrada, em busca da sobrevivência, do crescimento ou da expansão de suas atividades, as empresas devem ser preparadas no presente para atuar no futuro. Catelli et al. (1999) citam que a eficácia dos gestores requer, além da competência natural exigida, participação e envolvimento profundo em todas as decisões em seu âmbito de atividades e em todas as fases do processo administrativo.

O dia a dia do administrador é muito complexo. De fato, todas as funções analisadas anteriormente têm uma inter-relação muito grande. Planejamento e organização precedem o controle, pois os padrões deste são fornecidos pelos planos, e assim podemos dizer que o processo de *management* é uma função contínua.

A maioria dos administradores, não importando qual seja seu papel exato ou o nível ocupado na hierarquia da organização, está constantemente às voltas com a tomada de decisões. Uma decisão, quase sempre, implica a "escolha entre cursos de ação alternativos" ou a "seleção de um curso preferencial de ação a partir de duas ou mais alternativas". Na prática, são raros os casos em que apenas uma decisão seja claramente a correta, pois, em administração, há diversas soluções válidas para um mesmo problema, ou, por outro lado, diversos caminhos que podem levar a um mesmo resultado (princípio de equifinalidade). A tarefa do administrador é sopesar as oportunidades e decidir dentro da estrutura de seus recursos no intervalo de tempo disponível.

O processo de tomada de decisões é uma tentativa racional de alcançar objetivos ou resultados, quase sempre referindo-se aos objetivos formulados no planejamento e orientando-se por eles. O processo começa e termina com julgamentos e requer criatividade, habilidade quantitativa e experiência.

Conforme Maximiano (2000), o processo de tomada de decisões inicia-se com a determinação de um problema, de algum comportamento indesejável ou de um resultado final que necessite de correção, em vista dos objetivos da unidade administrativa. Essa atitude é um julgamento que deve ser feito por administradores, e a teoria administrativa pouco pode auxiliar na determinação científica de áreas de problema. Essa determinação resulta, antes, do julgamento que o administrador faz da situação atual da sua unidade e da comparação desse estado com o estado desejável. Os desvios entre ambos são encarados como problemas, sendo necessária uma ação para corrigi-los. Entretanto, antes de iniciá-la, é necessário especificar o problema, formular alternativas, analisá-las e escolher o melhor curso de ação.

Assim, o segundo passo no processo de tomada de decisões é a formulação de alternativas que possam ser viáveis para enfrentar o problema colocado. Uma vez que esse estágio é somente uma enunciação de alternativas e exclui qualquer avaliação das possibilidades, este depende da habilidade de o administrador compreender um grande número de alternativas possíveis, o que requer experiência e criatividade.

Uma vez enunciadas as alternativas, o administrador pode iniciar o terceiro passo: avaliação crítica dos pontos fortes e fracos de cada uma delas. O uso generalizado de computadores aumentou a capacidade de desempenho nesse estágio. Os cálculos, que antes ocupavam numerosos trabalhadores/hora, podem ser executados eletronicamente em segundos. Por conseguinte, as habilidades necessárias para essa análise, de natureza basicamente quantitativa, foram em grande parte relegadas a métodos e procedimentos matemáticos e estatísticos. Experiência também é necessária, a fim de examinar e apreciar adequadamente as alternativas. O passo final do processo de tomada de decisões ocorre depois de todas as alternativas terem sido enumeradas, e seus pontos fortes e fracos, avaliados. Esse passo é a escolha da melhor alternativa e é interessante notar que este requer a mesma habilidade que o primeiro, isto é, um bom julgamento.

A comparação entre alternativas e escolha de ação preferencial requer um enfoque filosófico da administração. Esse enfoque reconhece que a escolha da melhor alternativa depende de juízo de valor e requer julgamento. "Melhor" é um termo subjetivo e determinado pelo sistema de valores de indivíduos ou grupos; portanto, raramente existem respostas "certas", mas somente as que parecem "mais corretas" em determinado momento a um grupo em particular. Desse modo, os fatores humanos influenciam as decisões e têm de ser levados em consideração.

3.3.1 Instrumentos da decisão

Atualmente, há diversas ferramentas à disposição para o desenvolvimento de todo o processo decisório. Um controle eficiente baseia-se em um Sistema de Informação Gerencial (SIG) também eficiente. Um SIG pode ser definido como um método formal de fornecer aos gerentes informações necessárias para a tomada de decisões. O tipo de informação difere de acordo com o nível hierárquico que o indivíduo ocupa na organização; a alta administração, por exemplo, necessita de dados de fontes externas, pois trabalha com planejamento estratégico.

O valor das informações fornecidas pelo SIG depende da qualidade, do tempo e da relevância para a ação administrativa. Quando apresentar um bom equilíbrio na combinação desses fatores, o sistema será considerado eficiente. Outro aspecto importante é a relação custo/benefício dessas informações, que deve ser bem equilibrada. O estabelecimento de um sistema de controle eficiente exige:

- Rede adequada de informações, que forneça os dados requeridos.
- Definição dos padrões de referência para uma melhor avaliação do desempenho.
- Ação corretiva, que deve ser obrigatória após apontados os desvios.

Termos-chave

Autoridade • Direito legal que os chefes ou os gerentes têm de dirigir ou comandar os integrantes de sua equipe.

Competitividade em custo • Significa que a empresa gera produtos e serviços a preços que os consumidores estão dispostos a pagar.

Controle administrativo • São aqueles praticados nas áreas funcionais da empresa, como produção, marketing, finanças e recursos humanos.

Controle estratégico • É aquele que monitora o grau de realização da missão, das estratégias e dos objetivos estratégicos; a adequação da missão, dos objetivos e das estratégias às ameaças e às oportunidades do ambiente, da concorrência e de outros fatores externos, além de eficiência e demais fatores internos.

Controle operacional • Focaliza as atividades e o consumo de recursos em qualquer nível da organização.

Desenho da estrutura organizacional • Resultado das decisões a respeito da divisão do trabalho sobre a atribuição de autoridade e responsabilidades.

Divisão do trabalho • Processo pelo qual uma tarefa é dividida em diferentes partes, de forma que cada uma seja atribuída a diferentes pessoas.

Organizações • Grupos sociais que procuram realizar objetivos, e o principal é o fornecimento de alguma combinação de produtos e serviços.

Capítulo 3 — Conhecendo a administração · **75**

Planejamento estratégico • Documento elaborado pela alta administração, que inclui a definição da missão, da visão de futuro e dos valores, bem como as estratégias necessárias ao alcance dos objetivos (longo prazo).

Planejamento operacional • Nível em que ocorre a realização das atividades administrativas, definidas no nível tático.

Planejamento tático • É o desdobramento do planejamento estratégico, no qual se definem as ações prioritárias a serem colocadas em prática no médio prazo.

Pesquisa e desenvolvimento • Tem como objetivo básico transformar informações de marketing, ideias e avanços da ciência em produtos e serviços.

Produção • Tem como objetivo a transformação de matérias-primas em produtos e serviços.

Responsabilidades • São as obrigações ou os deveres de cada pessoa dentro da organização, e o conjunto das tarefas pelas quais uma pessoa é responsável chama-se "cargo".

Velocidade • É preciso que as organizações não apenas atendam às necessidades e às expectativas dos consumidores, mas que façam isso mais rapidamente que seus concorrentes, o que implica lançar produtos novos no mercado e atender às solicitações dos clientes, sem comprometer a qualidade que lhes foi prometida.

💡 Dica do consultor

Abrir um negócio sem saber absolutamente nada de como administrá-lo é a mesma coisa que um perdulário que herda uma grande fortuna: em pouco tempo, o dinheiro "escoa pelo ralo".

Se você conhece muito da área tecnológica, mas não consegue administrar nem suas contas pessoais, não monte nada. Ou então associe-se com quem entende dessa área. Não precisa ser nenhum doutor em administração ou economia. Por que tantos coreanos, japoneses e árabes são bem-sucedidos, mesmo mal sabendo falar a nossa língua nem tendo cursado disciplinas ligadas à gestão e aos negócios? Por quê? Simples: o conhecimento administrativo não é privilégio apenas de quem estuda, mas de quem se dedica a observar o que está sendo feito de errado na empresa em que trabalha e começa a sugerir mudanças ao dono. Não entendemos de marketing, mas, como consumidores, conhecemos perfeitamente em quê a empresa está pecando para perder tantos clientes: péssimo atendimento, falta de produtos, preços superiores aos da concorrência etc.

Portanto, tão importante quanto saber a parte tecnológica é também conhecer um mínimo de administração para poder ser bem-sucedido. Ao contratar qualquer funcionário, avalie-o do ponto de vista de iniciativa. Funcionários proativos levam a sua empresa a ocupar um lugar de destaque no mercado, enquanto os reativos podem levá-la "para o buraco".

? Questões

1. O planejamento é tão importante como foi alegado neste capítulo?
2. Quais são as vantagens e as desvantagens do planejamento?
3. "Para um administrador, é melhor tentar executar uma decisão fraca por causa da confiança do trabalhador. Você não pode formar confiança no trabalhador se admitir continuamente as fracas decisões que tomou". Discuta.
4. Quais são os prós e os contras das decisões tomadas por grupos, como comitês e forças-tarefa, em comparação com as decisões tomadas por uma pessoa?
5. Um administrador diz que julga a decisão de protelar como um grande auxílio em sua tomada de decisão. Você concorda ou não? Justifique sua resposta.

Referências bibliográficas

AWANGA, M.; MOHAMMADB, A. H.; SAPRIC, M.; RAHMAND, M. S. A.; LAH, N. I. B. N. Measurement of Facility Management Competencies in Higher Education Institution. *Journal Teknologi*, 71:4, p. 145-157, 2014.

BATEMAN, T. S.; SNELL, S. A. *Administração*: construindo a vantagem competitiva. São Paulo: Atlas, 1998.

BENNIS, W. *A formação do líder*. São Paulo: Atlas, 1996.

BORDIN, P.; SARAIVA, C. J. O controle interno como ferramenta fundamental para a fidedignidade das informações contábeis. *Revista Eletrônica de Contabilidade*. Edição Especial. Julho de 2005.

CATELLI, A. et. al. *Processo de gestão e sistemas de informações gerenciais*. São Paulo: Atlas, 1999.

CHIAVENATO, I. *Introdução à teoria geral da administração*. 6. ed. Rio de Janeiro: Campus, 2000.

FAYOL, H. *Administração industrial e geral. Previsão, organização, comando, coordenação e controle*. 10. ed. São Paulo: Atlas, 1990.

FIGUEIREDO, S.; CAGGIANO, P. C. *Controladoria*: teoria prática. São Paulo: Atlas, 1997.

HAMMOND, J. S.; KEENEY, R. L.; RAIFFA, H. *Decisões inteligentes: somos movidos a decisores*: como avaliar alternativas e tomar a melhor decisão. Rio de Janeiro: Elsevier, 2004.

HERSEY, P.; BLANCHARD, K. *Psicologia para administradores*: a teoria e as técnicas da Liderança Situacional. São Paulo: EPU, 1986.

JUCIUS, M. J.; SCHELENDER, W. E. *Introdução à administração*. São Paulo: Atlas, 1990.

LACOMBE, F.; HEILBORN, G. *Administração*: princípios e tendências. São Paulo. Saraiva, 2006.

MAXIMIANO, A. C. A. *Introdução à administração.* 1. ed. Edição compacta — São Paulo: Atlas, 2008.

_____. A. *Teoria geral da administração*: da revolução urbana à revolução digital. 5. ed. São Paulo: Atlas, 2002.

_____. *Introdução à administração.* 5. ed. rev. e ampl. São Paulo: Atlas, 2000.

_____. A. *Teoria geral da administração*: da escola científica à competitividade em economia globalizada. São Paulo: Atlas, 1997.

MILGROM, P.; ROBERTS, J. The Economics of Modern Manufacturing: Technology, Strategy and Organization. *The American Economic Review*, v. 80, N. 3, June., p. 511-528, 1990.

MOSIMANN, C. P.; FISCH, S. *Controladoria*: seu papel na administração de empresas. São Paulo: Atlas, 1999.

OLIVEIRA, D. de P. R de. *Planejamento estratégico.* São Paulo: Atlas, 2006.

_____. *Sistemas, organizações e métodos*: uma abordagem gerencial. São Paulo: Atlas, 2001.

SIMON, H. A. Rationality in Psychology and Economics. *The Journal of Business*, v. 59, n. 4, p. S209-S224, Oct. 1986.

_____. *Administrative Behavior.* New York: Free Press, 1976.

TVERSKY, A.; KAHNEMAN, D. Extensional Versus Intuitive Reasoning: the Conjunction Fallacy in Probability Judgment. *Psychological Review*, v. 90, n. 4, p. 293-315, Oct. 1983.

WOOD JR., T. Organizações de simbolismo intensivo. In: CALDAS, M.; WOOD JR., T, *Transformação e realidade organizacional*: uma perspectiva brasileira. São Paulo: Atlas, 1999.

O dia em que Salomão foi enganado

Salomão não apenas sabia vender, como também comprava como ninguém. Procurava adquirir produtos de qualidade e a bom preço. Ninguém o enganava em uma venda... Mas tinha de ter uma primeira vez.

Apareceu um homem oferecendo-lhe um saco de arroz agulhinha de primeira qualidade.

– *Brimo*, este arroz é de *brimeira* qualidade? Eu não quer arroz quebrada, bica corrida. Eu quer arroz inteiro, tipo *agulínea*.

– Senhor Salomão, pode comprar sem medo.

O comerciante tinha um furador de sacos para coleta de amostras. Era um equipamento com o qual se furava o saco de arroz, milho, feijão etc. e, com a amostra coletada, se podia saber o que continha o saco.

Salomão pegou o furador e deu uns seis furos. Furou o saco por cima, por baixo, dos lados, e constatando que o arroz era como tinha especificado, comprou-o.

Naquela mesma semana ele começou a vender aquele arroz e para sua surpresa, quando já tinha vendido quinze quilos, percebeu que no interior do saco havia arroz quebrado, tipo "bica corrida". Salomão ficou doido da vida, mas não conseguia entender como tinha sido enganado.

Pensou durante três dias inteiros. Tinha de descobrir o que o vendedor esperto fizera para enganá-lo. Foi quando teve uma ideia. Salomão vendia óleo em latas de 18 litros. Assim, raciocinou: "Esse *sambargonia*[1] deve ter colocado uma quantidade de arroz bom embaixo *da* saco, e, dentro *da* saco, enfiado a lata furada dos dois lados, sem tampa e sem fundo; assim, ficou *uma* espaço dos quatro lados entre a lata e *a* saco e também em cima. Em seguida, ele colocou arroz "bica corrida" dentro da lata e depois a retirou com muita cuidado, e nos *esbaços* que ficaram vazios ele colocou arroz bom, e então *breencheu* o restante de arroz bom até *gombletar a* saco."

Inconformado em ter sido enganado, mas, depois de ter passado por mais essa experiência, disse para o seu amigo:

– Isso foi bom *bara* Salomão *abrender* mais uma *liçon*.

---
1. Sem-vergonha.

4

Lidando com conflitos e pressões

Yeda Cicera Oswaldo
Elaine Aparecida Dias
Valéria Rueda Spers

Conteúdo

4.1 Conflitos

Pessoas excepcionais podem fazer funcionar bem uma organização precária. Pessoas desmotivadas ou incompetentes podem anular a mais perfeita organização.

LOUIS ALLEN

Objetivos do capítulo
Este capítulo objetiva a identificação dos conflitos internos de uma empresa e das estratégias para solucioná-los, bem como a compreensão das pressões externas impostas pelo mercado e como lidar com elas.

Entrando em ação
A administração de conflitos exige muita habilidade por parte de quem for tratar disso, mas um conflito nem sempre é ruim; se bem analisado e com o uso das ferramentas corretas, este pode se tornar um aliado do crescimento e da mudança.

Estudo de caso
Lucas e dois sócios possuem uma agência de propaganda e marketing com 15 colaboradores diretos que atendem 70 empresas. Um de seus clientes, uma empresa que trabalha com cursos de alta performance, já demonstrou insatisfação em relação aos prazos de arte da agência, que, em geral, não são cumpridos. Caso o problema persista, a empresa deixará de contratar a agência de Lucas. O mentor de Lucas orientou-o a perceber os sinais de conflitos e os problemas na empresa e a solucioná-los o mais rapidamente possível. Ele chamou a equipe de criação para resolver esse problema.

Durante a reunião, Lucas deu oportunidade para os três colaboradores da área falarem e chegarem a uma solução. No primeiro momento, houve muita discussão; eles culparam uns aos outros, mas, diante da mediação sensata de Lucas, no final chegaram a um consenso, e todos saíram satisfeitos com a solução.

Em razão da pressão externa do cliente, Lucas viu-se obrigado a mediar e resolver o conflito interno da empresa.
- Qual a estratégia de solução de conflitos adotada por Lucas?
- Existe mais de uma forma de resolver conflitos?
- Qual a melhor delas?

Essas e outras questões serão respondidas e mais bem compreendidas com a ajuda dos tópicos estudados neste capítulo.

 ## 4.1 Conflitos

Os *conflitos* estão presentes desde o começo da existência humana, uma vez que o indivíduo se depara com situações conflituosas nos mais diversos contextos. Nas organizações, como em vários lugares, existem conflitos entre pessoas e grupos, pois quanto mais as empresas crescem, mais complexas se tornam, existindo maior probabilidade de ideias divergentes e, como consequência, um número maior de conflitos (Robbins, 2010).

Praticamente todos os seres humanos já estiveram envolvidos em alguma espécie de conflito ou sofreram pressões de naturezas diversas. Esses momentos geram tensão e, comumente, constituem situações desagradáveis. Em uma empresa na qual convivem e trabalham indivíduos de formação, interesses, experiências, ideias e pontos de vista diferentes, os conflitos encontram campo fértil para sua instalação.

O conflito é um processo em que uma pessoa (ou grupo de pessoas) percebe que outra está impedindo uma ação importante ou se encontra em vias de fazê-lo. As principais causas dos conflitos podem surgir a partir de diferenças de ideias, problemas de comunicação, experiência de frustrações anteriores, diferenças de personalidade, diferenças de percepção e modos de analisar uma mesma informação e os mesmos fatos (Vecchio, 2008).

Existem algumas estratégias para a gestão do conflito, seja ele entre colegas de trabalho, entre setores, ou até mesmo entre empresas, com clientes e fornecedores.

4.1.1 Estratégias utilizadas para lidar com os conflitos

A maneira como os conflitos eram vistos nas organizações foi alterada ao longo do tempo, passando de uma visão tradicional — em que eram vistos como algo prejudicial e desnecessário, não tendo uma finalidade proveitosa, afastando a atenção dos gestores e esgotando os recursos — para uma visão mais contemporânea, em que são vistos como situações inevitáveis em toda organização e necessários para melhorar o desempenho. De acordo com a nova visão de gestão, os conflitos propiciam e ajudam na busca de novas estratégias e táticas que solucionem os problemas que ocorrem diariamente no mundo corporativo, ajudando a superar a estagnação e a acomodação e direcionando esforços para que, se possível, o problema seja eliminado.

O *conflito bem administrado* proporciona inúmeras funções positivas, pois acaba rompendo com a *estagnação organizacional*, gerando mudanças, evolução, inovação, oportunidades, enriquecimento pessoal e profissional, renovação do ambiente de trabalho e, como consequência final, melhor desempenho do profissional na função (Vecchio, 2008). Para Robbins (2010), há cinco estilos para se lidar com os conflitos, os quais são descritos a seguir, juntamente com as frases típicas de quem os adota:

1. Dominação

Grande preocupação com os interesses próprios e baixa preocupação com os interesses dos outros. Pessoas que usam esse estilo tentam convencer os demais de que estão corretas. Essa forma de solucionar conflitos pode lhes causar satisfação e prejudicar o outro.

Frases comuns a esse estilo:
- Eu não cedo, não dou o braço a torcer.
- Faça o que mandei.

- Vamos fazer do meu jeito.
- Lamento, as coisas são assim.

2. Evitação

Esse estilo denota ignorância ou desatenção com a situação conflitante. Pessoas que o utilizam tendem a ignorar o conflito, preferindo desistir dele ou suprimi-lo. Evitam envolver-se no assunto, deixando os eventos seguirem seu curso. Negligenciam o interesse de ambas as partes — seus e dos outros.

Frases comuns a esse estilo:
- Prefiro não me envolver.
- Vamos deixar que o problema se resolva sozinho.
- Vamos tratar disso em outra ocasião.
- Vou deixar o chefe resolver isso.
- Vamos deixar a coisa do jeito que está.

3. Resignação

Pessoas com esse estilo acomodam-se e negligenciam o próprio ponto de vista em favor da outra parte. Buscam apaziguar o oponente, por isso se autossacrificam e colocam os interesses dos outros acima dos próprios. Satisfazem os desejos do outro e apoiam suas opiniões, mesmo que sejam contrário a elas.

Frases comuns a esse estilo:
- Se é assim que você quer, para mim está bom.
- Você é o especialista, faça como achar melhor.
- Se for bom para você, abro mão da minha posição.
- Eu faria diferente, mas se é assim que você quer, ok.

4. Acordo

Nesse estilo, as partes abrem mão de algo a fim de encontrar um resultado aceitável para ambos, na tentativa de satisfazer seus interesses. Em geral, procuram um acordo parcial. Abrem mão de seus objetivos e tentam fazer que os outros façam o mesmo.

Frases comuns a esse estilo:
- Estou disposto a ceder neste ponto, contanto que você ceda no outro.
- Se eu abrir mão desse item, o que você me dá em troca.
- Para não ficar ruim nem para mim, nem para você...
- O que podemos fazer para chegar a um acordo?

5. Colaboração

Adotar esse estilo envolve abertura, troca de informação e exame das diferenças a fim de alcançar uma solução efetiva e aceita por ambos os lados. As pessoas encontram solução para os conflitos mediante a cooperação, desejando satisfazer totalmente o interesse de todas as partes. Pautam-se no ganha-ganha; buscam resultados que procuram atender a todos os envolvidos.

Frases comuns a esse estilo:

- Como nós todos podemos ganhar com isso?
- Esses são meus interesses, e quais são os seus?

Quando utilizados de forma adequada, cada um dos estilos pode revelar-se eficaz em abordar conflitos, muito embora a maioria das pessoas use uma das formas mais repetidamente do que outras, desenvolvendo grande habilidade em determinado estilo e ignorando os outros quatro, que, em algumas situações, também são necessários.

Historicamente, como mostra a prática diária, resultados mais duradouros são conseguidos no método da colaboração, em que necessidades e interesses mútuos são plenamente atingidos. Contudo, algumas condições são necessárias para uma boa solução de conflitos:

- Vontade mútua de resolver o problema.
- Abertura para o diálogo.
- Interesse em chegar à raiz do problema, sem tratá-lo superficialmente.
- Saber lidar com sentimentos e emoções próprios e dos outros.

4.1.2 Solucionando *conflitos interpessoais*

Quando os sistemas organizacionais representam ameaças aos valores dos funcionários, a reação destes costuma ser emocional, relacionada aos próprios interesses, deixando em segundo plano os interesses da empresa. Isso acontece porque os **valores** são critérios ou planos de julgamento pessoais (o que é correto, adequado, aceitável) que levam em consideração as preferências do que é desejável para cada um. São eles que formam as crenças, que, por sua vez, se transformam em ações ou propensões comportamentais (Oswaldo, 2015).

Nesse caso, os funcionários podem mostrar-se dispersos, desengajados e com baixa produtividade. Solicitados a melhorar seu rendimento no trabalho, veem seus superiores como concorrentes, visto que, segundo os mesmos autores, faz parte da cultura ocidental uma desconfiança ativa na hierarquia, e essa mentalidade — "eles contra nós" — não leva à colaboração (Ryan; Oestreich, 1993)

Por outro lado, as chefias frequentemente dão mais ênfase à manutenção do controle que à abertura ao diálogo e à flexibilidade (Edelman; Crain, 1998). O constante treinamento de seus líderes para certificarem-se de que a comunicação flui naturalmente e de que a informação chega corretamente é uma forma eficaz de solucionar problemas, um hábito saudável que qualquer empresário deve cultivar com entusiasmo.

De fato, pesquisas recentes sugerem que a facilitação da comunicação nas empresas, principalmente por ocasião da implantação de mudanças, reduz consideravelmente a resistência decorrente do medo do desconhecido. A oportunidade de trocar informações possibilita aos indivíduos reconstruir a realidade organizacional mais rapidamente do que ocorreria caso a comunicação interpessoal fosse reprimida ou mesmo desencorajada (Silva; Vergara, 2003).

Conflitos entre colegas de trabalho costumam ser os mais desagradáveis e os de abordagem mais difícil, uma vez que existem mais empregados que chefes e que há uma significativa proximidade entre os primeiros, em razão da convivência diária. Os conflitos, nesse caso, tendem a perpetuar-se, pois as partes envolvidas falham ao lidar com o problema; entendem com frequência que, por terem ambos o mesmo nível de autoridade, não poderão resolver o problema e que qualquer tentativa de esclarecer as coisas resultará um ambiente de trabalho desajustado (Edelman; Crain, 1998).

Como empresário, estimule o entendimento entre as partes que apresentarem desavenças; você, certamente, terá de atuar como *mediador*, como um facilitador do diálogo e do entendimento entre as partes. Conhecer seu pessoal é sua função, mas os fatos que cercam situações conflitantes nem sempre fazem parte de seu acervo de informações. Diante da necessidade de resolver problemas dessa natureza, informe-se sobre a situação e certifique-se de interpretar os fatos de maneira imparcial.

Procure ouvir aquilo que seus funcionários têm a dizer, observe a linguagem verbal e não verbal, e não se surpreenda se houver alguma incongruência; muitas vezes, os fatos relatados nada têm a ver com o que realmente ocorreu. Isso porque nossos pensamentos e crenças (cognição ou avaliação) afetam como nos sentimos (emoção) e o que fazemos (comportamento). A crença ou a avaliação podem ser entendidas como o nosso diálogo interno do pensamento diante de qualquer situação. Aqueles envolvidos nos conflitos possuem experiências, sentimentos e pontos de vista diferentes e, portanto, podem ser diversos dos seus.

Como mediador, seu papel é promover o entendimento entre as partes conflitantes. Mantenha suas emoções sob controle e estimule a criatividade de seus funcionários na busca de soluções, sem usar sua autoridade para pôr fim à questão. Atue como "juiz" apenas se o acordo se tornar impossível. Para Fisher, Ury e Patton (1994, p. 30), há quatro pontos fundamentais, que, postos em prática, auxiliam sobremaneira a mediação e/ou o julgamento de situações conflituosas:

1. Separar as pessoas dos problemas.
2. Concentrar-se nos interesses, não nas posições.
3. Criar uma variedade de possibilidades antes de decidir o que fazer.
4. Insistir em que as soluções apresentadas tenham por base um padrão objetivo.

Nesse caso, dois pontos são relevantes para a solução dos conflitos.

O primeiro ponto diz respeito à situação, em que as emoções geradas por fatos se sobrepõem ao mérito objetivo da questão. Ao tentar separar as pessoas dos problemas, não se deve ignorar que existem emoções negativas, resultantes dos fatos geradores de conflito. Decifre o problema entendendo o segundo ponto: o das posições. Pessoas assumem posições em defesa de seus interesses; a questão é: qual é o interesse oculto por trás da posição assumida pelos opositores? Trabalhe com interesses, e não com posições.

O terceiro ponto consiste em criar opções variadas de solução que atendam aos interesses em questão. Em situações de pressão, é difícil visualizar opções diferentes da posição assumida inicialmente. Nas reuniões destinadas à solução de conflitos, sugira pausas quando notar que as emoções impedem a criatividade e marque para um próximo encontro a exposição de opções de solução que cada uma das partes envolvidas poderá trazer como colaboração. Para facilitar tanto a busca de soluções de benefícios mútuos quanto a eventual tomada de decisão unilateral (no caso, a sua), o quarto ponto sugere a utilização de critérios amplamente aceitos, como normas da empresa, leis, costumes, hábitos ou opiniões especializadas para legitimar os termos da solução encontrada.

Naturalmente, você encontrará muitas outras maneiras de lidar de forma eficaz com os conflitos que surgirão em sua empresa. No entanto, tenha em mente que o clima do seu empreendimento dependerá do estilo de administração de conflitos e do estilo de gestão e liderança que você lhe imprimir.

 4.1.3 Utilizando o conflito de forma produtiva

Embora conflito seja sinônimo de desestabilização, os estruturalistas já sinalizavam a existência de sementes de mudança a partir dos conflitos que se estabelecem nas organizações, desde que as soluções encontradas passem a fazer parte da cultura organizacional. Além disso, conflitos geram reflexão sobre os elementos constituintes do espaço empresarial, servindo, muitas vezes, para alavancar decisões sobre mudanças necessárias. Essas situações são úteis para a troca de ideias e o crescimento.

 4.1.4 Lidando com as pressões externas

Além das pressões internas, a abordagem sistêmica ensina que o ambiente externo às organizações contém elementos que exercem pressão sobre as empresas — são as **pressões externas**. Assim, a necessidade de mudanças, seja pela necessidade de constante inovação tecnológica, seja para sobreviver às crises econômicas ou pela necessidade de atender aos mecanismos regulatórios ou às mudanças de hábitos de consumo, afeta significativamente o funcionamento das empresas.

O que fazer nesse ambiente repleto de eventos sobre os quais seu negócio tem pouco ou nenhum controle?

a. Perceber e criar oportunidades

As oportunidades surgem a todo momento, mas nem todos conseguem identificá-las. *Criar oportunidades* significa identificar nichos de mercado, perceber necessidades não atendidas, e isso é feito por meio de relacionamentos. São as pessoas que, por meio de palavras e de seu *comportamento*, nos mostram do que precisam, e cabe ao empreendedor identificar como o seu produto ou serviço pode atender àquela necessidade. Nesse caso, os contatos presenciais (face a face) são fundamentais. Você ficará impressionado com a quantidade de informações úteis que lhe serão transmitidas.

Em relação às oportunidades, os estudos e as pesquisas são importantes, assim como oferecer um produto de qualidade, mas não espere para ter um produto perfeito: faça acontecer — lance-o no mercado antes que o concorrente o faça antes de você.

b. Participar de redes de associação

Participe ativamente da associação comercial e industrial de seu município, do sindicato ou de uma *entidade de classe*. Isso significa não apenas recolher contribuições, mas apresentar sugestões de atuação efetiva em prol da comunidade e da profissão em que você está inserido.

Participe de grupos e rodadas de negócios propostos por entidades como a Ciesp e o Sebrae, por exemplo. São oportunidades para mostrar a sua empresa, conhecer outros produtos ou serviços e observar o movimento da concorrência. Essas rodadas reúnem empresas de diversos segmentos e portes para criar novas oportunidades de negócios exclusivos, aproximando-as e fortalecendo o associativismo.

c. Manter um *networking*

Mantenha um *network* atualizado e atuante, mas não procure as pessoas somente quando precisar delas, esteja presente para se relacionar desinteressadamente. Não basta apenas adicionar pessoas em nossa rede de contatos (*network*), é preciso alimentar essa relação, mantê-la viva. É preciso ter sensibilidade para lidar com os relacionamentos conquistados. *Networking* é uma via de mão dupla em que todos ganham; é uma espécie de parceria entre pessoas que trocam informações, conhecimento, aprendizado e, com isso, se ajudam mutuamente. Para o relacionamento estabelecido cristalizar-se é necessário que haja respeito, interesse genuíno e confiança entre as pessoas. Os indivíduos que utilizam o *network* somente para pedir favor ou alavancar a própria carreira ou empresa são vistos como oportunistas, com relacionamentos limitados.

d. Mudar para melhor

As organizações de sucesso estão mudando sempre, seja por pressões externas (mercado) ou internas (reorganização de estrutura, pessoas). Mesmo que não queiram, elas são obrigadas a mudar, por necessidade ou oportunidade. Por necessidade, para responder rapidamente diante de crises econômicas, recessões, fusões, mecanismos regulatórios ou tendências — elas simplesmente precisam reinventar-se a cada instante para apresentar algo novo ao seu cliente, seja um produto, um serviço ou uma solução diferente. Por isso, mude sempre, mas mude para melhor. Ou mudamos ou morremos.

e. Defender-se de ameaças

As *ameaças* são forças externas antagônicas aos interesses da empresa. Para defender-nos delas, é preciso construir uma fortaleza. Para isso, examine atentamente a sua empresa: quais são seus pontos fortes e fracos? Faça um inventário deles e use seu conhecimento e sua criatividade para reforçar os pontos fortes e eliminar os fracos. Sobretudo, não fique paralisado quando uma situação adversa surgir. Não espere que a situação se resolva sozinha: aja! Você estará preparado para amortecer o impacto de ameaças ambientais.

 4.1.5 Apoio empresarial

Em muitas ocasiões, não conseguimos enxergar os problemas advindos dos vários conflitos e pressões com os quais estamos direta ou indiretamente envolvidos. Quando isso ocorre, é preciso valer-se de mecanismos que podem ser de grande ajuda. É o caso das consultorias e assessorias.

a. Consultoria

Quando uma pessoa física apresenta uma patologia (mal-estar, doença), ela procura um tratamento médico para, então, voltar a ter uma vida saudável. No caso de uma pessoa jurídica (empresa) apresentar alguma disfunção, é preciso sanar essa anomalia com ajuda de especialistas. Nesse caso, uma *consultoria* pode ser fundamental.

De acordo com Eltz e Veit (1999), existem diferenças entre consultoria interna e consultoria externa:
- Consultoria interna: aquela realizada por profissionais da própria empresa.
- Consultoria externa: aquela realizada por profissionais externos.

A característica básica da consultoria é a sua ligação com um problema específico (uma disfunção) que, conhecendo-se ou não as suas causas, deve ser solucionado. Todavia, antes de se optar pela contratação de uma consultoria externa, é importante verificar se o problema existente na empresa pode ou não ser tratado por profissionais da própria organização, ou seja, por uma consultoria interna. Esse procedimento pode trazer uma solução mais rápida e menos onerosa, mas nada substitui a capacitação contínua do pessoal, de modo que a própria administração consiga buscar a solução de seus problemas, sem necessariamente ter de desembolsar recursos financeiros com agentes externos.

Nesse caso, o conhecimento transforma-se em competências por meio dos verbos mobilizar, participar, aprender e comprometer (Fleury, 2000). Muitas vezes, a solução dos problemas está na própria organização. Contudo, isso não significa que a empresa não deva contratar os serviços de uma consultoria externa; mas o interessante é que o faça apenas quando realmente for necessário, ou seja, quando o empresário perceber que não possui "condições intelectuais internas" para resolver determinada situação. Uma consultoria externa pode ser contratada também quando o empresário verificar que necessita de maior neutralidade no processo decisório, uma vez que o consultor externo, por não estar diretamente envolvido com a empresa, é mais adequado em alguns casos, principalmente quando a situação envolve sócios ou em empresas familiares.

Atualmente, existem programas para a formação de consultores organizacionais, além de instituições e organizações que prestam assistência empresarial gratuita ou por valores acessíveis. É, por exemplo, o caso do Sebrae, de empresas juniores vinculadas a universidades e das próprias universidades, por meio de seus professores, técnicos, pesquisadores etc.

Os japoneses colocaram-se, não só tecnológica, mas também administrativamente, à frente de muitos países em razão da aplicação de técnicas (aliadas à sua cultura) que, sem dúvida, permitem tanto uma avaliação constante de suas organizações como também uma correção rápida das disfunções apresentadas.

Insiste-se na realização de reuniões (se possível semanais) para a resolução de problemas da organização em todas as áreas e em todos os níveis. Deve ser entendido, até aqui, que os administradores são, antes de tudo, solucionadores de problemas.

b. Assessoria

A *assessoria* é um apoio administrativo, em que o assessor é uma extensão do executivo em termos de tempo e aspectos técnicos, em razão da falta de disponibilidade deste para a execução de todas as suas tarefas. Sua falta de conhecimento sobre todos os assuntos que circundam sua área de ação referem-se aos aspectos técnicos (Silva, 2001). A Figura 4.1 ilustra essa situação.

A assessoria pode ser interna ou externa e pode funcionar como um órgão de *staff*. Trata-se de algo que vai muito além de simplesmente dar conselhos ou solucionar problemas, uma vez que a assessoria se envolve também com o que se refere a projetos especiais da empresa. Por exemplo, um assessor de marketing não só terá de resolver problemas de curto, médio e longo prazos, mas também terá de desenvolver todo o plano mercadológico da empresa para seus primeiros anos e também para os dez anos seguintes (planejamento estratégico).

Funções de unidade	Níveis hieráquicos	
Assessoramento Recomendação	Presidência e diretoria	(1º nível)
	Gerência de departamento	(2º nível)
Consultoria Aconselhamento Orientação prestação e execução de serviços técnicos e especializados	Chefia de setor	(3º nível)
	Supervisão de seção	(4º nível)
	Execução das tarefas	(5º nível)

Figura 4.1 • Funções de assessoria.
Fonte: Silva, 2001, p. 62.

 ### 4.1.6 Programas de treinamento e desenvolvimento

Embora esse assunto esteja diretamente ligado ao setor de treinamento, parte integrante do sistema de recursos humanos, detalharemos algumas considerações sobre ele. A educação é basicamente um processo contínuo de aprendizado e de reconstrução das experiências pessoais; ao ser educada continuamente, a pessoa é influenciada pelo meio em que vive (Carvalho; Nascimento, 2012).

Os **treinamentos** têm como objetivo a aquisição de conhecimentos práticos para serem aplicados no dia a dia. O empresário deve incentivar os funcionários a participarem de simpósios, feiras, congressos, exposições e outras formas de treinamento e desenvolvimento profissional, sendo ele próprio um exemplo disso.

Todavia, vale lembrar que o empreendedor e seus funcionários não devem se inscrever em todo e qualquer curso ministrado fora da empresa. Além de serem onerosos, determinados cursos não servem para certas situações. Assistir a todos os cursos que aparecem, sem qualquer critério de seleção, é a mesma coisa que sair em um campo e montar um buquê com todas as flores que são encontradas pelo caminho.

Alguns passos importantes para a escolha de um curso:
- Verificar a duração, o horário e o local do curso.
- Analisar não somente o tema que estiver sendo proposto, mas, principalmente, o conteúdo do programa.
- Buscar informações adicionais com os organizadores ou os professores do curso e saber se este já foi ministrado anteriormente. Além disso, deve-se procurar conversar com pessoas que já participaram do curso para uma pré-avaliação.
- Analisar o custo/benefício do curso.

Algumas medidas importantes a serem tomadas após o curso:
- Providenciar uma cópia do material didático fornecido no curso para constar na biblioteca da empresa, de modo que esse material fique sempre ao alcance de todos.
- Solicitar ao participante que faça uma explanação rápida sobre o curso para as pessoas interessadas e para aquelas diretamente envolvidas com o assunto.
- Solicitar ao participante que apresente as melhorias no setor ou nas suas competências advindas do curso.

 ### 4.1.7 Programa de *coaching* e *mentoring*

O *coaching* pode ser aplicado a todos os profissionais da empresa que precisem desenvolver uma habilidade imediata; é uma abordagem focada, com prazos e tarefas. O *mentoring*, por sua vez, é mais recomendado para os empresários.

O *business mentoring* é uma das modalidades mais procuradas pelos empreendedores em razão das suas características especiais, que diferem do *coaching*. De certa forma, o processo de *mentoring* traz uma visão mais ampliada do *coaching* e, por isso, costuma ser desenvolvido em um prazo mais longo, normalmente de um ano. O *mentoring* tem um enfoque no longo prazo, na ampliação dos horizontes, enquanto o *coaching* é mais imediatista (Oswaldo, 2015).

Independentemente do tamanho da empresa, da modalidade do negócio ou das dificuldades enfrentadas pelo empresário, o **mentoring**, ou mentoria, é um processo interessante, em que ele pode contar com alguém mais experiente para orientá-lo e apoiá-lo em seus negócios. Trata-se de um relacionamento capaz de alterar vidas e inspirar o crescimento, o aprendizado e o desenvolvimento mútuo. Seus efeitos podem ser inesquecíveis, profundos e duradouros. A mentoria é capaz de transformar pessoas, grupos, organizações e comunidades (Ragins; Kram, 2007).

O *mentoring* é caracterizado por uma situação de aprendizagem de uma energia livre, na qual o mentor, por meio de uma abordagem de baixa pressão e de muito autoconhecimento (autodescoberta), oferece conselhos e *insights* que são capazes de gerar conhecimentos.

O mentor apresenta uma combinação de conhecimento singular, carreira consolidada, vivência, experiência prática e referência em sua área de atuação. Embora o mentorado seja visto como alguém menos experiente, é cada vez mais comum pessoas experientes, executivos e homens de negócios procurarem mentores para sua vida, carreira ou negócios (Oswaldo, 2015).

Os mentores comprometem-se a se empenhar efetivamente para o sucesso de seu mentorado e estão dispostos a investir seu tempo, seu conhecimento e sua experiência para servir ao outro. O mentor é aquele que orienta o mentorado em seu negócio; de modo geral, pode-se dizer que é a experiência de uns em favor de outros.

Sem dúvida alguma, o mentor pode auxiliar significativamente o empresário, tanto na busca do autoconhecimento, quanto na condução de seus negócios.

Um bom *business mentoring* deve:

- Entender a necessidade do mentorado.
- Criar uma relação positiva.
- Auxiliar o mentorado em seu processo de evolução.
- Compartilhar com o seu mentorado suas histórias de sucesso e seus erros.
- Ter qualidades morais e éticas.
- Ter em seu currículo conquistas sólidas ou acima da média.
- Ser considerado uma referência ou um especialista na sua área de atuação.
- Ser admirado e respeitado na sua área.
- Apreciar as próprias conquistas.
- Ter preparo emocional para um processo de *mentoring.*

✎ Termos-chave

Ameaças • São forças externas antagônicas aos interesses da empresa.

Assessoria • É um apoio administrativo, em que o assessor é uma extensão do executivo em termos de tempo e aspectos técnicos, dada a falta de disponibilidade deste para a execução de todas as suas tarefas.

Conflito bem administrado • É gestor aplicando bem suas habilidades (técnicas/humanas e conceituais) e competências (conhecimentos/habilidades e atitudes).

Conflitos interpessoais • São as discussões entre as pessoas da organização.

Criar oportunidades • É gerar ideias e criatividade.

Conflito • É o que surge quando há a necessidade de escolha entre as situações que podem ser consideradas incompatíveis.

Comportamento • É o conjunto de reações de um sistema dinâmico diante das interações e da renovação propiciadas pelo meio em que este está envolvido.

Consultoria • É um serviço de apoio administrativo que pode ser prestado a diferentes áreas da empresa.

Estagnação organizacional • É a paralisia de uma organização sob a ação de gestores sem atitude.

Entidades de classe • São organizações de empresas ou pessoas de um mesmo setor, constituídas para prestar serviços aos seus associados.

Mediador • É um facilitador do diálogo e do entendimento entre as partes em conflito.

Mentoring • É um processo em que o empresário pode contar com alguém mais experiente para orientá-lo e apoiá-lo em seus negócios.

94 · Empreendedorismo estratégico

Networking • É uma via de mão dupla, onde todos ganham; trata-se de uma espécie de parceria entre pessoas que trocam informações, conhecimento, aprendizado e, com isso, ajudam-se mutuamente.

Pressões externas • Forças externas capazes de arruinar a empresa caso não sejam adequadamente gerenciadas.

Treinamentos • Têm como objetivo a aquisição de conhecimentos práticos para serem aplicados no dia a dia.

Valores • São critérios ou planos de julgamento pessoais (o que é correto, adequado, aceitável) que levam em consideração as preferências do que é desejável para cada um. São formadores das crenças, que, por sua vez, se transformam em ações ou propensões comportamentais.

💡 Dica do consultor

Em uma empresa em que convivem e trabalham indivíduos de formação, interesses, experiências e pontos de vista diferentes, os conflitos encontram campo fértil para sua instalação.

Portanto, a primeira regra é: evite os conflitos.

Como visto neste capítulo, nas empresas que não têm planejamento e nas quais as responsabilidades sobre as tarefas não são claramente definidas, bem como em unidades em que mais de uma pessoa manda, os conflitos instalam-se em maior número e com maior intensidade. Alguns teóricos são favoráveis aos conflitos, alegando que sem eles a criatividade não surge e tudo se mantém como está, com o pessoal em sua zona de conforto e recebendo o pagamento no dia acertado; afinal, porque brigar, discutir, dar opiniões adversas. Quem está em sua zona de conforto pensa assim: "Quero mais é ser amigo de todos; confusão, já basta em casa".

Sabe-se que quando um funcionário dá sugestões ou opiniões, que, muitas vezes vão de encontro ao que os chefes pensam, isso pode gerar uma demissão indesejada.

Tenho dito a meus alunos que o diferencial do colaborador é, em primeiro lugar, a proatividade: não esperar que todas as soluções venham do chefe.

A segunda regra é: transparência.

Um dos maiores inimigos da harmonia empresarial é o famoso NHS (Na Hora Sai), ou a falta de planejamento. Mas não basta traçar diretrizes: é preciso divulgá-las. Quando, em uma organização, as pessoas têm acesso às informações necessárias para levar a bom termo suas atribuições, o número de confrontos cai significativamente, pois não há por que nem o que discutir — a solução é preexistente.

A terceira regra é: delegação da autoridade

Em primeiro lugar, muitos empreendedores centralizadores não se dão conta de que pode haver na empresa alguém que faça as coisas melhor que ele; em segundo, se não se

Capítulo 4   Lidando com conflitos e pressões · **95**

delega, a empresa não cresce; e em terceiro, quando o empreendedor delega atividades que podem ser feitas pelos seus subordinados, sobra-lhe tempo para controlar melhor a área financeira, que, aí sim, só ele e seu contador ou homem de finanças podem ter acesso. E sobra-lhe tempo também para visitar clientes e ter com eles uma integração olho no olho (muitos clientes se ressentem do distanciamento de seus fornecedores).

A quarta regra é: reuniões verticais

É possível evitar conflitos no sentido vertical, ou seja, mal-entendidos entre chefes e subordinados, quando o cerne desses conflitos está no desconhecimento de graus de responsabilidade e autoridade, esferas de competência, políticas de promoção e expectativas da organização quanto ao desempenho e ao comportamento de seus funcionários.

A mesma regra vale em relação ao relacionamento com seus clientes: todos apreciam uma quantidade razoável de informação, principalmente quem está pagando por um produto ou serviço. Nem pense em fechar uma venda, emitir a nota fiscal e receber o pagamento por um produto para, somente então, informar ao cliente que, como você não mantém estoques, ele deverá aguardar 30 dias para recebê-lo. O cliente não tem obrigação de perguntar se você poderá entregar imediatamente o objeto da transação, mas você, sim, tem obrigação de informá-lo das condições de entrega.

Outras dicas:

- Leve em conta não somente a capacitação profissional das pessoas que contratar, mas também seu potencial de relacionamento interpessoal.
- Não permita que seus funcionários lhe "vendam" suas férias. Exija que o período de férias seja cumprido, pois o cansaço físico e o estresse mental predispõem as pessoas a atritos.
- Invista em treinamentos constantes de baixo custo ou gratuitos, nos quais, na prática dinâmica e recreativa, seus funcionários possam interagir uns com os outros. Com isso, você poderá observá-los de perto e conhecer a personalidade, as motivações, as ambições e as intenções de cada um, o que lhe permitirá, depois, realizar atribuições de cargos e responsabilidades coerentes com as características de cada um.
- Preocupe-se em oferecer as melhores condições físicas de trabalho aos seus colaboradores.
- Em hipótese alguma repreenda seus colaboradores na frente de quem quer que seja e não permita que outros colaboradores o façam.
- Não faça promessas que eventualmente não poderá cumprir.
- Se seus filhos trabalham em sua empresa, jamais trate-os como colaboradores comuns, pois eles são os herdeiros de todo o seu patrimônio. Para os seus filhos, invista em treinamentos em assuntos especializados, a fim de que saibam tudo o que você sabe sobre a empresa e muito mais. Prepare-os, permitindo que tenham espaço para contribuir com as próprias ideias. Faça reuniões com eles, a fim de medir o aprendizado e também absorver suas melhores ideias. Regule as responsabilidades e os privilégios deles de acordo com a motivação de cada um.

96 · Empreendedorismo estratégico

O que fazer quando surgirem conflitos, mesmo depois que essas medidas forem tomadas?

Recordando o que já foi dito no capítulo, a primeira coisa que não se deve fazer é ignorar um conflito, seja ele subjacente ou declarado. Como empresário, você está envolvido na situação, goste ou não. Trate, portanto, de resolvê-la, começando por conhecer as causas do problema, lembrando que grande parte dos conflitos tem sua origem no medo e na necessidade de autoproteção.

O constante treinamento de seus chefes e reuniões regulares com cada um deles, para certificar-se de que a comunicação flui naturalmente e é utilizada para solucionar problemas, em vez de criá-los, é um hábito saudável que todo empresário deve cultivar com entusiasmo. De fato, pesquisas recentes sugerem que a facilitação da comunicação nas empresas, principalmente por ocasião da implantação de mudanças, reduz consideravelmente a resistência decorrente do medo ao desconhecido.

Estimule o entendimento entre as partes que apresentarem desavenças; você certamente terá de atuar como mediador e, muitas vezes, fará o papel de juiz. Conhecer seu pessoal é sua obrigação, mas os fatos que cercam situações conflitantes nem sempre fazem parte de seu acervo de informações. Diante da necessidade de resolver problemas dessa natureza, informe-se sobre os componentes da situação e certifique-se de interpretar os fatos com imparcialidade.

Procure ouvir aquilo que seus funcionários têm a dizer e não se assuste se os fatos que tiverem a expor forem completamente diversos daqueles que você coletou. Lembre-se de que os antagonistas possuem experiências, sentimentos e pontos de vista diferentes e, portanto, nada impede que essas experiências, sentimentos e pontos de vista sejam diferentes dos seus.

Como mediador, seu papel será promover o entendimento entre as partes conflitantes. Mantenha, portanto, suas emoções sob controle e estimule a criatividade de seus funcionários na busca de soluções, sem valer-se da sua autoridade para pôr fim à questão.

Atue como "juiz" apenas se o acordo se tornar impossível.

? Questões

1. Existe um estilo certo para se lidar com conflitos? Qual seria e por qual razão é considerado correto?
2. Considerando que consultoria e assessoria representam custos para os empreendedores, qual sugestão você proporia?
3. Que tipos de programas de apoio empresarial existem e quais instituições você conhece que promovem programas de consultoria e de assessoria? De quantos programas já participou?

4. Caso, em sua empresa, tenham sido implementadas sugestões originárias de uma consultoria, assessoria ou de outras formas de apoio, quais deram resultados considerados satisfatórios? Justifique.

5. Das situações propostas neste capítulo, como a sua empresa lida com as pressões externas?

Referências bibliográficas

CARVALHO, A. C; NASCIMENTO, L. P. *Administração de recursos humanos*. v. 2. 2.ed. São Paulo: Cengage Learning, 2012.

CAVALCANTI, M. et al. *Gestão estratégica de negócios*. São Paulo: Thomson Learning, 2006.

EDELMAN, J.; CRAIN, M. B. *O tao da negociação*. 2. ed. Rio de Janeiro: Record, 1998.

ELTZ, F.; Veit, M. *Consultoria interna*. Bahia: Casa da Qualidade, 1999.

FISHER, R; URY, W.; PATTON, B. *Como chegar ao sim*: a negociação de acordos sem concessões. 2. ed. Rio de Janeiro: Imago, 1994.

FLEURY, M. T. L. *Estratégias empresariais e formação de competências*: um quebra-cabeças caleidoscópio da indústria brasileira. 2. ed. São Paulo: Atlas, 2000.

OSWALDO, Y. *Planejamento estratégico e autogestão de carreira*: contextos, desafios e desenvolvimento: atenção plena no sucesso. 3. ed. São Paulo: Life, 2015.

ROBBINS, S. R. *Comportamento organizacional*. 8. ed. São Paulo: Prentice Hall, 2010.

RAGINS, B. R.; KRAM, K, E. *The Handbook of Mentoring at Work*: Theory, Research and Practice. California: Sages, 2007.

RYAN, K. D.; OESTREICH, D. K. *Eliminando o medo no ambiente de trabalho*. São Paulo: Makron Books, 1993.

SILVA, J. R. G. da; VERGARA, S. C. Sentimentos, subjetividade e supostas resistências à mudança organizacional. *Revista de Administração de Empresas* (RAE), v. 43, n. 3, p. 10-21, jul./set. 2003.

SILVA, R. O. da. *Teorias da administração*. São Paulo: Thomson Learning, 2001.

VECCHIO. R. P. *Comportamento organizacional*. 6. ed. São Paulo: Cengage Learning, 2008.

O chefe dos fiscais

Rose começou a fazer artesanato. Uma de suas especialidades era porta-retratos de madeira revestidos de cortiça com frisos dourados.

Um dos *hobbies* de Salim era criar marcas. Não teve dúvidas: denominou os produtos da esposa de Roseart. Confeccionou etiquetas prateadas e colocava em cada porta-retrato. Vendia somente na cidade e para o cliente final, quando decidiu expandir as vendas. Iniciou seu plano visitando lojas na cidade vizinha: Porto Ferreira.

Quando retornou de sua primeira visita, ao entrar na avenida Getúlio Vargas, que dá acesso à avenida São Carlos, um guarda o parou. Ficou preocupado quanto aos documentos (não se lembrava se estavam vencidos ou não). Quando estacionou, sentiu um frio na espinha, que percorreu todo o seu corpo até a ponta da unha do dedão do pé. Gelou... a viatura era do Posto Fiscal (ICMS).

Abordado por um fiscal, que olhou no interior do seu veículo e perguntou secamente:
– O que é isso aí?
– Porta-retratos, senhor.
– Tem nota fiscal?
– Senhor, pra dizer a verdade, estou desempregado e minha mulher está fazendo artesanato para o sustento nosso e de meu filho.
– Me dá um e me acompanhe até o chefe.

No curto caminho, Salim rezava para todos os santos o socorrerem. O chefe dele, um rapaz bem mais novo, escutou o que ele tinha a dizer, olhou para o porta-retrato e disse:
– Bonito. Quanto é?
– Cr$ 15,00.

Esse preço era mais baixo do que ele vendia. Pensou que, se dissesse o preço real, o fiscal desconfiaria de que não era artesanato, mas sim revenda.
– O senhor só tem desse tipo?
– Não, senhor; espere um pouco que eu trago outros modelos.

Correu para o carro. Sua cabeça estava confusa, mas não poderia perder aquela oportunidade.

– Senhor fiscal, aqui está: redondo, quadrado, retangular, sextavado. Olha este em forma de coração... que romântico para um presente.

– Fico com ele.

Não é que o fiscal meteu a mão no bolso e pagou o porta-retrato a Salim, que, na maior "cara de pau", pediu desculpas por não ter papel de presente para embrulhá-lo.

Saiu realizado. Além de não ter sido multado nem ter toda a mercadoria apreendida, conseguiu a proeza de vender um porta-retrato para o chefe dos fiscais.

5 O nascimento de uma pequena empresa

Carlos Eduardo Franchisqueti
Rubens Leonardo Marin
Janilson das Neves Pinheiros

Conteúdo

5.1 Divisão das empresas antes do novo Código Civil
5.2 Divisão das empresas após a vigência do novo Código Civil
5.3 Sociedades: conceituação
5.4 Constituição e legalização de empresas
5.5 Sistema tributário brasileiro
5.6 Considerações finais

Como jamais pedi favores ou privilégios; tenho provocado a ira dos pobres diabos que não acreditam que se possa vencer sem negócios fáceis ou favorecimentos. Minha vida tem sido de trabalho e mais trabalho.

JOSÉ ERMÍRIO DE MORAES

Objetivos do capítulo
O objetivo deste capítulo é fazer uma análise das formas de empresas e associações de pessoas de acordo com o novo Código Civil brasileiro, aprovado pela Lei n. 10.406, de 10/01/2002, que teve sua vigência a partir de 11/01/2003. Além disso, o capítulo fornecerá aos leitores a exata compreensão do que sejam empresas, em suas diversas formas de constituição, os tipos de tributação existentes, a melhor opção para cada tipo de empresa e os passos necessária para a constituição e a legalização de um empreendimento junto aos órgãos reguladores.

Entrando em ação
Anteriormente ao novo Código Civil brasileiro havia uma nítida divisão entre as sociedades mercantis, que são as indústrias e o comércio, e as atividades civis, que são as sociedades de prestação de serviços. Na busca de melhorar a compreensão sobre o assunto, inicialmente faz-se necessária uma abordagem do sistema que esteve em vigor sob a égide do antigo Código Civil de 1916, portanto, mais de oitenta anos.

Estudo de caso
Miranda, um indivíduo com muita criatividade, quer abrir um empreendimento juntamente com seu cunhado. Eles sabem que a legalização de uma empresa é um processo burocrático necessário, o qual precisa ser bem conduzido por um profissional competente. Sabem que possuem um foco apenas na parte material, que compreende a implantação do negócio, mas o processo de implantação envolve diversas dimensões dos aspectos legais. Assim, os sócios começam a questionar:

- Como devemos constituir a divisão da empresa no contrato social?
- Quais são os cuidados que devemos ter antes de iniciar a atividade empresarial?
- Quais documentos são necessários?
- Como faremos o registro na junta comercial?

Essas e outras questões serão respondidas e mais bem compreendidas com a ajuda dos tópicos estudados neste capítulo.

5.1 Divisão das empresas antes do novo Código Civil

Até a entrada em vigor do novo Código Civil brasileiro, a vida das organizações era gerida pelo Código Comercial brasileiro, instituído pela Lei n. 556, de 25/06/1850, ainda vigente e com mais de 150 anos, e também pelo antigo Código Civil, que esteve em vigor de 1916 até 11/01/2003. Os antigos ordenamentos jurídicos dividiam as empresas de acordo com as atividades por elas desenvolvidas, ou seja, uma sociedade constituída com o objetivo social de prestação de serviços seria considerada sociedade civil, tendo seu Contrato Social de constituição e alterações posteriores registrados no Cartório de Registro Civil das Pessoas Jurídicas (exceto as Sociedades Anônimas e outras previstas em Lei), enquanto uma sociedade constituída com o objetivo de exercer atividades de indústria e/ou comércio era considerada mercantil, e seu Contrato Social de Constituição e alterações posteriores deveriam ser registrados nas Juntas Comerciais do Estado em que se localizasse sua sede (aqui se incluem todas as Sociedades Anônimas).

Da mesma forma eram tratados os empreendedores que desejassem, sem o concurso de outras pessoas (sócios), abrir qualquer negócio mercantil individualmente (comércio/indústria, mesmo que prestasse juntamente qualquer serviço); constituíam, portanto, a chamada Firma Individual, que deveria ser registrada nas Juntas Comerciais do Estado em que se localizasse sua sede. Aquele que individualmente desejasse desenvolver atividade exclusivamente de prestação de serviços deveria registrar-se na qualidade de autônomo, na prefeitura de sua residência.

● 5.2 Divisão das empresas após a vigência do novo Código Civil

As caracterizações apresentadas no item anterior sucumbiram com o advento do novo Código Civil brasileiro, passando a existir as figuras do *empresário*, do *autônomo* e das *sociedades empresárias* e *sociedades simples.*

No atual sistema jurídico, não se leva mais em consideração a atividade desenvolvida pela empresa — se comércio, indústria ou serviços — mas sim o aspecto econômico de sua atividade, ou seja, fundamenta-se na teoria da empresa.

Atualmente, com a vigência do novo Código Civil, se uma pessoa pretender desenvolver alguma atividade profissional individualmente, ou seja, sem o concurso de nenhum sócio, enquadrar-se-á como *empresário* ou *autônomo,* de acordo com a maneira como vai atuar; caso essa mesma pessoa prefira juntar-se a outras, na condição de sócios, para explorarem alguma atividade, deverão constituir uma sociedade, que poderá ser uma *sociedade empresária* ou uma *sociedade simples.*

● 5.2.1 Empresário

Com o advento do novo Código Civil, a figura da firma individual anteriormente existente foi substituída pela do *empresário.* Portanto, as pessoas que antes constituíram firmas individuais legalmente registradas nas Juntas Comerciais dos Estados, passaram a ser, por força da nova Lei, denominadas empresários ou firmas empresárias; consequentemente, muitos empreendedores que atuavam na condição de autônomos passaram à condição de empresários, de acordo com a forma de atuação.

De acordo com o artigo 966 do Código Civil, considera-se empresário quem exerce profissionalmente atividade econômica organizada para a produção ou a circulação de bens ou serviços, sendo essa, portanto, sua conceituação.

Para facilitar o entendimento do conceito de empresário, é necessário verificar o transcrito na exposição de motivos do novo Código Civil:

- Exercício de atividade econômica e, por isso, destinada à criação de riqueza pela produção de bens ou serviços ou pela circulação de bens ou serviços produzidos.
- Atividade organizada por meio da coordenação dos fatores da produção — *trabalho, natureza* e *capital* — em medida e proporções variáveis, conforme a natureza e o objeto da empresa.
- Exercício praticado de modo habitual e sistemático, ou seja, profissionalmente, o que implica dizer em *nome próprio* e *com ânimo de lucro*.

O empresário pode enquadrar-se como Microempresa (ME) ou Empresa de Pequeno Porte (EPP), desde que atenda aos requisitos da Lei Complementar n. 123, de 14/01/2006. Também pode ser um Microempreendedor Individual (MEI), que trabalha por conta própria, como um pequeno empresário, e não tem participação em outra empresa como sócio ou titular, conforme Lei Complementar n. 128, de 19/12/2008, que detalha as condições especiais para transformar o trabalhador informal em um microempresário individual.

O enquadramento do empresário pode dar-se também como Empresa Individual de Responsabilidade Limitada (Eireli), criada pela Lei n. 12.441, de 11/01/2011, constituída por uma única pessoa, titular da totalidade do capital social, devidamente integralizado, que não poderá ser inferior a cem vezes o maior salário-mínimo vigente no País. Seu titular não responderá com seus bens pessoais pelas dívidas da empresa e poderá somente figurar em uma única empresa dessa modalidade.

● 5.2.2 Autônomo

Não existe no novo Código Civil uma definição de autônomo; todavia, o parágrafo único do citado artigo 966 nos leva a compreender que quem não é considerado empresário, mas desenvolve atividade de forma individual, enquadra-se perfeitamente na figura do autônomo. Para elucidar isso, verifique o que reza o parágrafo único do artigo 966 do novo Código Civil:

> *Não se considera empresário*: aquele que exerce profissão intelectual, de natureza científica, literária ou artística, mesmo se contar com auxiliares ou colaboradores, salvo se o exercício da profissão constituir elemento de empresa.

O que se entende, portanto, como elemento de empresa? Como elemento de empresa entende-se a atividade desenvolvida por ela, isto é, o seu Objeto Social e a forma como está organizada.

Concluindo, autônomo é a pessoa que atua por conta própria, individualmente, sem sócio, exercendo atividade de profissão legalmente regulamentada, ou seja, o profissional liberal, como advogado, dentista, médico, engenheiro, arquiteto, contador etc., que, na prática, vende serviços de natureza intelectual, ainda que no desenvolver de suas tarefas utilize serviços de auxiliares.

 ## 5.3 Sociedades: conceituação

Na busca do entendimento ao presente tópico, é necessário, em primeiro lugar, que se verifique a conceituação do que seja sociedade.

As sociedades são classificadas em Personificadas e Não Personificadas:
- **Sociedades não personificadas** • São as sociedades comuns e as sociedades em conta de participação.
- **Sociedades personificadas** • São classificadas em Não Empresariais e Empresariais; ao falar em sociedades não empresariais, referimo-nos às chamadas "sociedades simples" e às "cooperativas", as quais estão regulamentadas pelo parágrafo único do artigo 982 da Lei n. 10.406/02; já as sociedades empresariais são aquelas constituídas na forma de sociedade em Nome Coletivo, Sociedade em Comandita por Ações, Sociedade em Comandita Simples, Sociedade Limitada e Sociedade Anônima.
- **Conceito de sociedade** • Celebram contrato de sociedade as pessoas que reciprocamente se obrigam a contribuir com bens ou serviços para o exercício da atividade econômica (um ou mais negócios determinados) e a partilha, entre si, dos resultados (Código Civil, art. 981, § único).

Portanto, pessoas que se associam dessa forma não são autônomos nem empresários, haja vista que atuam individualmente, mas sim constituem uma autêntica sociedade.

A figura da sociedade verifica-se quando mais de uma pessoa, com os mesmos propósitos e objetivos econômicos, se reúne com a finalidade de realizar negócios em conjunto e partilhar os resultados entre si.

 ### 5.3.1 Sociedade empresária

A sociedade empresária tem por objeto o exercício de atividade própria de empresário sujeito a registro, inclusive a sociedade por ações, independentemente de seu objeto, devendo inscrever-se na Junta Comercial do respectivo Estado (Código Civil, art. 981, § único).

Sociedade empresária é aquela que exerce de forma profissional certa atividade econômica organizada para a produção ou a circulação de bens ou serviços, constituindo elemento de empresa. Conclui-se, portanto, que sociedade empresária é entendida como a reunião de dois ou mais empresários, com a finalidade de exploração, em conjunto, de atividades econômicas.

 ### 5.3.2 Sociedade simples

As *sociedades simples* são aquelas em cujo quadro social existem sócios, pessoas que exercem profissão intelectual (gênero), de natureza científica, literária ou artística (espécies), mesmo contando com auxiliares ou colaboradores, salvo se o exercício da profissão constituir elemento de empresa. Portanto, pode-se afirmar que sociedade simples é a reunião de duas ou mais pessoas que, reciprocamente, se obrigam a contribuir com bens ou serviços para o exercício da atividade econômica escolhida e a partilha entre si dos resultados, sem, contudo, ter por objeto o exercício de atividade própria de empresário.

 ## 5.4 Constituição e legalização de empresas

Independentemente da atividade econômica, o processo de constituição e legalização de empresas em todos os Estados brasileiros é muito parecido, até mesmo porque obedecem aos preceitos do novo Código Civil brasileiro.

É de vital importância que o empreendedor, antes de iniciar qualquer atividade empresarial, cerque-se de alguns cuidados; isso será o ponto de partida para o sucesso ou o insucesso do empreendimento pretendido.

Sugere-se, portanto, a observância mínima dos passos a seguir, que pode possuir algumas particularidades de um Estado para outro, e até mesmo de uma cidade para outra.

1º Passo • Precauções a serem observadas
O empreendedor deve escolher um local apropriado à exploração do negócio pretendido, observando detalhes como: localização, movimento de pessoas, existência de força elétrica e voltagem dessa força, se existe facilidade em instalar telefones, se há precedentes de enchentes naquele local, ainda que há muitos anos, se existe facilidade de estacionamento para os clientes e os fornecedores, condições de acesso por transporte público, estado de conservação do imóvel e facilidades de adaptação para uso na atividade pretendida etc.

Verificar na Prefeitura local ou na Regional da Prefeitura:
- Se o imóvel a ser utilizado está regularizado e apto a receber o empreendimento, ou seja, se possui Habite-se.

Capítulo 5 　　　　　　　　　　　　　　　　O nascimento de uma pequena empresa • **107**

- Se é permitido o desenvolvimento da atividade pretendida naquela região, bairro, rua, se está enquadrada dentro da Lei de Zoneamento do Município.
- Se o IPTU do imóvel está quitado.
- Condições de licenciamento para a instalação de placas e letreiros indicativos da empresa e sua atividade, as chamadas placas indicativas e *outdoors*.
- Se existe ou não algum impedimento para a empresa estabelecer-se naquele endereço com a atividade pretendida (isso deve ser verificado junto aos órgãos Estadual e Municipal do Meio Ambiente e de Controle de Atividades Poluentes).
- Condições para a obtenção do Alvará de Funcionamento, de acordo com a atividade pretendida (isso deve ser investigado junto à Vigilância Sanitária Estadual e Municipal).
- Exigências para a obtenção do Alvará do Corpo de Bombeiros da cidade sede da empresa, ou, se não houver, procurar o órgão municipal responsável por tal atividade.
- Em caso de imóvel alugado, é de primordial importância negociar o preço do aluguel, a data de pagamento, o prazo de locação (atualmente, nos casos de aluguel comercial, o prazo é de 36 meses), para não onerar os resultados da atividade. Também, caso queiram os contratantes, o Contrato de Aluguel pode ser registrado no Cartório de Registro de Títulos e Documentos.

2º Passo • Escolha do tipo de sociedade
Os empreendedores, ao associarem-se em sociedade para o desenvolvimento de certa atividade, devem decidir com muita precaução sobre a forma de constituição da sociedade, verificando a legislação específica para cada tipo de sociedade, buscando a orientação de profissional competente.

Os principais tipos de sociedades previstos na Lei brasileira são:

- Sociedade em nome coletivo.
- Sociedade em comandita simples.
- Sociedade em comandita por ações.
- Sociedade anônima.
- Sociedade limitada.

De todos os tipos de sociedades existentes no Brasil, as constituídas sob a forma de Sociedades Anônimas e as Limitadas são as mais comuns, possivelmente em razão de estar a responsabilidade dos sócios limitada em relação à sociedade e a terceiros, enquanto os demais tipos societários possuem sócios que respondem ilimitadamente pelas obrigações sociais. Somente à guisa de informação, segundo pesquisas efetuadas no site do Departamento Nacional de Registro do Comércio (DNRC), de todas as empresas ali registradas no período de 1985 a 2001, aproximadamente 99% foram sociedades por quotas de responsabilidade limitada.

3º Passo • Nome da empresa e os tipos de sociedade

O passo seguinte é a escolha do nome da empresa. Dependendo do tipo de sociedade escolhida, o nome a ser adotado poderá ser em forma de denominação social ou firma. Equipara-se ao nome empresarial a denominação das sociedades simples, associações e fundações.

O fato de os sócios inscreverem o nome da empresa (firma ou denominação social) no respectivo órgão de registro (juntas comerciais), ou seja, arquivarem o Contrato Social de Constituição, assegura o seu uso exclusivo nos limites do respectivo Estado; as juntas comerciais não registram mais de uma empresa com a mesma denominação social no mesmo Estado. Entretanto, caso o empreendedor pretenda estender a exclusividade da denominação social para todo o território nacional, terá de efetuar seu registro junto ao Instituto Nacional de Propriedade Industrial (INPI).

Ocorrendo o falecimento ou a saída de qualquer sócio de uma sociedade, os sócios restantes deverão, de imediato, proceder à alteração do Contrato Social da Sociedade, excluindo o sócio retirante, e suas quotas/ações serão assumidas por um ou mais herdeiros ou pelos sócios sobreviventes; e é obrigatório constar no novo Contrato essa ocorrência de forma clara e objetiva.

a. Sociedade em nome coletivo (Cia. ou Companhia)

Modalidade pouco utilizada, a sociedade em nome coletivo tem características comerciais, é composta por mais de um sócio, exclusivamente pessoas físicas, e todos respondem solidária e ilimitadamente pelas obrigações sociais (Código Civil, art. 1.039).

Na razão social desse tipo de sociedade deve obrigatoriamente constar o nome de um ou mais sócios. Quando na razão social estiver contido o nome de somente um dos sócios, este deve ser seguido da expressão "e Companhia" ou "e Cia.".

A administração da sociedade em nome coletivo compete exclusivamente aos sócios (Código Civil, art. 1.043), e, ao contrário do que ocorre nas sociedades simples, o credor de sócio não pode pretender a liquidação da quota do devedor.

b. Sociedade em comandita simples

Dessa modalidade participam sócios de duas categorias: os comanditados, pessoas físicas, que participam com capital e trabalho, responsáveis solidária e ilimitadamente pelas obrigações sociais, e os comandatários, que, por sua vez, aplicam somente capital, sem participar da gestão da empresa, e, dessa maneira, respondem somente pelo valor de sua quota (Código Civil, art. 1045).

Por característica, a administração dessa sociedade é exercida prioritariamente pelo sócio comanditado; no entanto, caso o sócio comanditário venha a exercer qualquer ato de gestão, passará à condição de responsabilidade solidária e ilimitada (Código Civil, art. 1.047).

c. Sociedade em comandita por ações

O novo Código Civil manteve esse tipo societário regulado por legislação especial, da mesma forma que sociedade anônima, manifestando essa disposição em seu artigo 1.090, no qual determina que a sociedade em comandita por ações tem o capital dividido em ações, regendo-se pelas normas relativas à sociedade anônima (Lei n. 6.404/76 e alterações posteriores), sem prejuízo das modificações constantes em seus artigos 1.090 a 1.092, e opera sob firma ou denominação.

No que se refere à administração da sociedade em comandita por ações, o novo Código Civil, em seu artigo 1.091, determina que somente o acionista tem qualidade para administrar a sociedade e, como diretor, responde subsidiária e ilimitadamente pelas obrigações da sociedade. Na hipótese de haver mais de um diretor, estes serão solidariamente responsáveis, depois de esgotados os bens sociais.

Os diretores, nesse tipo de sociedade, deverão ser nomeados no ato constitutivo da sociedade, sem limitação de tempo, e somente poderão ser destituídos por deliberação de acionistas que representem, no mínimo, dois terços do Capital Social.

Ocorrendo a destituição de qualquer diretor, sua responsabilidade não cessa imediatamente à sua saída. Assim, o diretor destituído ou exonerado continua, durante dois anos, responsável pelas obrigações sociais contraídas sob sua administração.

O Código Civil determina ainda, em seu artigo 1.092, que a assembleia geral não pode, sem o consentimento dos diretores, mudar o objeto essencial da sociedade, prorrogar-lhe o prazo de duração, aumentar ou diminuir o capital social e criar debêntures ou partes beneficiárias.

d. Sociedade anônima

O estado completo da sociedade anônima é bastante extenso e, por isso mesmo, aqui trataremos apenas dos assuntos mais importantes.

O Código Civil, ainda que tenha regulado os tipos societários do direito brasileiro, evitou normatizar a sociedade por ações, incluindo somente dois artigos sobre o tema, deixando, assim, que essa matéria continuasse sendo regida por legislação específica, ou seja, a Lei n. 6.404/76, que regula a forma de constituição, funcionamento, e expressa detalhadamente todas as características e operacionalização das S.A.s.

A Lei n. 6.404/76, ou Lei das Sociedades Anônimas, como é conhecida, contempla até mesmo as questões contábeis, inclusive no que se refere a critérios de classificação e avaliação dos elementos patrimoniais, ativo, passivo e patrimônio líquido, bem como da elaboração das demonstrações contábeis.

O artigo 1.088 do Código Civil expressa que, na sociedade anônima ou companhia, o Capital Social se divide em ações, obrigando-se cada sócio ou acionista somente pelo preço de emissão das ações que subscrever ou adquirir, o que, de certa forma, contempla os dizeres do artigo 1º da Lei n. 6.404/76.

O outro artigo do código que se refere à sociedade anônima tão somente reforça o princípio da especialidade, em que a lei especial prevalece sobre a lei geral em matéria específica. Assim, o artigo 1.089 determina que a sociedade anônima se rege por lei especial (a Lei n. 6.404/76, com as alterações posteriores), aplicando-se a ela, nos casos omissos, as disposições desse Código.

A sociedade anônima é tipicamente empresarial e não é permitida sua constituição para fins não empresariais. Dessa forma, de acordo com o parágrafo único do artigo 982 do Código Civil, a exemplo do exposto parágrafo primeiro do artigo 2º da Lei n. 6.404/76, as sociedades anônimas, independentemente de seu objeto, serão sempre consideradas sociedades mercantis ou empresárias. Portanto, em nenhuma hipótese poderá ser constituída uma sociedade simples (não mercantil ou empresária) na modalidade de Companhia ou S.A.

As *sociedades anônimas* são constituídas de estatuto social, e não de contrato, como as demais sociedades. O estatuto social de uma S.A. deverá definir o objeto de modo preciso e completo, podendo até mesmo ter por objeto a participação em outras sociedades. Ainda que não prevista no estatuto, a participação é facultada como meio de realizar o objeto social, ou para beneficiar-se de incentivos fiscais (Lei n.6.404/76, art. 2º, §§ 2º e 3º).

Quanto à composição das ações, as empresas constituídas sob a modalidade de sociedade anônima podem ser de dois tipos:

1. A *companhia aberta* é aquela que disponibiliza seus valores mobiliários (como ações, etc.) para negociação no mercado por meio da Bolsa de Valores.
2. A *companhia fechada* é aquela cujas ações pertencem somente aos acionistas constantes no estatuto social; essas companhias não negociam no mercado de ações.

É importante frisar que apenas os valores mobiliários de emissão de companhia registrada na Comissão de Valores Mobiliários (CVM) podem ser negociados no mercado de valores mobiliários. Portanto, nenhuma distribuição pública de valores mobiliários será efetivada no mercado sem prévio registro na CVM (Lei n. 6.404/76, art. 4º, §§ 1º e 2º).

Da mesma forma que os demais tipos societários, como a sociedade limitada, o artigo 7º da referida Lei das S.A.s estabelece que o capital social da companhia poderá ser formado com contribuições em dinheiro ou em qualquer espécie de bens suscetíveis de avaliação em dinheiro.

O acionista interessado em integrar bens ao capital social de uma S.A. não possui livre-arbítrio na estipulação de seus valores; de acordo com as regras objetivas estatuídas no artigo 8º e parágrafos da Lei n. 6.404/76, é obrigatório realizar avaliação de bens para efeitos de integralização de capital social.

Em obediência aos preceitos do citado artigo 8º da Lei das S.A.s, a avaliação deve obrigatoriamente ser feita por três peritos ou por empresa especializada, os quais deverão ser nomeados em assembleia geral dos subscritores (acionistas), convocada em tempo hábil pela imprensa e presidida por um dos fundadores, instalando-se em primeira convocação com a presença mínima de subscritores que representem metade do capital social, e em segunda convocação, com qualquer número deles.

Os peritos ou a empresa avaliadora deverão apresentar laudo fundamentado, com a indicação dos critérios de avaliação e dos elementos de comparação adotados e instruídos com os documentos relativos aos bens avaliados, e deverão estar presentes na assembleia a que se der a conhecer o laudo, a fim de prestar as informações que lhes forem solicitadas. Se o subscritor aceitar o valor aprovado pela assembleia, os bens serão incorporados ao patrimônio da companhia, competindo aos primeiros diretores cumprir as formalidades necessárias à respectiva transmissão. Todavia, se a assembleia ou o subscritor não aprovar o laudo representativo dos valores reavaliados, a avaliação ficará sem efeito, prejudicando, dessa forma, o projeto de constituição da companhia ou até mesmo o pretendido aumento do capital social. Caso a reavaliação seja aceita por ambos, assembleia e subscritores, o valor dos bens a serem incorporados ao capital social não poderá ultrapassar ao valor reavaliado.

Dada a importância da questão da avaliação dos bens para fins de integralização do capital social, o parágrafo 5º do artigo 8º da Lei das S.A.s determina que se aplica à assembleia referida nesse artigo o disposto nos parágrafos 1º e 2º do artigo 115 da mesma Lei, que trata exatamente do abuso do direito de voto e conflito de interesses.

Determina o *caput* do artigo 115 que o acionista deve exercer o direito de voto no interesse da companhia, sendo considerado abusivo o voto exercido com o fim de causar dano à companhia ou a outros acionistas, ou de obter, para si ou para outrem, vantagem a que não faz jus e da qual resulte, ou possa resultar, prejuízo para a companhia ou para outros acionistas.

Em decorrência do exposto, expressa o parágrafo 1º do artigo 115 que o acionista não poderá votar nas deliberações da assembleia geral relativas ao laudo de avaliação de bens com que concorrer para a formação do capital social e à aprovação de suas contas como administrador, nem em quaisquer outras que puderem beneficiá-lo de modo particular ou nas quais tiver interesses conflitantes com os da companhia.

Por outro lado, de acordo com o parágrafo 2º do mesmo artigo, se todos os subscritores forem condôminos de bem com que concorreram para a formação do capital social, poderão aprovar o laudo sem prejuízo da responsabilidade de que trata o parágrafo 6º do artigo 8º.

É responsabilidade também dos avaliadores e do subscritor, que responderão perante a companhia, os acionistas e os terceiros, pelos danos que lhes causarem por culpa ou dolo na avaliação dos bens, sem prejuízo da responsabilidade penal em que tenham incorrido. No caso de bens em condomínio, a responsabilidade dos subscritores é solidária.

De conformidade com artigo 109 da Lei das Sociedades Anônimas, nem o estatuto social nem a assembleia geral poderão privar o acionista dos direitos, quais sejam:

1. Participar dos lucros sociais.
2. Participar do acervo da companhia, em caso de liquidação.
3. Fiscalizar, na forma prevista nessa lei, a gestão dos negócios sociais.

4. Preferência para a subscrição de ações, partes beneficiárias conversíveis em ações, debêntures conversíveis em ações e bônus de subscrição, observado o disposto nos artigos 171 e 172.

O artigo 1.020 do Código Civil, buscando manter o direito à fiscalização da gestão dos negócios por parte dos acionistas, determina que os administradores são obrigados a prestar aos sócios contas justificadas de sua administração e apresentar-lhes anualmente o inventário, o balanço patrimonial e as demais demonstrações financeiras pertinentes. A matéria que regula as Sociedades Anônimas é bastante extensa e às vezes conflituosa; para melhor elucidação do assunto, segue a legislação que regulou e/ou regula a Sociedade Anônima: Decreto-Lei n. 2.627, de 26/09/1940; Lei n. 6.385, de 7/12/1976; Lei n. 6.404, de 15/12/1976; Lei n. 9.457, de 5/05/1977; Lei n. 10.194, de 14/02/2001, Lei n. 10.303, de 31/10/2001 e Lei n. 11.638/2007.

e. Sociedade limitada

As sociedades limitadas, apesar de não obrigadas, adotam os preceitos da Lei n. 6.404/76 das Sociedades Anônimas naquilo que não for específicos das S.A.s.

A sociedade limitada pode adotar firma ou denominação, integradas pela palavra final "limitada" ou a sua abreviatura. A firma será composta com o nome de um ou mais sócios, desde que pessoas físicas, de modo indicativo da relação social, enquanto a denominação deve designar o objeto da sociedade, sendo permitido nela figurar o nome de um ou mais sócios.

O nascimento de uma sociedade limitada dá-se pela elaboração do contrato social escrito, público ou particular, sendo este o documento básico e indispensável à constituição de uma sociedade limitada. Nele deverão constar as cláusulas obrigatórias e, se for o caso, as cláusulas complementares definidas pelos sócios, desde que não contrárias à legislação vigente e aos bons costumes.

O contrato social deve ser elaborado cuidadosamente, atendendo às exigências do novo Código Civil brasileiro; todavia, em decorrência do próprio negócio e de relações posteriores entre os sócios e até mesmo com terceiros, poderão surgir situações em que a solução não está prevista no instrumento constitutivo.

Diante de circunstâncias dessa natureza, os sócios e a sociedade não poderão ficar inertes e insolúveis. A solução está prevista no próprio código, em que o artigo 1.053 estabelece que a sociedade limitada se rege, nas omissões do capítulo IV (artigos 1.052 a 1.087), pelas normas da sociedade simples, ou seja, se não estiver previsto no contrato social outra forma de solução, aplica-se como regra geral o disposto para a sociedade simples (artigos 997 a 1.038). Isso não implica dizer que os sócios não possam procurar outras alternativas, inclusive, se não desejarem aplicar supletivamente as normas da sociedade simples para suprir as omissões ou as lacunas do contrato social, deverão expressar no contrato social uma cláusula afirmando que, para a regência supletiva da sociedade limitada, objeto da constituição, será aplicado o disposto na legislação que rege a sociedade anônima — Lei n. 6.404/76, com alterações posteriores. Até porque nem toda matéria omissa no contrato ou no capítulo da sociedade limitada (artigos 1.052 a 1.087) pode ser objeto de aplicação de disposições supletivas da sociedade anônima. Essas disposições supletivas somente são aplicáveis em matérias que sejam de livre negociação entre os sócios e que não venham a contrariar a legislação específica nem sejam proibidas. Em outras palavras, só se aplica a legislação supletiva sobre aquilo que livremente pode ser inserido no contrato social.

É bom observar que, antes de escolher como legislação supletiva, se sociedade anônima ou sociedade simples, é indispensável que sejam examinadas atentamente as implicações de cada caso, lembrando ainda que, não havendo escolha da legislação da sociedade anônima, automaticamente aplica-se a legislação da sociedade simples como supletiva para a sociedade limitada.

É de se destacar que, em razão das duas alternativas que dispõem os sócios para a regência supletiva da sociedade limitada, fica claro o entendimento de que o Código Civil praticamente criou dois subtipos de sociedade:

1. A sociedade limitada de regência supletiva na sociedade simples.
2. A sociedade limitada de regência supletiva na sociedade anônima.

Na primeira hipótese (primeiro subtipo), se a sociedade tiver sido constituída por tempo indeterminado, que é o mais comum, qualquer sócio pode dela se retirar por livre e espontânea vontade, sem a necessidade de qualquer justificação, importando para tal que notifique por escrito os demais sócios com antecedência mínima de 60 dias. O sócio, ao retirar-se da sociedade, causa uma dissolução parcial, tendo, portanto, direito ao reembolso de suas quotas de participação societária ou, caso exista a obrigatoriedade, de suportar os prejuízos havidos durante sua permanência na gestão da empresa.

Com essa flexibilidade de autoexclusão (artigo 1.029, retirada imotivada de sócio de sociedade simples, aplicado de forma supletiva) do sócio sem motivo justificado, a sociedade limitada, em tais condições, poderá passar por uma instabilidade no vínculo societário, provocando uma dissolução parcial, podendo até mesmo causar a inviabilidade de continuidade da sociedade e, inclusive, a saída do sócio tornar a empresa inviável.

Na segunda hipótese (segundo subtipo), em que as normas a serem aplicadas são as mesmas concernentes à sociedade anônima como fonte supletiva, a sociedade limitada goza de maior estabilidade do quadro societário, não sendo possível a dissolução parcial da sociedade, haja vista não existir previsão na Lei da Sociedade Anônima (nesse caso, fonte supletiva) de nenhum dispositivo legal para a dissolução parcial da sociedade. Por outro lado, nesse segundo subtipo de sociedade limitada, não é possível a autoexclusão do sócio sem motivo justificado a que se refere o artigo 1.029 do Código Civil (sociedade simples), que, nessa hipótese, não foi escolhida como fonte supletiva.

Concluindo, poderá haver a dissolução parcial da sociedade limitada que adota as normas da sociedade simples como regência supletiva, nas seguintes situações:

1. Morte de sócio (artigo 1.028).
2. Liquidação das quotas por requerimento de credor (artigo 1.026).
3. Retirada imotivada de sócio (artigo 1.029).
4. Retirada com motivo justificado (artigo 1.077).

No caso de sociedade que adota como regência supletiva os ditames da sociedade anônima, poderá haver dissolução parcial somente nos casos já previstos no próprio capítulo da sociedade limitada, que são os seguintes:

1. Quando houver modificação do contrato, fusão da sociedade, incorporação de outra sociedade ou dela por outra (artigo 1.077).
2. Expulsão de sócio, o que poderá ocorrer quando a maioria dos sócios, representativa de mais da metade do capital social, entender que um ou mais sócios estão pondo em risco a continuidade da empresa, em razão de atos de inegável gravidade. Essa possibilidade deverá estar prevista no contrato social.

Quanto à regência supletiva nas sociedades limitadas, merece destaque a questão do desempate nas deliberações dos sócios. Se escudada na sociedade simples, o desempate deverá obedecer ao disposto no artigo 1.010, em seu parágrafo 2°, no qual prevalece a decisão sufragada por maior número de sócios no caso de empate, e, se este persistir, decidirá o juiz. É, portanto, de suma importância no caso de desempate o número de sócios, pois somente permanecendo o empate é que haverá interferência do juiz.

Entretanto, se a sociedade limitada adotar a regência supletiva com base nas normas da sociedade anônima, o critério de desempate obrigatoriamente será outro: o que prevalecerá sempre será a quantidade de ações (quotas) de cada sócio.

Ratificando o exposto, determina o artigo 129 da Lei das Sociedades Anônimas (n. 6.404/76) que as deliberações da assembleia geral, ressalvadas as exceções previstas em lei, serão tomadas por maioria absoluta de votos, não se computando os votos em branco.

Os parágrafos primeiro e segundo do referido artigo determinam que o estatuto da companhia fechada pode aumentar o quórum exigido para certas deliberações, desde que especifique as matérias. Em caso de empate, se o estatuto não estabelecer procedimento de arbitragem e não contiver norma diversa, a assembleia será convocada, com intervalo mínimo de dois meses, para votar a deliberação; se permanecer o empate e os acionistas não concordarem em cometer a decisão a um terceiro, caberá ao Poder Judiciário decidir, no interesse da companhia.

É certo, portanto, que, caso a sociedade limitada adote as normas da sociedade anônima como fonte supletiva, em nenhuma hipótese prevalecerá a maioria em termos de quantidade de sócios para a decisão nas deliberações em caso de empate, mas sim a maioria absoluta de votos.

Quanto aos administradores da sociedade limitada, a Lei n. 12.375/10 alterou o artigo 1.061 do Código Civil, possibilitando a sua designação quando os não sócios sem que haja a obrigatoriedade do contrato social previrem em seu ato constitutivo essa nomeação.

Outra questão de vital importância na gestão das sociedades limitadas é a distribuição dos lucros nos dois subtipos de sociedade limitada. Para o subtipo que adota as normas da sociedade simples, é fundamental que os sócios minoritários negociem uma cláusula de distribuição dos lucros, pois, na ausência desta, a maioria dos sócios, a qualquer tempo, pode decidir pela não distribuição, deixando os minoritários sem alternativa. Já na hipótese da regência supletiva pela sociedade anônima, o contrato da sociedade limitada deverá prever a forma e o percentual de distribuição dos lucros, pois, na omissão, terá de distribuir pelo menos 50% do lucro ajustado, conforme estabelece o artigo 202 da Lei n. 6.404/76 das Sociedades Anônimas.

4º Passo • Documentos necessários à constituição
A documentação necessária à constituição e à legalização das empresas junto aos órgãos competentes sofre algumas variações, dependendo do Estado em que estiver sendo solicitado o arquivamento; todavia, é prudente solicitar dos sócios, no mínimo os documentos abaixo:

- Fotocópia autenticada de CPF, RG e comprovante de endereço dos sócios.
- Fotocópia simples da folha de rosto do IPTU da sede da empresa.
- Fotocópia autenticada do contrato de locação do imóvel sede da empresa, caso este seja alugado. Em alguns órgãos, é exigido contrato de locação registrado no Cartório de Registro de Títulos e Documentos.
- Se a atividade envolver prestação de serviços cuja profissão seja regulamentada, verificar as exigências e as formalidades do Conselho Regional da categoria profissional quanto à elaboração do contrato social, da formação societária e das responsabilidades técnicas.

5º Passo • Cláusulas mínimas do contrato social
Qualquer que seja a espécie de empresa, a sociedade se constituirá por meio de um contrato social, no caso das limitadas e firmas empresárias, ou de estatuto social, no caso das sociedades anônimas.

Os gestores da empresa a ser constituída têm liberdade para incluir cláusulas necessárias à boa gestão dos negócios; entretanto, existem cláusulas previstas no novo Código Civil que não podem deixar de ser contempladas no contrato social e/ou nos estatutos sociais, quais sejam:

- Nome empresarial (firma ou denominação social).
- Sede e foro.
- Qualificação completa dos sócios.

- Tipo societário.
- Objeto social.
- Capital social.
- A quota de cada sócio no capital social.
- Responsabilidade dos sócios (sociedade limitada).
- Se os sócios respondem ou não subsidiariamente pelas obrigações sociais (sociedades simples).
- Nomeação dos administradores e seus poderes (em contrato ou em ato separado).
- Prazo de duração da sociedade.
- O desimpedimento dos sócios em constituir sociedades:
  - Obrigatoriedade de levantamento das demonstrações financeiras anualmente.
  - Participação de cada sócio nos resultados (lucros ou prejuízos).

6º Passo • Regularização do empreendimento

1. Sociedade empresária — Registro da empresa

a. Registro na Junta Comercial

Como anteriormente citado, a sociedade empresária é aquela formada por duas ou mais pessoas que exercem profissionalmente a atividade econômica organizada para a produção ou a circulação de bens ou serviços, constituindo elemento de empresa.

As sociedades empresárias são registradas nas Juntas Comerciais dos Estados em que se localizarem. Se a matriz estiver, por exemplo, no Estado de São Paulo, terá seu ato constitutivo arquivado na Jucesp, mas se pretende abrir uma filial em outro Estado, como em Goiás, por exemplo, deverá obrigatoriamente efetuar o registro de abertura da filial na Junta Comercial do Estado da matriz (no caso Jucesp) e, posteriormente, em até 30 dias, efetuar o arquivamento desse mesmo ato instituidor da filial na Junta Comercial do Estado em que ela se localizar (no caso, de Goiás ou Jucego).

b. Passos a serem seguidos na Junta Comercial

- Elaborado o contrato social em três vias, efetuar busca da razão social na Junta Comercial. Não existindo colidência de nomes, seguir próximo passo.
- Preencher e imprimir o Cadastro Digital (formulário que deve ser baixado no site da respectiva Junta Comercial), assinar no local apropriado, pagar as taxas e levar para arquivamento na Junta Comercial.
- Juntamente com os documentos anteriormente citados, deve-se fornecer uma fotocópia autenticada do CPF e do RG dos sócios. Mais informações poderão ser obtidas na Junta Comercial do Estado de São Paulo (Jucesp), que traz, em seu site, todas as informações e os documentos necessários para se constituir uma empresa.

c. Passos na Receita Federal — Cadastro Nacional da Pessoa Jurídica — CNPJ

Todas as pessoas jurídicas, inclusive as equiparadas (empresário e pessoa física equiparados à pessoa jurídica), estão obrigadas a se inscreverem na Receita Federal.

Atualmente, com o advento da Receita Federal do Brasil, a inscrição no CNPJ e a Inscrição Estadual (no caso de São Paulo) é feito de forma conjunta, por meio de programa fornecido pela Receita Federal.

- De posse do contrato social ou do estatuto devidamente arquivado na Junta Comercial correspondente, deve-se, mediante a utilização do programa de geração do CNPJ, que pode ser baixado do site da Receita Federal, preencher os campos necessários e obrigatórios, todos com largas explicações por meio da tecla F1.
- No mesmo programa e no momento do primeiro preenchimento, sendo a empresa contribuinte do ICMS, deve ser anotada essa condição para a devida Inscrição no Estado e obtenção do número da Inscrição Estadual. Essa anotação vale apenas para os Estados que já firmaram convênio com a Receita Federal para a unificação dos cadastros de contribuintes, como é o caso de São Paulo.
- Os formulários preenchidos devem ser validados e enviados à Receita Federal mediante a utilização do programa Receitanet, também baixado do site da Receita Federal.
- Algumas horas após, deve-se consultar no próprio site da Receita Federal a liberação do documento denominado FCPJ, o qual deve ser impresso e assinado pelo representante legal da empresa, ter sua firma reconhecida e, juntamente com uma via autenticada do contrato social ou do estatuto, ser entregue no Posto Fiscal da Receita Federal, na jurisdição da sociedade, para a devida análise pelo pessoal interno, que, depois de fazê-la, libera o CNPJ e a Inscrição Estadual, estando, dessa forma, legalmente constituída a sociedade. Mais informações necessárias ao cadastro podem ser obtidas no site do Ministério da Fazenda.

d. Inscrição na prefeitura municipal

De modo geral, estão sujeitas à inscrição no Cadastro de Contribuintes Mobiliários das Prefeituras Municipais dos municípios brasileiros as seguintes pessoas:

- As pessoas físicas e jurídicas estabelecidas com atividades profissionais nos municípios.
- As pessoas que, embora não estabelecidas, exerçam atividades no município, sem relação de emprego (exceto trabalhadores avulsos, diretores e membros do conselho consultivo e fiscal de sociedades).
- Aqueles que, residentes ou domiciliados no município, prestam serviços fora dele, sem estabelecimento no local da prestação.
- Os que fazem qualquer espécie de anúncio ou exploram ou utilizam a divulgação de anúncios de terceiros.

A inscrição nas prefeituras obedece a regras próprias, sendo, portanto, impossível nesse momento uma descrição das rotinas e das exigências de cada prefeitura. No ato da inscrição, o responsável deve dirigir-se à Prefeitura local, obter as informações necessárias e proceder ao cumprimento das obrigações. Atualmente, quase todas as prefeituras possuem sites, nos quais se encontram orientações suficientes ao cumprimento da obrigação de registro.

2. Registro do empresário
O empresário atual é o correspondente à firma individual que existia antes do advento do novo Código Civil.

Qualquer pessoa física interessada em obter personalidade jurídica como empresário, ou seja, desenvolver uma atividade, seja de comércio, seja de prestação de serviços, deverá seguir os mesmos passos relacionados ao processo de constituição de uma sociedade empresária anteriormente descrito; no entanto, não há a obrigatoriedade, tampouco a possibilidade, de elaborar um contrato social nos moldes das sociedades, bastando preencher uma declaração própria exigida pelas Juntas Comerciais.

Na prática, a declaração de empresário substituiu o contrato da antiga "firma individual". Na constituição de uma firma empresária, ou seja, de uma única pessoa, é necessário baixar o programa Cadastro Digital de Empresário hospedado no site das Juntas Comerciais dos Estados, preencher os formulários, imprimi-los, pegar a assinatura do empresário, pagar uma taxa e entregar pessoalmente nos postos das Juntas Comerciais.

Concluído o arquivamento na respectiva Junta Comercial, os passos posteriores — na Receita Federal, na Secretaria da Fazenda Estadual e na Prefeitura — são idênticos aos praticados pela sociedade empresária.

3. Registro da sociedade simples
A sociedade simples, ou sociedade civil, adquire personalidade jurídica após o registro de seu contrato social, que pode ser tanto no Cartório de Registro de Títulos e Documentos das Pessoas Jurídicas como nas Juntas Comerciais.

Se a opção do empreendedor for registrar em Cartório, é necessário elaborar o contrato em quatro vias, pois uma fica no cartório, e solicitar o visto de um advogado no contrato social, que é uma exigência dos cartórios.

a. Documentos a serem apresentados no Cartório de Registro Civil de Pessoas Jurídicas
O pedido de arquivamento de contrato constitutivo será instituído com os seguintes documentos:
- Requerimento dirigido ao cartório, solicitando o arquivamento do Contrato.
- Quatro vias do contrato social, com todas as folhas vistadas pelos signatários, devendo a última ser assinada por todos os sócios, por duas testemunhas e pelo advogado (todas as assinaturas com firma reconhecida).
- Cópia autenticada do RG e do CPF dos sócios.

- Pagar a taxa de constituição da sociedade de acordo com o valor do capital social (nas Juntas Comerciais, o valor é fixo, independentemente do valor do capital social).

Os documentos a serem apresentados na Receita Federal e nas prefeituras locais seguem os mesmos procedimentos adotados para as sociedades empresárias.

4. Registro do autônomo

O *autônomo* é aquele profissional, pessoa física, que, mesmo desenvolvendo certa atividade profissional, não precisa obter o Cadastro Nacional de Pessoa Jurídica; exatamente por não se caracterizar dessa forma, continua, portanto, trabalhando na condição de pessoa física. Para desenvolver sua atividade legalmente, é necessário somente sua inscrição na Prefeitura local, na condição de autônomo, e na Previdência Social, buscando sua proteção quanto ao futuro ou até mesmo em caso de afastamento motivado por qualquer doença.

O autônomo, mesmo não sendo inscrito no CNPJ, poderá solicitar, junto à Prefeitura na qual se registrou, autorização para a confecção de notas fiscais que comprovem a prestação de serviços e sirvam como base para a apuração dos tributos devidos, entre os quais, destacamos:

a. Imposto Sobre Serviços (ISS)

A tributação do ISS para o autônomo normalmente é de 5% sobre o valor da nota fiscal, entretanto, essa alíquota varia de acordo com as prefeituras e, em alguns casos, também de acordo com a atividade desenvolvida.

b. Imposto de renda

O Imposto de Renda Retido na Fonte (IRRF) tem como base a Tabela Progressiva do Imposto de Renda, que muda de tempos em tempos mediante atos da Presidência da República, publicada no site da Receita Federal.

c. Tributos municipais

Os tributos municipais são particulares de cada prefeitura; portanto, é necessário obedecer à legislação específica. Os mais comuns são:
- Imposto Sobre Serviços de qualquer natureza (ISS), em que o percentual é estabelecido de acordo com a atividade exercida.
- Taxa de Fiscalização de Estabelecimento (TFE).
- Taxa de Fiscalização de Anúncios (TFA), caso existam placas ou anúncio.
- Declaração anual do Imposto de Renda Pessoa Física (IRPF).

d. Previdência Social ou Instituto Nacional do Seguro Social — INSS

O INSS tem de ser recolhido mensalmente mediante Guia de Recolhimento da Previdência Social (GPS) e é calculado levando-se em consideração o valor dos serviços prestados com enquadramento em tabela de contribuições publicadas no site da Previdência Social.

Uma situação complicadora para a contratação de serviços de autônomo pelas empresas consiste exatamente na carga previdenciária que as tomadoras de serviços são obrigadas a recolher a Previdência Social. Uma empresa tributada pelo Simples é obrigada a reter 11% sobre o valor da Nota Fiscal e recolher o valor retido na Previdência, enquanto uma empresa (chamada normal) tributada pelo Lucro Real ou Lucro Presumido, além de reter do autônomo os 11%, tem de recolher como encargo próprio mais 20% sobre o valor da Nota Fiscal, o que, de certa forma, é um exagero, pois o autônomo termina por contribuir com um percentual de 31% para a Previdência Social. Vejamos os exemplos:

Tomadora de Serviços - Tributada pelo Simples Federal	
Valor da nota fiscal do prestador autônomo	R$ 1.000,00
INSS: 11% retido sobre o valor da nota fiscal	R$ 110,00

Tomadora de Serviços - Tributada pelo Lucro Real ou Lucro Presumido	
Valor da nota fiscal do prestador autônomo	R$ 1.000,00
INSS: 11% retido sobre o valor da nota fiscal	R$ 110,00
INSS: 20% encargo da tomadora dos serviços	R$ 200,00

Verifica-se, portanto, que, se a tomadora dos serviços for tributada pelo Lucro Real ou Lucro Presumido, esta arcará com um custo adicional de 20% sobre os valores contratados, o que, de certa forma, dificulta ao autônomo a colocação de sua mão de obra junto ao mercado consumidor.

7º Passo • Licença de funcionamento — Prefeituras

Cada prefeitura tem suas particularidades, suas leis e suas normas, mas, apenas a título de contribuição adicional, citaremos o exemplo do Município de São Paulo, estatuído pela Lei n. 11.785/95, a partir da qual se conclui que nenhum imóvel poderá ser ocupado ou utilizado para instalação e funcionamento, independentemente da atividade a ser exercida, sem prévia licença de funcionamento expedida pela prefeitura.

Dispõe o artigo 1º, parágrafo único, da Lei n. 11.785/95:

A expedição de licença a que se refere este artigo ficará condicionada ao atendimento, por parte do munícipe, à legislação pertinente em vigor e, em especial, às normas de parcelamento, uso e ocupação do solo, de segurança, higiene, de sossego ao público, de proteção as crianças, adolescentes, idosos e portadores de deficiência e de proibição à prática do racismo ou qualquer discriminação atentatória aos direitos e garantias fundamentais.

Portanto, a expedição do Auto de Licença de Funcionamento pela Prefeitura do Município de São Paulo será realizada mediante a apresentação de declaração de que o estabelecimento está de acordo com o documento de regularidade apresentado e que se encontra em condição de higiene e habitalidade. Devem-se ainda anexar:
- O IPTU do imóvel.
- Cópia do Cadastro de Contribuintes Mobiliários (CCM) na Prefeitura Municipal.
- Taxa de Fiscalização de Estabelecimento (TFE), último DATRM quitado do exercício.
- Habite-se do imóvel sede da empresa.

8º Passo • Outras providências
A constituição e a legalização de empresas no Brasil são bastante morosas, complicadas e dispendiosas, haja vista a burocracia encontrada junto aos órgãos competentes. A regularização completa de um estabelecimento chega, às vezes, a mais de cem dias, dependendo da atividade a ser desenvolvida, causando quase sempre grande desestímulo aos empreendedores.

Cumpridos os sete passos anteriores, o empresário deverá ainda observar outras exigências previstas na legislação, necessárias à perfeita regularização da empresa:
- Registro no INSS: até 30 dias após o registro no CNPJ.
- Registro no Sindicato Patronal: até 30 dias após o registro no CNPJ.
- Alvará de Funcionamento expedido pela Vigilância Sanitária, no caso de empresas de fabricação, distribuição e importação de produtos alimentícios e medicamentosos de uso humano, saneantes, imunobiológicos, cigarros etc.
- Outros registros, conforme a atividade.

 ## 5.5 Sistema tributário brasileiro

A tributação das empresas brasileiras dá-se de quatro formas: Lucro Arbitrado, Lucro Real, Lucro Presumido e Simples Federal (ME e EPP).

5.5.1 Lucro arbitrado

Dessas quatro formas, o Lucro Arbitrado ocorre somente quando, por qualquer imperícia por parte da empresa, o fisco não consegue averiguar a correta apuração e recolhimento dos tributos; então, embasado em lei, é estipulado um percentual sobre a receita, gerando uma base de cálculo sobre a qual são recolhidos os tributos.

5.5.2 Lucro real

Por tratar-se de modalidade de tributação bastante complexa e adotada normalmente por grandes empresas, deixaremos de tecer maiores comentários, deixando a tarefa para outras pesquisas. Entretanto, pode-se afirmar que:

- O **Lucro Real** é a modalidade de apuração em que a empresa é obrigada a apurar o seu Imposto de Renda Pessoa Jurídica (IRPJ) e a Contribuição Social sobre o Lucro Líquido (CSLL) mediante a elaboração do Balanço Patrimonial e das demais Demonstrações Financeiras.
- A base de cálculo do IRPJ e da CSLL nessa forma de tributação é o Lucro Líquido do Exercício, ajustado pelas (+) Adições e (–) Exclusões, o chamado Lucro Real, sendo as alíquotas correspondentes a 15% para o IRPJ e 9% para a CSLL.

Além do IRPJ e da CSLL, as empresas tributadas pelo Lucro Real têm ainda de recolher aos cofres federais o PIS, à alíquota de 1,65%, e a Cofins, à alíquota de 7,60%, de forma não cumulativa (técnica de apropriação de créditos e débitos sobre compras e vendas). Se a empresa for uma indústria, poderá ter a incidência do IPI, que varia de 3,5% a mais de 100%, dependendo do produto fabricado, e no caso das prestadoras de serviços existe o ISS municipal, que normalmente varia de 2% a 5% sobre as vendas. Para melhor compreensão do exposto, o Quadro 5.1 apresenta a incidência de impostos das empresas tributadas por essa modalidade.

 5.5.3 Lucro presumido

A sistemática de tributação pelo Lucro Presumido é a modalidade de apuração na qual se presume o lucro da empresa, servindo como base de cálculo para o IRPJ e a CSLL, sendo a sua apuração e o seu recolhimento feitos trimestralmente, ou seja, o IRPJ e a CSLL referentes às receitas de janeiro a março de um ano são apurados no mês de março e recolhidos até o último dia útil do mês subsequente, e assim sucessivamente para todo o ano.

Há na legislação formas diferenciadas de presunção dessa base de cálculo, de acordo com a atividade desenvolvida pela empresa; a título de elucidação, demonstraremos no Quadro 5.2 alguns exemplos de como encontrar essa base e o cálculo dos impostos.

Empresa que desenvolve atividade de profissão legalmente regulamenta é aquela constituída para desenvolver atividades para as quais haja um órgão regulador/fiscalizador da atividade. Dessas atividades, destacamos as de médico, dentista, advogado, economista, contador, engenheiro, representantes comerciais e similares.

Para melhor compreensão do exposto, veja no Quadro 5.3 a incidência de impostos das empresas tributadas por essa modalidade.

Capítulo 5 · O nascimento de uma pequena empresa · **123**

Tipos de impostos	Tipos de atividades	Alíquotas	Bases de cálculo	Observações
Imposto de Renda sobre o Lucro Líquido (IR)	Comércio, indústria e serviços	15%	Lucro líquido	Se o lucro líquido for superior a R$ 20 mil por mês, haverá um adicional de 10% sobre o excedente.
Contribuição Social sobre o Lucro Líquido (CSLL)	Comércio, indústria e serviços	9%	Lucro líquido	
Programa de Integração Social (PIS)	Comércio, indústria e serviços	1,65%	Valor da venda	O imposto sobre a venda deverá ser compensado com o imposto sobre a compra.
Contribuição Financeira Social (Cofins)	Comércio, indústria e serviços	7,6%	Valor da venda	O imposto sobre a venda deverá ser compensado com o imposto sobre a compra.
Imposto Produtos Industrializados (IPI)	Indústria	Variável	Valor da venda	O imposto sobre a venda deverá ser compensado com o imposto sobre a compra.
Imposto de Importação (II)	Importação	Variável	Valor da importação	
Imposto de Circulação de Mercadorias e Serviços (ICMS)	Indústria e comércio	Variável de 0% a 25%	Valor da venda	O imposto sobre a venda deverá ser compensado com o imposto sobre a compra.
Imposto Sobre Serviços (ISS)	Serviços	Variável de 2% a 5%	Valor da venda	

Quadro 5.1 • Tributação pelo Lucro Real.

Fonte: www.receita.fazenda.gov.br

Empresa comercial ou industrial (valores em R$)	
Imposto de renda	
• Valor das vendas do trimestre	10.000,00
• Base de cálculo (10.000,00 x 8%)	800,00
• Imposto de renda (800,00 x 15%)	120,00
Alíquota do IRPJ (120,00 ÷ 10.000,00)	1,20%
Contribuição social	
• Valor das vendas do trimestre	10.000,00
• Base de cálculo (10.000,00 x 12%)	1.200,00
• Contribuição social (1.200,00 x 9%)	108,00
Alíquota da CSSL (108,00 ÷ 10.000,00)	1,08%

Quadro 5.2 • Exemplos de cálculos de impostos.

»

124 · Empreendedorismo estratégico

>>

Empresa prestadora de serviços de profissão legalmente regulamentada (valores em R$)	
Imposto de renda	
• Valor das vendas do trimestre	10.000,00
• Base de cálculo (10.000,00 × 32%)	3.200,00
• Imposto de renda (3.200,00 × 15%)	480,00
Alíquota do IRPJ (480,00 ÷ 10.000,00)	4,80%
Contribuição social	
• Valor das vendas do trimestre	10.000,00
• Base de cálculo (10.000,00 × 32%)	3.200,00
• Contribuição social (3.200,00 × 9%)	288,00
Alíquota da CSSL (288,00 ÷ 10.000,00)	2,88%

Quadro 5.2 • Exemplos de cálculos de impostos.

Tipos de impostos	Tipos de atividades	Alíquotas	Bases de cálculo	Observações
Imposto de Renda sobre o Lucro Líquido (IR)	Comércio, indústria e serviços	1,2%	Valor da venda	
Contribuição Social sobre o Lucro Líquido (CSLL)	Comércio, indústria e serviços	1,08%	Valor da venda	
Programa de Integração Social (PIS)	Comércio, indústria e serviços	0,65%	Valor da venda	
Contribuição Financeira Social (Cofins)	Comércio, indústria e serviços	3,0%	Valor da venda	
Imposto Produtos Industrializados (IPI)	Indústria	Variável	Valor da venda	O imposto sobre a venda deverá ser compensado com o imposto sobre a compra.
Imposto de Importação (II)	Importação	Variável	Valor da importação	
Imposto de Circulação de Mercadorias e Serviços (ICMS)	Indústria e comércio	Variável de 0% a 25%	Valor da venda	O imposto sobre a venda deverá ser compensado com o imposto sobre a compra.
Imposto Sobre Serviços (ISS)	Serviços	Variável de 2% a 5%	Valor da venda	

Quadro 5.3 • Tributação pelo Lucro Presumido.

Fonte: www.receita.fazenda.gov.br

5.5.4 Simples Federal (ME e EPP)

Toda a fundamentação legal sobre o Simples Federal, regulamentado pelas Leis n. 9.317, de 5/12/1996, e n. 11.196, de 21/11/2005, e por legislação posteriores, encontra-se disponível no site da Receita Federal.[1]

O *Simples Federal* é a modalidade de apuração de imposto mais simplificada, na qual os impostos existentes no Lucro Presumido e no Lucro Real são consolidados em um único tipo de imposto, que é o Simples.

5.6 Considerações finais

Dado que mais de 60% do PIB brasileiro e quase 90% da mão de obra utilizada é produzido pelas micros, pequenas e médias empresas, das quais a maioria é optante pelo Simples Federal, apresentamos a Tabela 5.1, na qual constam as alíquotas incidentes no Simples Federal por progressão de faturamento anual e por tipo de empresa (comércio, indústria e serviços), e, a partir dessa tabela, faremos nossas observações.

a. Impostos federais (IR, CSLL, PIS, Cofins, IPI) são recolhidos de forma unificada, mediante utilização da Tabela 5.1.
b. Quando da existência de convênios entre a União, os Estados (ICMS) e os Municípios (ISS), as alíquotas do Simples Federal são diferenciadas e deverão ser verificadas junto ao Posto Fiscal da Receita Federal que jurisdicionar o empreendimento.
c. No caso de pessoa jurídica contribuinte do IPI (vide coluna "Indústria com IPI"), os percentuais determinados para empresas comerciais são acrescidos de 0,5%, o que corresponde à parcela do IPI que seria recolhido em condições normais.
d. As pessoas jurídicas que se dedicam a atividades de ensino fundamental, de centros de formação de condutores de veículos automotores de transporte terrestre de passageiros e de carga, de agências lotéricas e de agências terceirizadas de correios passaram a ser admitidas no Simples e deverão acrescer 50% aos percentuais referidos acima. Por exemplo, um estabelecimento de ensino fundamental enquadrado como microempresa no Simples, com receita bruta estimada de R$ 100.000,00 ao ano, deverá aplicar o percentual de 7,5% sobre a receita bruta auferida no mês anterior, ou seja 5% mais 50% dessa alíquota;
e. A partir de janeiro de 2004, toda empresa enquadrada no Simples, cuja receita proveniente de prestação de serviços corresponda a mais de 30% do total de sua receita bruta, deverá majorar sua alíquota em 50%, inclusive creches e pré-escolas, exceto as pessoas jurídicas constantes na observação anterior, que, como vimos, já tiveram suas alíquotas majoradas.

---

1. www.receita.fazenda.gov.br.

126 · Empreendedorismo estratégico

Faturamento anual	Comércio	Indústria com IPI	Serviços (quando ultrapassar a 30% do faturamento)
Até R$ 60.000	3,0%	3,5%	5,25%
De R$ 60.000,01 a R$ 90.000	4,0%	4,5%	6,75%
De R$ 90.000,01 a R$ 120.000	5,0%	5,5%	8,25%
De R$ 120.000,01 a R$ 240.000	5,4%	5,9%	8, 85%
De R$ 240.000,01 a R$ 360.000	5,8%	6,3%	9,45%
De R$ 360.000,01 a R$ 480.000	6,2%	6,7%	10,05%
De R$ 480.000,01 a R$ 600.000	6,6%	7,1%	10,65%
De R$ 600.000,01 a R$ 720.000	7,0%	7,5%	11,25%
De R$ 720.000,01 a R$ 840.000	7,4%	7,9%	11,85%
De R$ 840.000,01 a R$ 960.000	7,8%	8,3%	12,45%
De R$ 960.000,01 a R$ 1.080.000	8,2%	8,7%	13,05%
De R$ 1.080.000,01 a R$ 1.200.000	8,6%	9,1%	13,65%
De R$ 1.200.000,01 a R$ 1.320.000	9,0%	9,5%	14,25%
De R$ 1.320.000,01 a R$ 1.440.000	9,4%	9,9%	14,85%
De R$ 1.440.000,01 a R$ 1.560.000	9,8%	10,30%	15,45%
De R$ 1.560.000,01 a R$ 1.680.000	10,20%	10,70%	16,05%
De R$ 1.680.000,01 a R$ 1.800.000	10,60%	11,10%	16,65%
De R$ 1.800.000,01 a R$ 1.920.000	11,00%	11,50%	17,25%
De R$ 1.920.000,01 a R$ 2.040.000	11,40%	11,90%	17,85%
De R$ 2.040.000,01 a R$ 2.160.000	11,80%	12,30%	18,45%
De R$ 2.160.000,01 a R$ 2.280.000	12,20%	12,70%	19,05%
De R$ 2.280.000,01 a R$ 2.400.000	12,60%	13,10%	19,65%

Tabela 5.1 • Alíquotas de incidência do Simples Federal.
Fonte: www.receita.fazenda.gov.br

Termos-chave

Autônomo • É aquele profissional, pessoa física, que, mesmo desenvolvendo certa atividade profissional não necessita obter o Cadastro Nacional de Pessoa Jurídica (CNPJ); exatamente por não se caracterizar dessa forma, continua, portanto, trabalhando na condição de pessoa física.

Conceito de sociedade • Celebram contratos de sociedade as pessoas que reciprocamente se obrigam a contribuir com bens ou serviços para o exercício da atividade econômica (um ou mais negócios determinados) e a partilha, entre si, dos resultados (Código Civil, art. 981, § único).

Companhia aberta • Aquela que disponibiliza seus valores mobiliários, como ações, etc., para negociação no mercado por meio da Bolsa de Valores.

Companhia fechada • Aquela cujas ações pertencem somente aos acionistas constantes no estatuto social; essas companhias não negociam no mercado de ações.

Lucro Real • É a modalidade de apuração em que a empresa é obrigada a apurar o Imposto de Renda Pessoa Jurídica (IRPJ) e a Contribuição Social sobre o Lucro Líquido (CSLL) mediante a elaboração do Balanço Patrimonial e das demais Demonstrações Financeiras.

Simples Federal • É a modalidade de apuração de imposto mais simplificada, na qual os impostos existentes no Lucro Presumido e Real são consolidados em um único tipo de imposto, que é o Simples.

Sociedades anônimas • Tipicamente empresarial, não é permitida sua constituição para fins não empresariais, as sociedades anônimas são constituídas de estatuto social, e não de contrato, como as demais sociedades, devendo este definir o objeto de modo preciso e completo, podendo até mesmo ter por objeto a participação em outras sociedades.

Sociedades não personificadas • São as sociedades comuns e as sociedades em conta de participação.

Sociedades personificadas • São classificadas em não empresariais e empresariais; ao falar em sociedades não empresariais, referem-se às chamadas "sociedades simples" e às "cooperativas"; já as sociedades empresariais são aquelas constituídas na forma de sociedade em Nome Coletivo, Sociedade em Comandita por Ações, Sociedade em Comandita Simples, Sociedade Limitada e Sociedade Anônima.

Sociedade empresária • É aquela que exerce de forma profissional certa atividade econômica organizada para a produção ou a circulação de bens ou serviços, constituindo elemento de empresa.

Sociedades simples • É a reunião de duas ou mais pessoas que reciprocamente se obrigam a contribuir com bens ou serviços para o exercício da atividade econômica escolhida e a partilha entre si dos resultados, sem, contudo, ter por objeto o exercício de atividade própria de empresário.

Dica do consultor

Lembre-se, abrir uma empresa é muito fácil, o difícil é fechá-la. Não é apenas liquidar as mercadorias e abaixar as portas. Antes de abri-la, procure certificar-se de tudo que terá de providenciar e faça-o com antecedência. Há procedimentos que demoram muito tempo, em alguns casos, inviabilizando o negócio, como, por exemplo, no caso de empresas importadoras, indústrias alimentícias, indústrias químicas etc.

Procure conversar com vários empresários a respeito de seus contadores, para saber se são bons e cumpridores de prazos e também se os mantêm informados de toda alteração na lei.

Informe-se sobre o valor mensal dos honorários do contador e se é preciso pagar 13 mensalidades no ano. Se tiver um que, em dezembro, não cobre duas mensalidades, tanto melhor; infelizmente, porém, essa é uma resolução ridícula que a convenção do Conselho Regional de Contabilidade estabeleceu. Entendemos essa décima terceira mensalidade como uma cobrança legal, porém indevida, pois o empresário já tem de pagar décimo terceiro salário para os seus colaboradores, imposto mais elevado em muitos setores por se tratar de fechamento do ano, aumento da folha em razão de funcionários tirando férias e, além disso, duas mensalidades ao escritório contábil.

Informe-se sobre a quantidade de impostos e taxas que sua empresa terá de pagar todo mês, e também verifique se o contador o mantém informado sobre a quantidade de notas que terá de tirar a cada mês para que não fique "falando sozinho no final do ano e tenha de recorrer mais uma vez ao banco".

Destine as tarefas de atendimento ao fisco a colaborador atento e que não perca prazos de recolhimento de impostos, entre outras exigências legais.

? Questões

1. Quais são as diferenças básicas entre a Microempresa (ME) e a Empresa de Pequeno Porte (EPP)?
2. No ato de constituição de uma sociedade, o empresário é obrigado a definir que sistemática de tributação vai adotar?
3. O faturamento das empresas enquadradas na forma de tributação pelo Simples Federal sofre a incidência da mesma alíquota?
4. Na tributação pelo Lucro Presumido, a alíquota do Imposto de Renda é a mesma, ou seja, 15% e 9%, e as bases de cálculos são as mesmas ou diferenciam-se de acordo com a atividade da empresa? De que forma se diferenciam?
5. Quando as empresas são obrigadas à tributação na forma de Lucro Arbitrado? Essa forma de tributação é de livre escolha do empresário?

Referências bibliográficas

BRASIL. Lei n. 10.406, de 10 de janeiro de 2002. Código Civil. *Diário Oficial [da] República Federativa do Brasil*, Brasília, DF, 11 jan. 2002.

_____. Lei n. 556, de 25 de junho de 1850. Código Comercial.

_____. Decreto-lei n. 2.627, de 26 de setembro de 1940.

_____. Lei n. 6.385, de 7 de dezembro de 1976. *Diário Oficial [da] República Federativa do Brasil*, Brasília, DF, 9 dez. 1976.

_____. Lei n. 6.404, de 15 de dezembro de 1976 — Lei das Sociedades Anônimas. *Diário Oficial [da] República Federativa do Brasil*, Brasília, DF, 17 dez. 1976.

_____. Lei n. 9.457, de 5 de maio de 1977. *Diário Oficial [da] República Federativa do Brasil*, Brasília, DF, 6 maio 1977.

_____. Lei n. 9.317, de 5 de dezembro de 1996. Criação do Simples Federal.

_____. Lei n. 7.732, de 11 de dezembro de 1998. *Diário Oficial [da] República Federativa do Brasil*, Brasília, DF.

_____. Lei n. 9.779, de 19 de janeiro de 1999. *Diário Oficial [da] República Federativa do Brasil*, Brasília, DF, 20 jan. 1999.

_____. Lei n. 10.034, de 24 de outubro de 2000. *Diário Oficial [da] República Federativa do Brasil*, Brasília, DF, 25 out. 2000.

_____. Lei n. 10.194, de 14 de fevereiro de 2001. *Diário Oficial [da] República Federativa do Brasil*, Brasília, DF, 16 fev. 2001.

_____. Lei n. 10.303, de 31 de outubro de 2001. *Diário Oficial [da] República Federativa do Brasil*, Brasília, DF, 1º nov. 2001.

_____. Lei n. 10.964, de 28 de outubro de 2004. *Diário Oficial [da] República Federativa do Brasil*, Brasília, DF, 29 out. 2004.

_____. Lei n. 11.051, de 29 de dezembro de 2004. *Diário Oficial [da] República Federativa do Brasil*, Brasília, DF, 30 dez. 2004.

_____. Lei n. 11.196, de 21 de novembro de 2005. *Diário Oficial [da] República Federativa do Brasil*, Brasília, DF, 22 nov. 2005.

_____. Lei n. 11.307, de 19 de maio de 2006. *Diário Oficial [da] República Federativa do Brasil*, Brasília, DF, 22 maio 2006.

SEBRAE. *Manual prático*: como abrir sua empresa. São Paulo: Sebrae, 1996.

A criação do Excel, segundo Salim

No dia a dia, nós, acadêmicos, nos vemos às voltas com atividades que os empresários, muitas vezes, não estão acostumados.

Salim decidiu fazer mestrado em Administração de Empresas na Fundação Getúlio Vargas. Teve o privilégio ter aulas com ícones da administração, como o professor Carlos Osmar Bertero e os saudosos Raimar Richers, Maurício Tragtemberg e Fernando Motta. Aprendeu muito com esses doutores. Nessa época, Salim trabalhava na agência central do Banco, no setor de câmbio. Seus colegas ganhavam muito bem. Alguns, nas horas vagas, davam consultoria e auxiliavam empresas na papelada burocrática de exportação. Estes constituíam uma elite profissional que não entendia a motivação de Salim para a vida acadêmica, e tinham boas razões, pois a maioria ganhava mais que os doutores mais conceituados da universidade.

Em pouco tempo, Salim descobriu que muito do que estava escrito nos livros ocorria na prática, mas não da forma como era esboçado nos modelos teóricos.

Foi a partir de um trabalho acadêmico em Planejamento Estratégico que ele teve a primeira oportunidade de conferir os conhecimentos adquiridos no curso. Um amigo chamado Marcelo fabricava doce de leite e pretendia expandir seu negócio com a produção de chocolate; para isso, precisava saber quais eram as oportunidades.

Salim propôs fazer uma pesquisa de mercado. Tendo concluído o trabalho e recebido pelos serviços prestados, descobriu que era rentável entrar no segmento de consultoria. Adorou o serviço, queria continuar nele, mas não sabia o que mais poderia fazer pelo seu cliente. Até que, após uma tarde inteira pensando, observou a secretária do Marcelo, cuja máquina de somar Olivetti soltava no chão uma fita enorme e enrolada. Resolveu abordá-la e perguntou-lhe o que fazia.

— Professor, eu calculo o custo dos doces.

— Você pode me explicar como faz isso?

Ela explicou-lhe, e à noite, em casa, Salim tentou entender os procedimentos, pensando em soluções de simplificar a tarefa e conseguir mais precisão nos resultados. No dia seguinte, procurou Marcelo e disse com total segurança:

— Amigo, você está perdendo dinheiro.

– Como? – ele perguntou.

– O cálculo que está sendo feito não espelha a realidade.

– Salim, o que você propõe?

– Refazer os cálculos.

Negociaram uma nova consultoria. Em pouco tempo, Salim desenvolveu uma nova metodologia e criou algumas planilhas de cálculo, como as do Excel. Naquela época, a Microsoft ainda nem existia e tudo era feito "no braço".

Atualmente, em suas aulas, Salim, em tom de brincadeira, diz aos alunos que o Bill Gates teve acesso às suas planilhas antes de conceber o Excel... Alguns acreditam.

Fonte: Extraído e adaptado de Farah (2006).

Gestão da informação

Salvador Fittipaldi
Francisco Ignácio Giocondo César
Luciana Helena Crnkovic

Conteúdo

6.1 Introdução
6.2 De dados à informação
6.3 Tipos de sistemas de informação
6.4 Considerações finais

A diferença entre a palavra quase certa e a palavra certa é enorme: é a diferença entre o vagalume e o relâmpago.

MARK TWAIN

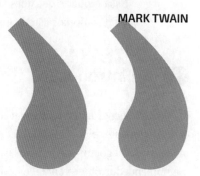

Objetivos do capítulo
Este capítulo tem por objetivo apresentar as diferentes tipologias de sistemas de informação, bem como suas principais características e funcionalidades. Abordaremos os benefícios da implantação dos sistemas de informação e o que a empresa pode ter como vantagem competitiva a partir de um sistema bem desenvolvido.

Entrando em ação
O sistema de informação é o elemento que possibilita a interconexão entre todos aos processos administrativos, tanto operacionais quanto estratégicos, de qualquer empresa, pois é por meio desse mecanismo que o gestor faz a tomada de decisão, define estratégias e modifica algum aspecto do processo que não esteja atingindo o objetivo esperado. Um sistema coerente e que mostre realmente o que se passa na empresa facilita muito o trabalho do líder, porém um sistema falho faz que o gestor da organização tome decisões equivocadas por não ter informações corretas em mãos. Trabalhar para desenvolver um sistema de informação otimizado e seguro é o grande desafio para os gestores atualmente, pois esse instrumento envolve toda a organização, do cliente aos gestores gerais da empresa.

Estudo de caso
Regina, gerente do departamento de planejamentos da Suave Ltda., precisa tomar decisões para maximizar as riquezas da organização; para tanto, ela precisa interligar os vários departamentos da empresa: produção, finanças e marketing. O problema é o seu centro de processamento de dados (CPD) por uma rede de microcomputadores. A ideia é reformular o sistema de informação para proporcionar agilidade e flexibilidade nas comunicações.
- Será que implantar um sistema de informação mais eficiente traria vantagens?

Essa e outras questões serão respondidas e mais bem compreendidas com a ajuda dos tópicos estudados neste capítulo.

6.1 Introdução

O papel da tecnologia da informação nas organizações vem apresentando grande evolução. Atualmente, ele é responsável por mudanças significativas no que diz respeito aos modelos de negócios das empresas, além de constituir um elemento fundamental para o empreendedor obter vantagens estratégicas e competitivas. Por causa da dinâmica da evolução tecnológica e da rapidez da necessidade de informação para uma boa gestão empresarial, são necessárias ferramentas cuidadosamente planejadas e estruturadas, a fim de garantir o alinhamento das informações com os objetivos estratégicos da empresa.

As constantes pressões do meio empresarial nacional e as relações econômicas nacionais e internacionais têm afetado consideravelmente a administração das organizações, com maior intensidade as micro e pequenas empresas (MPE), que buscam formas de garantir sua sobrevivência, melhorar o desempenho e obter um planejamento seguro para o seu crescimento. Ao ser afetada pela concorrência, as MPE antecipam e analisam sua estrutura, seja de produção, seja de informação, para não apenas se adaptar às novas exigências do mercado, como também reagir a elas. Nesse ambiente, entre os recursos tecnológicos, o sistema de informação (SI) e a gestão empresarial têm sido apontados como importantes fatores para potencializar o desenvolvimento dos processos produtivos e a gestão das organizações. Segundo Campos e Teixeira (2004, p. 3), o SI cumpre papel significativo ao ser utilizado como recurso para subsidiar a administração das empresas.

Ao contribuir para a definição de estratégias empresariais, o SI apoia gestores no dia a dia, agiliza a comunicação interna e com fornecedores e clientes, agiliza tarefas burocráticas, facilita a execução de atividades administrativas e contribui na gestão da produção. A revolução dos SI está se tornando cada vez mais uma ferramenta fundamental para a gestão empresarial.

A tecnologia da informação, para a maioria dos gerentes, consome uma parcela crescente de tempo e de investimentos; os executivos tornam-se cada vez mais conscientes de que a questão não pode permanecer sob a responsabilidade exclusiva dos departamentos de processamento eletrônico de dados (PED) ou de SI. Ao perceber que os concorrentes estão utilizando a informação para desenvolver vantagem competitiva, eles reconhecem a necessidade de se envolver diretamente na gestão da nova tecnologia (Porter, 1999).

As empresas que fazem uso estratégico dos sistemas de informação têm como principais vantagens competitivas a agilidade e as opções projetadas pelo sistema. Mas para que essa vantagem constitua um diferencial, é preciso dispor de colaboradores que tenham uma *expertise* em tecnologia, a fim de usá-la antes da concorrência.

O objetivo principal deste capítulo é mostrar que o conhecimento e a utilização dos componentes de sistemas de informação (hardware, software, banco de dados, rede de computadores, procedimentos e usuários dos sistemas) fazem a diferença para as empresas. O componente mais utilizado no mercado corporativo — a ferramenta Office Professional®, que contém o banco de dados Access® — tem um custo para o empreendedor.

Existem similares, os chamados softwares livres, alguns a um custo menor, destinados a pequenas empresas, e outros gratuitos, para empreendedores (pessoa física), quais sejam: Libre Office, Open Office, Apache Open Office e MySQL, entre outros. Com esses softwares e com a experiência do empreendedor e de seus colaboradores, é possível desenvolver um sistema de apoio à gestão empresarial que permita trabalhar com todas as informações disponíveis em pequenas empresas, para fornecer informações e dados para o administrador, auxiliando-o na tomada de decisão. Todos os aplicativos citados atendem às necessidades das MPE e permitem ao empreendedor organizar e classificar seus cadastros de clientes, de produtos e de fornecedores, que, no uso de sistemas de informação, denominamos "banco de dados".

Até esse ponto, foi dada pouca ênfase aos aspectos técnico e metodológico na área de sistemas. A abordagem concentrou-se em: (1) uma compreensão ampla do fluxo de informações dentro da empresa; (2) o papel desse sistema na melhoria da eficiência da gestão da empresa, assim como da importância dos dados para a gestão; (3) a real importância do SI como instrumento integrador dos vários departamentos da organização, para construir um suporte aos vários processos de planejamento e controle dentro da empresa.

Com objetivo de proporcionar melhor entendimento e desenvolvimento sobre sistemas de informação, alguns conceitos fundamentais serão abordados a seguir.

6.2 De dados à informação

Pode-se afirmar que dado é qualquer elemento identificado em sua forma bruta, o qual, por si só, não conduz a uma compreensão de determinado fato ou situação, e informação é o dado trabalhado ou processado, que permite ao executivo tomar decisões. O empreendedor, ao utilizar os sistemas de informação, passa a ter as informações relativas ao seu negócio, e isso deve fazer a diferença em relação aos concorrentes; todavia, para obter um diferencial, ele deve saber fazer uso das estratégias dos sistemas.

6.2.1 Sistemas

Na área empresarial, de acordo com Cassaro (1998, p. 25), "sistema é um conjunto de funções logicamente estruturadas, com a finalidade de atender a determinados objetivos".

Batista (2005) define organização como um sistema aberto que interage com o meio, sendo este um ambiente externo (o mercado em que a organização atua). Para o correto entendimento do funcionamento de uma empresa, é necessário relacioná-la com um modelo sintetizado de suas diversas funções e de suas relações entre os elementos internos e externos.

Como pode ser visto na Figura 6.1, a empresa, como um sistema aberto, recebe informações constantemente do meio em que está inserida. Cabe ao SI gerar formas de captar, interpretar, processar, direcionar, informar e conduzir os dados dentro da empresa, de tal modo que eles venham a criar ações facilitadoras dos diversos processos decisórios. O SI deve ser eficaz, isto é, deve extrair dos dados o máximo de informações pretendidas, a fim de obter os melhores indicadores que ajudem na tomada de decisão e, portanto, conseguir métodos e processos eficientes para se obter o maior volume de informações com o menor consumo de recursos.

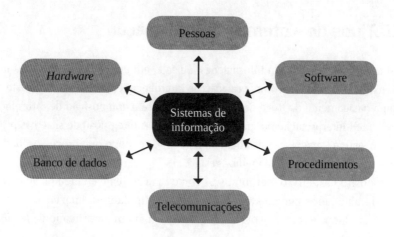

Figura 6.1 • Componentes de sistemas de informação.
Fonte: Elaborada pelos autores.

Alguns termos básicos quando se trata de sistemas são:
- **Hardware** • **Hardware** é o equipamento, ou seja, o computador usado para executar as atividades de entrada, processamento e saída.
- **Software** • **Softwares** são os sistemas os sistemas, os programas e as instruções dadas ao computador e ao usuário, os quais permitem ao computador processar uma folha de pagamento, enviar faturas aos clientes, fornecer aos gestores informação para aumentar os lucros, reduzir custos e proporcionar um serviço melhor ao cliente, entre outras funções.
- **Banco de dados** • Coleção organizada de fatos e informações, o ***banco de dados*** pode conter tabelas sobre alunos, clientes, sócios, empregados, estoques, informação sobre as vendas de concorrentes etc.
- **Telecomunicações** • É o que permite às empresas ligar os sistemas de computador em redes de trabalho, as quais podem conectar computadores periféricos em um prédio, em um país inteiro ou no mundo. As principais modalidades de rede são: internet, extranet e intranet.
- **Pessoas** • São os profissionais e os usuários dos sistemas, os funcionários que utilizam os computadores. Esses recursos humanos são os elementos mais importantes. Profissionais de SI são todas as pessoas que gerenciam, executam, programam, projetam e mantêm o sistema de computador em funcionamento, e usuários são os administradores, os tomadores de decisões, os empregados e as demais pessoas que usam computadores em seu benefício.
- **Procedimentos** • São as estratégias, as políticas, os métodos, as normas e as regras usadas pelos profissionais. Os ***procedimentos*** descrevem, por exemplo, quem pode ter acesso ao sistema, qual o login e a senha de cada usuário, e o que cada um pode acessar no banco de dados.

6.3 Tipos de sistemas de informação

Cabe ao SI transformar dados em informações, ou seja, em um conjunto de partes interdependentes de um todo, criando uma relação de interdependência entre os subsistemas, a qual resulta basicamente da troca de dados entre si para a composição de informações que sejam de fácil interpretação por gerentes e gestores. A integração de sistemas provoca impacto no sistema maior — "sistema empresa" —, de modo que processos, dados e informações contribuam para uma melhor gestão.

Para o propósito deste livro, definimos SI como uma série de elementos ou componentes inter-relacionados que coletam (entradas), manipulam e armazenam (processo), disseminam dados e informações (saída) e fornecem um mecanismo de *feedback* (Stair, 1998, p. 11).

6.3.1 Tipos de sistemas

Os principais tipos de sistema são:
- O *Sistema de Apoio à Decisão (SAD)*, do inglês *Decision Support System (DSS)*, é o sistema cujo foco se encontra no suporte às decisões por meio de simulações com a utilização de modelos.
- O *Sistema de Gestão Empresarial (SGE)*, do inglês *Enterprise Resource Planning (ERP)*, é o sistema cujo foco se encontra na integração das informações em uma organização.
- *Data Warehouse (DW)/Data Mining (DM)* é o sistema cujo foco se encontra na exploração dos dados gerados pela empresa.
- *Customer Relationship Management (CRM)* é o sistema cujo foco se encontra no relacionamento com o cliente de forma individual.

De acordo com a Figura 6.2, cada sistema possui um destaque exclusivo, e seus usuários podem ser diferenciados nos níveis hierárquicos da empresa, contendo, assim, características próprias.

É sempre importante gerar informações sólidas, seguras e rápidas para as empresas, a fim de que o líder de cada departamento possa tomar decisões assertivas; os sistemas de informações gerenciais foram desenvolvidos para auxiliar os gerentes nessas questões.

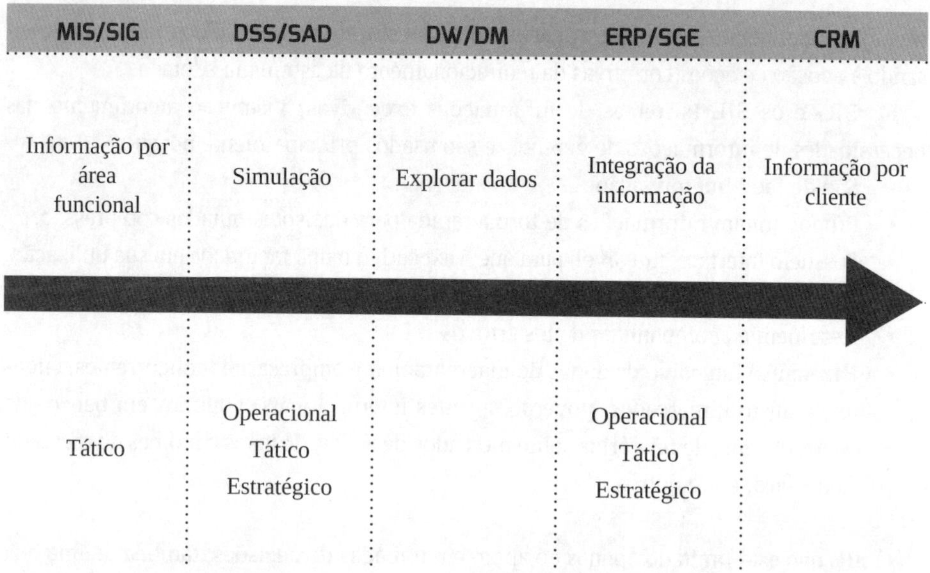

MIS/SIG	DSS/SAD	DW/DM	ERP/SGE	CRM
Informação por área funcional	Simulação	Explorar dados	Integração da informação	Informação por cliente
Tático	Operacional Tático Estratégico		Operacional Tático Estratégico	

Figura 6.2 • Sistemas de informação nos níveis gerenciais.

Fonte: Adaptada de Faoro, Abreu e Fiorio (2010).

6.3.1.1 Sistemas de Informações Gerenciais (SIG)/Management Information System (MIS)

Gerenciar é um processo administrativo que inclui as funções de planejar, organizar, dirigir e controlar os mais diversos processos para se atingir os objetivos.

Oliveira (1992) argumenta que *Sistema de Informações Gerenciais (SIG)* é o processo de transformação de dados em informações, as quais são utilizadas na estrutura decisória da empresa, bem como proporcionam a sustentação administrativa para otimizar os resultados esperados.

Para o empreendedor, após a escolha do tipo de sistema a ser utilizado, as informações estarão à disposição para alavancar os negócios. Caso escolha o SIG, as informações serão disponibilizadas de forma programada para auxiliar na tomada de decisões. Há muitas opções de fornecedores de sistemas, e os preços variam de acordo com o porte do sistema a ser implementado na empresa.

O SIG deve contribuir para que as empresas funcionem e sejam administradas para criar riquezas. Para isso, quatro conjuntos de ferramentas de diagnóstico ou de informações são citadas por Drucker (2001): informações fundamentais; informações sobre a produtividade, sobre as competências e sobre a localização de recursos escassos.

A tecnologia SIG permite que os gerentes se concentrem nas situações críticas, evitando perder tempo com a observação e o controle de situações de menor grau de importância,

140 · Empreendedorismo estratégico

possibilitando, dessa forma, que concentrem seus esforços na análise dos indicadores, visando à adoção de ações corretivas de redirecionamento da estratégia adotada.

Os SIG e os SIE (sistemas de informações executivas) visam ao atendimento das necessidades de informações de gerentes e são usados principalmente porque:

- São de fácil interpretação.
- Proporcionam informações de forma rápida para decisões tomadas sob pressão.
- Possuem interface amigável, para que o executivo tenha facilidade em sua utilização.
- Adaptam-se facilmente à cultura da empresa e ao seu estilo de tomada de decisão.
- Resumem e acompanham dados críticos.
- Fazem uso intensivo de dados do macroambiente empresarial (concorrentes, clientes, indústria, mercados, governo, agentes internacionais) contidos em bancos de dados *on-line*, de relatórios sobre mercados de ações, de taxas e índices do mercado financeiro, entre outros.

O SIE não está limitado apenas ao apoio em tomadas de decisões; também é uma boa ferramenta para administrar, isto é, planejar, acompanhar e controlar os negócios da empresa, assim como para obter uma melhor visão de suas operações e do mercado e para identificar problemas ou novas tendências.

Para que seja adequado à tomada de decisão dos gerentes, o SI deve ter as características apresentadas no Quadro 6.1.

Características	Definições
Econômico	O SI deve ser simples, direto, enxuto e objetivo na obtenção de dados, gerando as informações necessárias, de modo que estas façam parte da rotina da empresa e que os relatórios gerenciais sejam gerados de forma espontânea e integrada a essa rotina.
Flexível	O SI deve fornecer informações às diversas áreas, de modo que uma mesma informação possa ser interpretada de maneira adequada pelos vários departamentos da empresa.
Confiável	O SI deve assegurar que, apesar de trabalhar com muitos dados ao mesmo tempo, não haja dúvidas quanto aos resultados apresentados. Isso dependerá diretamente da maneira correta de coleta de dados.
Relevante	O SI deve fornecer informações importantes à tomada de decisão.
Simples	O SI deve apresentar as informações pata facilitar sua interpretação.
Em tempo	O SI deve estar sempre com as informações atualizadas e disponíveis.
Verificável	O SI deve possibilitar a checagem das informações em várias fontes e apresentar coerência em seu conteúdo.

Quadro 6.1 • Características do SI.

Fonte: Elaborado pelos autores com base em Pressman, 2001, p. 28.

Para unir *hardware*, *software* e dados e converter os componentes em informações utilizáveis para a correta e adequada gestão empresarial, faz-se necessário o conhecimento de todos os processos e informações para o correto direcionamento das decisões. Conforme Porter (1999, p. 84), "[....] a tecnologia da informação é mais do que apenas computadores".

6.3.1.2 Sistema de Apoio à Decisão (SAD)/Decision Support System (DSS)

Um sistema de apoio à decisão é uma aplicação de programa de computador que analisa os dados de negócios para apresentá-lo de forma que os usuários possam tomar decisões mais facilmente. É um "pedido de informação", para distingui-lo de uma "aplicação operacional", em que se recolhem os dados no decorrer da operação de negócios normal. Algumas informações que um pedido de apoio à decisão pode reunir são:

- Números de vendas comparativos entre uma semana e outra.
- Valores das receitas projetadas com base em novas premissas de vendas de produtos.

Um sistema de apoio à decisão pode apresentar informações graficamente, incluindo, caso queira, um sistema específico para isso.

6.3.1.3 Sistema de Gestão Empresarial (SGE)/Enterprise Resource Planning (ERP)

Um SGE, o correspondente em português para planejamento dos recursos empresariais, é uma arquitetura de sistemas de informação que facilita o fluxo de informações entre todas as atividades da empresa, como as quatro atividades da organização: fabricação, logística, finanças e recursos humanos.

Trata-se de um banco de dados centralizado, que opera em uma plataforma comum e interage com um conjunto integrado de aplicativos, consolidando todas as operações do negócio em um simples ambiente computacional. Essa arquitetura permite abordagens flexíveis e orientadas para processos e pode maximizar as atividades de produção, o gerenciamento de inventários e de cadeia de valor, o controle financeiro, a gestão de recursos humanos e o aprimoramento de relacionamento com o consumidor.

Esse sistema proporciona uma forte integração de informações e simplificação de processos de negócios, habilitando as organizações a serem eficientes e eficazes. Percebe-se também que uma organização integrada por um SGE seja orientada para processos, em que todos os departamentos serão integrados.

O SGE é um conjunto de atividades executadas por um software modular para auxiliar a organização nas fases de negócios, incluindo desenvolvimento de produto, compra de itens, manutenção de inventários, contato com os fornecedores e atendimento ao cliente.

Para selecionar um software SGE, as empresas devem considerar alguns tópicos, quais sejam (Faoro, Abreu e Fiorio, 2010):

- *Processos de negócio* • O sistema deve suportar todos os processos do negócio.
- *Integração de componentes* • O sistema deve ser altamente integrável entre seus componentes.
- *Flexibilidade* • O software deve ser ajustável às necessidades da empresa.
- *Conectividade com a internet* • O SGE deve conter um componente que integre o sistema aos negócios *on-line* da organização, tornando-o seguro e executável.

● 6.3.1.4 Data Warehouse (DW)/Data Mining (DM)

Trepper (2000) afirma que DW/DM é um grande banco de dados que contém dados históricos resumidos em diversos níveis de detalhamento. Para a empresa, isso é vital, por que os dados históricos são importantes para nortear as decisões dos líderes para o próximo semestre.

A base de dados é mantida separada das outras informações dos sistemas de informações, facilitando uma busca separada de relatórios gerenciais.

● 6.3.1.5 Customer Relationship Management (CRM)

Com a finalidade de administrar as informações de cada departamento, como planejamento do produto, compra de componentes, manutenção de estoques e interação com fornecedores, entre outros, esse sistema engloba funções encontradas no SIG.

O *Customer Relationship Management*, "Gerenciamento do Relacionamento com o Cliente" em português, é formado por módulos integrados, que permitem a administração de diversas operações, como financeira, contábil, logística e recursos humanos, possibilitando o controle destas.

Existem três tipos de CRM: analítico, colaborativo e operacional.

- *CRM analítico* • Os dados e as transações realizadas pelos clientes são registrados e armazenados no banco de dados. Por exemplo, uma pesquisa no banco de dados sobre o histórico de um cliente feita pelos funcionários que tenham autorização para consultar, ou seja, que tenham login (identificação do usuário) e password (senha de acesso).
- *CRM colaborativo* • São as comunicações com os clientes, também conhecidas como colaboração, cartas ou e-mails de promoção de produtos ou de felicitações pelo aniversário, contatos pessoal e telefônico (software de videoconferência, Skype, fax).

Capítulo 6   Gestão da informação · **143**

- *CRM operacional* • São os relacionamentos que permitem contatos, as observações no ato, até mesmo registrando o interesse e a necessidade do cliente. Por exemplo, degustação de um produto alimentício, *test-drive* em uma concessionária de veículos, ou seja, são os relacionamentos de pré-venda e de pós-venda.

6.4 Considerações finais

Todo os sistemas de informação são importantes, pois ajudam a garantir a conformidade regulatória, uma vez que apoiam uma melhor tomada de decisão de gestão e permitem assimilar novas tecnologias de gerenciamento de registros e diminuir alguns possíveis riscos.

Qualquer organização, para permanecer relevante em um mercado competitivo, precisa usar sistemas de informação modernos, que forneçam opções mais baratas para um contato mais próximo com o cliente.

Para um resultado mais eficaz, indica-se adicionar mais dados ao sistema, a fim de tornar a informação mais precisa, ou usar a informação de novas maneiras.

Os sistemas de informação vão contribuir com a sua empresa em quatro aspectos, quais sejam:

- *Comunicação* • Comunicação mais rápida e eficaz, armazenando documentos em pastas que são compartilhadas com os empregados que necessitam da informação, permitindo, assim, que estes colaborem de forma sistemática.
- *Operações* • Se puder gerenciar as operações da sua empresa, você conseguirá oferecer informações mais completas e mais recentes, o que lhe permitirá operar de forma mais eficiente, ganhando vantagem competitiva de custo sobre os concorrentes ou oferecendo um diferencial de serviço ao cliente. Os dados de vendas lhe darão *insights* sobre o que os clientes estão comprando, a fim de que você estoque somente o necessário.
- *Decisões* • O sistema de informação da empresa pode ajudá-lo a tomar melhores decisões, fornecendo todas as informações de que você precisa e modelando os resultados do que for decidido. Com informações mais claras e recentes, com certeza você terá maior vantagem competitiva.
- *Registros* • Sua empresa precisa de registros de suas atividades para fins financeiros e regulamentares, bem como para encontrar as causas de eventuais problemas e tomar medidas corretivas. O sistema de informação armazena documentos e históricos de revisão, registros de comunicação e dados operacionais. O truque para explorar essa capacidade de gravação está em organizar os dados e usar o sistema para processar e apresentar informações históricas como útil. Você pode usá-las para preparar estimativas de custos e previsões, como também para analisar de que maneira suas ações afetaram os principais indicadores da empresa.

144 · Empreendedorismo estratégico

✎ Termos-chave

Banco de dados • É uma coleção organizada de fatos e informações.

Customer Relationship Management (CRM) • Foco no relacionamento com o cliente, de forma individual.

Data warehouse (DW)/Data mining (DM) • Foco na exploração dos dados gerados pela empresa.

Gerenciar • Processo administrativo que inclui as funções de planejar, organizar, dirigir e controlar os mais diversos processos para se atingir os objetivos.

Hardware • Consiste no equipamento, isto é, o computador usado para executar a atividade de entrada, processamento e saída de dados.

Procedimentos • São as estratégias, as políticas, os métodos, as normas e as regras usadas pelos profissionais.

Software • Consiste nos sistemas, nos programas e nas instruções dadas ao computador e ao usuário.

Sistema de Apoio à Decisão (SAD)/Decision Support System (DSS) • Foco no suporte às decisões por meio de simulações com a utilização de modelos.

Sistema de Gestão Empresarial (SGE)/Enterprise Resource Planning (ERP) • Foco na integração das informações em uma organização.

Sistema de Informações Gerenciais (SIG) • Processo de transformação de dados em informações que serão utilizadas na estrutura decisória da empresa e também proporcionam a sustentação administrativa para aperfeiçoar os resultados esperados.

💡 Dica do consultor

A maioria dos empresários, seja por falta de conhecimento na área computacional, seja por problemas financeiros, que dificulta a contratação de um profissional especializado, tem se deparado com situações que impossibilitam dotar sua empresa do mínimo necessário para administrá-la de forma adequada.

A maneira mais fácil, prática e acessível de dotar a sua empresa desse mínimo necessário é, quando da contratação de funcionários, seja uma secretária, um vendedor externo ou um balconista, exigir que tenha conhecimentos de Excel básico. Caso tenha tal conhecimento, esse profissional poderá elaborar balancetes, demonstrativos de resultados, balanços, relatórios de vendas por produtos, regiões e vendedores etc.

O passo seguinte será capacitar esse funcionário, ou seja, matriculá-lo em um curso rápido de Excel avançado. Se puder contratar alguém que tenha já conhecimento de Excel avançado e, talvez, até do Access®, tanto melhor.

Se já possui um funcionário capacitado, incentive a sua equipe, dando espaço para que aprendam com ele. Quantas empresas perdem tempo com funcionários parados em dias de baixas vendas quando eles poderiam estar aproveitando esse tempo ocioso para capacitação!

? Questões

1. Por que se diz que a informação é o sangue necessário à vida da organização?
2. O que vem a ser um Sistema de Informações (SI)?
3. Que sugestões você daria a um microempresário que não possui recursos para montar um Sistema de Informações (SI)?
4. Quais são as outras funções complementares necessárias para a existência do (SI)?
5. Diante dos milhares de softwares aplicativos para administrar microempresas, que conselhos devem ser dados para quem decide adquirir um desses softwares?

Referências bibliográficas

BIOS, S. R. *Sistema de informação*: um enfoque gerencial. São Paulo: Atlas, 1988.

BNDES. Banco Nacional de Desenvolvimento Social. Disponível em: http://www. bndes.gov.br/wps/portal/site/home. Acesso em: 22 abr. 2005.

BATISTA, E. O. *Sistemas de informação*: o uso consciente da tecnologia para gerenciamento. São Paulo: Saraiva, 2005.

CAMPOS, E.; TEIXEIRA, F. L. C. Adotando a tecnologia de informação: análise da implementação de sistemas de groupware. *RAE-Eletrônica*, São Paulo v. 3, n. 1, art. 2, jan./jun. 2004.

CASSARO, A. C. *Sistemas de informações para tomada de decisões*. 3. ed. São Paulo: Pioneira, 1998.

DRUCKER, P. F. *O melhor de Peter Drucker*: a administração. São Paulo: Nobel, 2001.

ECONOMIA NET. Revista Eletrônica. Pesquisas — Conceitos. Micro e Pequenas Empresas. Disponível em: <www.economia-br.net/economia/5_micro_e_pequenas_empresas.html>. Acesso em: 22 abr. 2005.

FAORO R. R.; ABREU M. F. DE; FIORIO R. DE V. *Um estudo sobre os principais tipos de sistemas de informação*. In: Mostra de Iniciação Científica, Pós-Graduação e Pesquisa, 10, 2010, Vacaria Anais... Vacaria, 2001.

FARAH, O. E. Eu criei a planilha do Excel, *Revista Venda com Tecnologia*, ano 2, n. 5. São Paulo: Inner, 2006.

GARLAN, D. et al. Architectural Styles, Design Patterns, and Objects. *IEEE Software*, California, p. 43-52, jan./fev. 1997.

OLIVEIRA, D. P. R. *Sistemas de informações gerenciais*. São Paulo: Atlas, 1992.

PORTER, M. E. *Competição*: estratégias competitivas essenciais. 6. ed. São Paulo: Campus, 1999.

PRESSMAN, R. S. *Software Engineering*: a Practitioner's Approach. 5. ed. New York: McGraw-Hill, 2001.

SANTOS, J. F.; VIEIRA, M. M. F. *Mudança tecnológica e mecanismos de coordenação:* a introdução da informática em uma empresa de construção civil. In: ENANPAD, 22, 1998, Foz do Iguaçu. Anais... Foz do Iguaçu, 1998.

SCHMITZ, E.; SILVEIRA, D. *Uma metodologia de desenvolvimento de sistemas de informações em empresas de pequeno e médio porte*. In: ENANPAD, 26, 2002, Salvador. Anais... Salvador, 2002.

SEBRAE/RJ. Disponível em: <http://www.sebrae.com.br/sites/PortalSebrae/ufs/rj?-codUf=20>. Acesso em: 22 abr. 2005.

STAIR, R. M. *Princípios de sistemas de informação*: uma abordagem gerencial. Rio de Janeiro: LTC, 1998.

TREPPER, C. *Estratégias de e-commerce*. Rio de Janeiro: Campus, 2000. 319 p.

O Papai Noel

Quando Najla começou a incluir brinquedos na Casa dos Presentes, que antes só vendia utilidades domésticas, a Loja do Rafí era sua concorrente mais forte.

Com essa estratégia, ela aumentou sua participação nesse segmento de mercado, detendo 70% da clientela da cidade. No entanto, a Loja do Leal, que parcelava os preços de seus produtos, começou a concorrer fortemente com a Casa dos Presentes. E os supermercados, ao incluir brinquedos em suas gôndolas, passaram a tirar parte dos clientes dessas lojas. *Salim, filho de Najla, incumbiu-se de encontrar uma saída estratégica e rápida. Nessa época, ele tinha 15 anos.*

Explicou o plano para a sua mãe. Najla pensou sobre o assunto e, finalmente, deu-lhe um voto de confiança.

Fez um impresso na gráfica para distribuição nas casas, via correio. Era uma carta do Papai Noel da Casa dos Presentes, prometendo que, no Natal, visitaria as casas das crianças.

O apelo principal era: *"Eu, o Papai Noel da Casa dos Presentes, entregarei o presente que você mais gostou em sua casa. Peçam para o papai e a mamãe irem até a Casa dos Presentes, para nos dizer o que vocês gostariam de ganhar neste Natal".*

A segunda parte do plano já estava arquitetada. Sua irmã Euzelina confeccionou uma roupa de Papai Noel, e Salim e seu irmão Beethoven gravaram uma propaganda com fundo musical de cantigas de Natal. Então eles saíam pelas ruas da cidade com o som ligado, Beethoven na direção e Salim do lado do passageiro, tocando sininho e acenando para a criançada, além de jogar panfletos e algumas balas (das mais baratas, é claro).

O plano começou a surtir efeito. Najla sorria com o aumento das vendas. A criançada queria receber o presente das mãos do Papai Noel (Naquele tempo, a maioria das crianças acreditava que o bom velhinho é quem trazia o seu presente).

No dia do Natal, foi aquela correria. Seus pais e alguns irmãos atendiam no balcão. José, o mais velho, separava os brinquedos e montava o itinerário de entrega. Salim e Beethoven faziam várias viagens. Era muito trabalhoso, mas muito divertido.

A estratégia deu certo.

Gestão de marketing

Antonio Carlos Giuliani
Nadia Kassouf Pizzinatto
Teresa Dias de Toledo Pitombo

7.1 Conceitos de marketing
7.2 Estruturas organizacionais de marketing
7.3 Estrutura organizacional do sistema de marketing
7.4 Gestão de desenvolvimento de produto
7.5 Considerações finais

Busque pela excelência, e não pela perfeição.

H. JACKSON BROWN JÚNIOR

Objetivos do capítulo
O objetivo deste capítulo é apresentar uma revisão conceitual sobre marketing, bem como sobre o reconhecimento de suas funções, a clareza da necessidade de serem executadas e as formas organizacionais que podem ser adotadas para a manutenção e o crescimento do empreendimento.

Entrando em ação
O sistema de marketing compreende quatro grandes etapas, quais sejam: reconhecimento de um problema, planejamento da pesquisa e sua execução, e comunicação de seus resultados; para tanto, é preciso esforço e muita dedicação.

Estudo de caso
José, um empreendedor, encontrava-se em um impasse após programar seu plano de negócio, pois não dera muita ênfase para o marketing, uma vez que dera ouvidos a todas as pessoas que o influenciaram, dizendo-lhe que seria precipitado investir muito capital em estratégias, ações e ferramentas de marketing, e sua visão era de que tais estratégias apenas poderiam ser praticadas por grandes empresas, o que não era o seu caso.

Diante disso, ele precisaria obter respostas para as seguintes perguntas:
- O que vem a ser sistema de marketing?
- O que deveria fazer para elaborar um sistema de informação de marketing?
- Cabe ao microempresário realizar pesquisas de mercado?
- É possível o pequeno empreendedor gerir a comunicação integrada de marketing com pouco custo?

Essas e outras questões serão respondidas e mais bem compreendidas com a ajuda dos tópicos estudados neste capítulo.

7.1 Conceitos de marketing

Indo ao encontro das perguntas formuladas por José, definiremos, em primeiro lugar, o conceito de marketing.

Segundo a *American Marketing Association* (AMA), "o marketing é uma atividade, conjunto de instituições e processos para criar, comunicar, entregar e trocar ofertas que tenham valor para os consumidores, os clientes, os parceiros e a sociedade em geral".

Outros autores conceituados apontam para a mesma direção da apresentada pela AMA, o que nos permite dizer que o marketing assume grandes proporções e pode ser aplicado em qualquer segmento da economia (governamental, varejo, serviços, terceiro setor, entre outros) e a qualquer tamanho de negócio, desde uma grande empresa até uma microempresa. O que diferenciará sua aplicabilidade serão os objetivos de curto, médio e longo prazos a serem alcançados, logicamente incluindo os custos.

O marketing, por muitas vezes, em razão de sua história, é confundido com vendas, ou pensa-se que seja propaganda ou tenha a ver com a disponibilização de produtos nas lojas e o controle de estoques para vendas futuras. Na realidade, todas essas ações e muitas outras estão envolvidas nesse vocábulo. O marketing, porém, tem uma abrangência muito grande, por conta dos tipos de marketing e sua aplicabilidade.

Para melhor compreensão do significado de marketing, faz-se necessário descrevê-lo sob três dimensões diferentes, apresentadas por Mattar (1996): filosófica, funcional e operacional.

- *Dimensão filosófica* • As decisões da empresa são realizadas para procurar satisfazer as necessidades e os desejos do consumidor.
- *Dimensão funcional* • Diz respeito à troca, o que significa que se deve estudar as relações de troca, considerada aqui como uma transação comercial, como o ato de obter um produto desejado.
- *Dimensão operacional* • Diz respeito ao que precisa ser feito para promover as trocas que visam à satisfação das necessidades e dos desejos dos consumidores, que, se atendidos, permitirão à empresa atingir seus objetivos de permanência no mercado, obtendo lucro e alcançando o crescimento.

Desse ponto de vista, conceitua-se marketing como o processo de planejamento e controle das variáveis: produto, preço, praça e promoção.

Com base nos conceitos apresentados, pode-se afirmar que marketing é um processo que envolve um conjunto de indivíduos, subdivididos em dois grupos — mercado vendedor e mercado comprador —, os quais têm desejos e necessidades que precisam ser supridos por meio da criação e da troca de produtos e serviços. Neste capítulo, será mostrada a estrutura de um sistema de marketing completo, no qual ocorre as trocas entre os mercados vendedor e comprador. Embora a empresa que inicia suas atividades possa ainda não possuir um departamento específico de marketing, é importante reconhecer que faz parte de um sistema mercadológico dentro do qual deverá planejar seu crescimento futuro.

 7.1.1 Tipos de marketing

Os tipos de marketing são as variações e as aplicações em que o marketing se adapta às necessidades da empresa.

- **Marketing transacional** • Como a própria palavra evidencia, trata-se da transação em que o foco está especificamente na relação econômica para o *mix* de marketing (produto, praça, preço e promoção).

- **Marketing de relacionamento** • Busca diferenciar-se por meio do bom relacionamento com seus clientes, fornecedores, acionistas e com todos os relacionamentos externos à empresa, e também do comprometimento de seus colaboradores, terceirizados e de todos os outros grupos com os quais a empresa mantém relações comerciais e sociais.
- **Marketing social** • Tem como foco a mudança de comportamento, contribuindo para uma sociedade mais justa.
- **Marketing verde** • Busca desenvolver produtos que não agridam o meio ambiente, conquistando uma boa imagem de sensibilidade ambiental.

O empreendedor, de alguma maneira, buscará em suas atividades uma sinergia entre os setores e as atividades, resultando, assim, um marketing **holístico**, ou seja, a interação e a integração de todas as partes, como se vê na Figura 7.1.

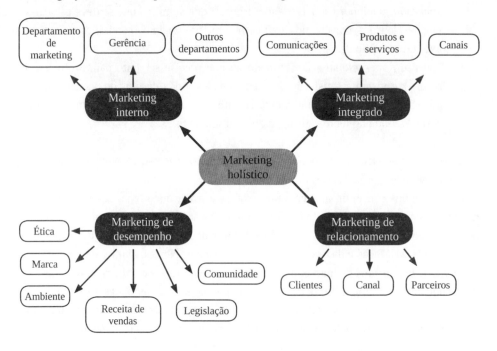

Figura 7.1 • Dimensões do marketing holístico.
Fonte: Kotler e Keller (2012, p. 18).

Conforme apontado na Figura 7.1, há necessidade de um aprofundamento sobre as estruturas organizacionais de marketing.

7.2 Estruturas organizacionais de marketing

O papel das ***estruturas organizacionais*** é explicitado por Stevens et al. (2004), em que são apresentados os relacionamentos entre os agentes envolvidos em determinada organização. A importância dessas estruturas para a área de marketing também é apontada pelos autores, uma vez que é a partir delas e da colaboração de todos os envolvidos na empresa, que a organização estabelece uma relação para o planejamento de marketing.

Com base nas estruturas organizacionais de marketing, Mattar (1996) afirma a inexistência de um modelo específico para a execução das funções de marketing, mas sim em toda a sua estrutura.

As formas tradicionais de organização da área de marketing obedecem a alguns princípios básicos de especialização: função, região geográfica, produto ou mercado:

- *Organização por função* • É um modelo bastante simples e é adotado por empresas que atuam em mercados com características bem homogêneas em seus aspectos estruturais e comportamentais.
- *Organização por região geográfica* • Esse modelo procura contemplar diferenças mercadológicas decorrentes das especificidades de cada mercado regional em que a empresa atua.
- *Organização por produto* • Esse modelo é encontrado em empresas que comercializam compostos de produtos com diferentes níveis de diversificação, visando atender a segmentos de mercado com demandas também específicas.
- *Organização por mercado* • Esse modelo é adequado naquelas situações em que a empresa atende a dois ou mais mercados com características muito próprias, o que a obriga a desenvolver algum nível de especialização em sua estrutura de marketing para atendê-los de forma competente.
- *Organização matricial* • Com esse modelo, procura-se combinar, simultaneamente, duas ou três dimensões da organização no mesmo nível hierárquico.

7.3 Estrutura organizacional do sistema de marketing

A área de marketing, estruturalmente falando, pode organizar-se em departamentos ou funções que atendam às necessidades de gestão em diversos enfoques, como desenvolvimento de produtos, vendas, comunicação, distribuição física, estudos de mercado (veja a Figura 7.2).

A área de marketing envolve questões como gestão do relacionamento com o cliente, tanto o interno quanto o externo. Sob esse enfoque, o marketing assume a "orientação para o valor", ou seja, procura identificar quais serviços podem ser agregados ao produto, para dar valor, na ótica do cliente, conferindo-lhe um diferencial competitivo em relação à concorrência (Pizzinatto, 2005).

Figura 7.2 • Estrutura do sistema de marketing.
Fonte: Farah et al. (2008, p. 92).

Para que a empresa defina o porquê e para quê existe, é vital o reconhecimento das forças ambientais que agem sobre o seu negócio para transformar, antecipando problemas em oportunidades de crescimento.

Coletar as informações do mercado e processá-las pelo sistema de informações de marketing proporciona os pré-requisitos para a realização das atividades de planejamento e o controle de marketing.

Um *sistema de marketing* tem por objetivo fornecer aos interessados informações pertinentes a determinado assunto (Mattar, 1993, p. 31). Seu objetivo fundamental é contribuir para a tomada de melhores decisões no relacionamento de uma empresa com seu mercado, como se percebe na Figura 7.2, na qual se mostra a estrutura do sistema de marketing e sua integração por meio de diversas funções gerenciais.

7.4 Gestão de desenvolvimento de produto

O contexto atual assinalou mudanças no relacionamento entre empresas e consumidores; a globalização chegou e provocou modificações profundas. É preciso compreender que, para elaborar uma estratégia, a melhor forma é cuidar do posicionamento de produtos e serviços.

Pode-se considerar produto tudo o que é tangível, ou seja, tudo aquilo que uma pessoa recebe em uma relação de troca, seja tal relação favorável ou desfavorável.

O conceito de produto traz em seu bojo um conjunto de características destinadas ao atendimento do consumidor, como preço, qualidade, rapidez na entrega, utilidade, facilidade de manutenção etc. Vale lembrar que, em detrimento da crescente exigência do mercado consumidor, há cada vez mais produtos ofertados no mercado; por isso, é necessário desenvolver produtos que atendam aos desejos do mercado. Para garantir o cliente final, não basta o produto ter um bom posicionamento, pois as posições de mercado raramente são permanentes. A atividade competitiva, as novas tecnologias e as mudanças internas podem levar uma organização a reposicionar a si mesma e a seus produtos (Giuliani, 2003).

Como os produtos são perecíveis, por mais duráveis que sejam, é importante definir estratégias para prolongar o seu ciclo de vida.

De que maneira o produto pode melhor atender aos anseios do mercado?

Segundo Kotler (Kotler e Armstrong, 2012), para compreender o ciclo de vida de um produto e planejá-lo de forma exequível, é necessário considerar algumas atividades específicas. A Figura 7.3 mostra a gestão de desenvolvimento de produtos com função de planejamento, cujas atividades são elencadas em seguida.

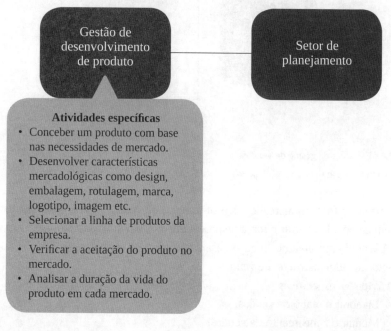

Figura 7.3 • Gestão de desenvolvimento de produto.
Fonte: Farah et al. (2008, p. 94).

7.4.1 Gestão de vendas

As empresas devem definir os objetivos específicos que esperam alcançar com sua força de vendas; portanto, muitas pessoas consideram sinônimos os termos vendas e marketing.

O conceito de gestão de vendas é ampliado para um conceito mais abrangente com Kotler e Armstrong (2012), quando citam a administração da força de vendas, a qual congrega a análise, o planejamento, a implementação e o controle das atividades. Segundo os autores, esse conceito não contempla apenas o planejamento da estratégia e a estrutura da força de vendas, mas também o recrutamento, a seleção, o treinamento, a remuneração, a supervisão e a avaliação dos vendedores da empresa.

O marketing fundamentado em vendas, porém, apresenta grandes riscos para a empresa, uma vez que não se constroem relacionamentos lucrativos de longo prazo com os consumidores. A Figura 7.4 apresenta uma seção de vendas que ilustra a força de vendas.

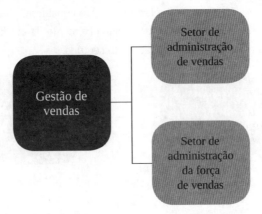

Figura 7.4 • Estrutura da gestão de vendas.
Fonte: Adaptado de Farah et al. (2008, p. 94).

Para manter o foco no mercado, os profissionais de vendas devem saber analisar esse setor, bem como administrar a força de procedimentos e políticas que orientam essas decisões. A seguir, apresentamos uma síntese das atividades específicas.

a. *Setor de administração de vendas*
   Atividades específicas
   - Elaborar o plano de vendas.
   - Montar o zoneamento de vendas.
   - Preparar os fluxos de pedidos.
   - Fazer um banco de dados de clientes ativos, inativos e potenciais.

b. *Setor de administração da força de vendas*
   Atividades específicas
   - Recrutar e selecionar vendedores.
   - Treinar o corpo de vendas.
   - Determinar a remuneração dos vendedores.
   - Fazer reuniões para incentivar e avaliar o pessoal de vendas.

Preparar uma equipe de vendas que seja o elo entre a empresa e seus clientes exige tomar decisões sobre objetivos, estratégia, estrutura e tamanho, ou seja, requer combinar as atividades específicas para assegurar uma equipe de vendas eficaz. Os componentes básicos para a comunicação da empresa com o meio ambiente são: a propaganda, a publicidade, a promoção de vendas, o *merchandising* e as relações públicas (Giuliani, 2003).

7.4.2 Gestão de Comunicação Integrada de Marketing (CIM)

Para uma comunicação eficiente entre a empresa e seus públicos de interesse, deve pautar-se pelas necessidades pertinentes ao momento vivido e por seus objetivos e suas necessidades de curto, médio e longo prazos. Segundo a AMA, a **Comunicação Integrada de Marketing (CIM)** consiste em um processo de planejamento que objetiva criar, reforçar, manter e assegurar os valores da marca, dos produtos e dos serviços que sejam relevantes ao longo do tempo.

Há uma diferença entre a forma de comunicação e o meio pelo qual ela se processa, pois, em algumas situações, elas são confundidas, como apontado na Figura 7.5.

Figura 7.5 • Distinção entre a forma e o meio de comunicação.
Fonte: Elaborado pelos autores.

Pode-se dizer que a CIM é o somatório das comunicações institucional, administrativa e mercadológica, como mostrado na Figura 7.6.

Figura 7.6 • Comunicação integrada de marketing.
Fonte: Elaborado pelos autores.

7.4.2.1 Comunicação administrativa

A comunicação administrativa envolve todo o processo de comunicação dentro da empresa, ou seja, todos os conteúdos relativos ao cotidiano da administração, atendendo às reais centrais de planejamento e às estruturas técnico-normativas, com a finalidade de orientar, atualizar, ordenar e reordenar o fluxo das atividades funcionais. É constituída de comunicação interna, fluxos, redes formais e informais e veículos.

Pode-se dividir o processo da comunicação administrativa em interno e externo. O processo interno, que envolve diretoria, acionistas, setores da empresa e colaboradores, tem como objetivos:
- Disseminar eficiente e eficazmente informações, decisões e fatos relacionados à gestão empresarial (planejamento, organização, coordenação e controle).
- Melhorar o relacionamento entre as pessoas e os setores, horizontal e verticalmente, formal e informalmente.
- Promover motivação, envolvimento e comprometimento do público interno na realização das tarefas.

Já o processo externo, que envolve fornecedores, distribuidores, bancos, prestadores de serviços e entidades patronais (sociais, culturais e esportivas), tem como objetivos:
- Disseminar eficiente e eficazmente informações, decisões e fatos relacionados à gestão da empresa junto aos **stakeholders** externos, como planejamento e ações comuns.
- Melhorar o relacionamento administrativo da empresa com o seu público externo.

Quanto à forma de comunicação, esta pode ser de uma só via, ou seja, apenas o emissor elabora e emite a mensagem (monólogo), incluindo vídeos, jornais/revistas, cartas, rádio, intranet, murais, folhetos, boletins etc.

Quando se tem uma comunicação de duas vias, ou seja, o emissor emite e recebe resposta (*feedback*), têm-se um diálogo, e as formas possíveis são: pesquisa de satisfação, urnas de sugestões, e-mails e *call centers*.

Há ainda as formas de comunicação que permeiam ambas as anteriores (monólogo e diálogo), que são: eventos (convenções, cafés da manhã, palestras), videoconferências, cursos/treinamentos, campanhas de motivação, entre outras. Os eventos também podem ser classificados como atividades aproximativas para os públicos externos.

 7.4.2.2 Comunicação institucional

A comunicação institucional envolve todas as atividades que vão representar a empresa sem que haja uma necessidade mercadológica imediata, ou seja, são aquelas em que a organização se apresenta e constrói sua reputação e imagem perante seus públicos de interesse. É constituída de relações públicas, jornalismo empresarial, assessoria de imprensa, editoração multimídia, imagem corporativa, propaganda, marketing social e marketing cultural.

Os objetivos da comunicação institucional interna (diretoria, acionistas, setores da empresa, colaboradores e familiares e agregados dos colaboradores) são:
- Tornar comum, compartilhar com o público interno a missão, a visão, os objetivos e as metas e os valores da empresa.
- Promover boa vontade do público interno e de seus agregados em relação à empresa.
- Incentivar nos colaboradores o sentimento de orgulho por fazer parte da comunidade empresarial.
- Propiciar condições ambientais e de clima organizacional que evitem ou minimizem conflitos e crises entre setores e pessoas.

Os objetivos da comunicação institucional externa (investidores externos, fornecedores, distribuidores, bancos, órgãos dos governos municipal, estadual e federal, academias, comunidade, entidades internacionais, organizações da sociedade civil, gestores de cultura, esportes e de programas sociais, entre outros) são:
- Tornar comum aos diferentes públicos uma identidade corporativa positiva.
- Promover boa vontade do público externo em relação à empresa.
- Propiciar relações institucionais positivas que evitem ou minimizem conflitos e crises, envolvendo a empresa e seus diferentes públicos.
- Aumentar o nível de admiração e empatia dos *stakeholders* e da opinião pública, incrementando o valor percebido da empresa e de sua marca.

7.4.2.3 Comunicação mercadológica

A *comunicação mercadológica* é direcionada para o mercado, com o intuito de obter retorno financeiro para a empresa. Como forma de atuação têm-se marketing, propaganda, promoção de vendas, feiras e exposições, marketing direto, *merchandising*, venda pessoal, entre outras.

Os objetivos da comunicação mercadológica interna (diretoria, acionistas, setores da empresa, colaboradores) são:
- Vender os produtos da empresa em primeiro lugar para o seu público interno.
- Tornar comum a percepção de que a relação remuneração/trabalho é adequada e justa.
- Disseminar no público interno a convicção de que todos têm uma função mercadológica dentro e fora da empresa. Cada pessoa e cada setor têm produtos/serviços a oferecer para outros.

Os objetivos da comunicação mercadológica externa (bancos e instituições de fomento, fornecedores de infraestrutura, fornecedores de insumos, fornecedores de tecnologia e de informação e clientes institucionais, como atacadistas, varejistas, franqueados, indústrias, consumidores finais) são:
- Tornar comum aos diversos públicos consumidores os diferenciais competitivos da empresa em relação a produto, preço e distribuição.
- Compartilhar com fornecedores informações, decisões e fatos da empresa, a fim de motivá-los a oferecer condições de ofertas atraentes.

O Quadro 7.1 mostra os objetivos do processo de comunicação.

Despertar consciência.	Despertar certo grau de consciência das necessidades e das carências relacionadas ao objeto da comunicação.
Chamar a atenção.	Mensagens repletas de elementos criativos, exóticos, engraçados e até grotescos tendem a chamar a atenção. O receptor precisa ter consciência da relevância da mensagem.
Suscitar interesse.	Os elementos utilizados para chamar a atenção sobre a mensagem devem relacionar-se com o despertar da consciência.
Proporcionar conhecimento.	Mensagem mais informativa e consistente para facilitar a compreensão.
Garantir identificação e empatia.	Informações elaboradas e transmitidas com foco nas características e nas possibilidades de percepção do receptor (vocabulário, perfil social, demográfico e psicológico).
Criar desejo e/ou suscitar expectativas.	A mensagem deve ser sutil, sem estímulo de compra.

>>

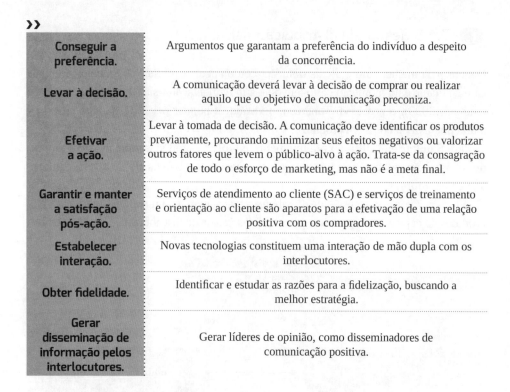

Conseguir a preferência.	Argumentos que garantam a preferência do indivíduo a despeito da concorrência.
Levar à decisão.	A comunicação deverá levar à decisão de comprar ou realizar aquilo que o objetivo de comunicação preconiza.
Efetivar a ação.	Levar à tomada de decisão. A comunicação deve identificar os produtos previamente, procurando minimizar seus efeitos negativos ou valorizar outros fatores que levem o público-alvo à ação. Trata-se da consagração de todo o esforço de marketing, mas não é a meta final.
Garantir e manter a satisfação pós-ação.	Serviços de atendimento ao cliente (SAC) e serviços de treinamento e orientação ao cliente são aparatos para a efetivação de uma relação positiva com os compradores.
Estabelecer interação.	Novas tecnologias constituem uma interação de mão dupla com os interlocutores.
Obter fidelidade.	Identificar e estudar as razões para a fidelização, buscando a melhor estratégia.
Gerar disseminação de informação pelos interlocutores.	Gerar líderes de opinião, como disseminadores de comunicação positiva.

Quadro 7.1 • Processo de comunicação.
Fonte: Elaborado pelos autores.

Para uma comunicação eficaz, é necessária a compreensão dos níveis do processo de comunicação, como apontado na Figura 7.7.

Figura 7.7 • Níveis da comunicação.
Fonte: Elaborado pelos autores.

7.4.3 Gestão da distribuição física

Decidir pela melhor forma de distribuição, como adequar produtos e serviços no lugar, na quantidade e no momento certo, envolve a movimentação física do produto. Segundo Giuliani (2003), o processo é oneroso, podendo responder por até 50% dos custos de marketing associados a um produto.

Para Sandhusen (2003), o planejamento envolve a análise sistemática e a tomada de decisão em relação ao movimento de materiais e de bens finais dos produtores aos consumidores.

A Figura 7.8 ilustra a gestão de distribuição física, comumente utilizada para distribuir produtos de consumo e industriais por meio dos canais de distribuição.

Figura 7.8 • Estrutura da distribuição física.
Fonte: Farah et al. (2008, p. 100).

Com o intuito de fazer o produto chegar mais rápido ao consumidor final, o fabricante deve administrar com competência as relações com o mercado; portanto, a decisão pelo controle da distribuição física exige:
- Planejamento de todas as atividades de distribuição física.
- Supervisão e controle do processo de movimentação dos produtos.
- Cuidados com a política de distribuição.
- Seleção dos canais de distribuição.

Ao setor de expedição e logística, compete:
- Recepcionar os produtos acabados.
- Classificar, armazenar e cuidar dos processos relativos ao armazenamento dos produtos.
- Coordenar e controlar a administração de materiais e das funções de distribuição física.
- Averiguar embalagem, transporte, armazenamento, atendimento a pedidos.
- Gestão de estoques.

7.4.4 Gestão de estudos de mercado

A informação é uma ferramenta importante para a tomada de decisão em marketing; investir nela é uma maneira de otimizar recursos e obter conhecimentos preciosos. Para isso, é preciso escolher fontes que garantam a validade dos dados, uma das quais é a pesquisa de mercado apoiada em dados secundários e/ou primários.

Kotler (Kotler e Armstrong, 2012) afirma que a pesquisa de marketing vem agregar à empresa informações pertinentes aos relatórios e às descobertas, pois isso acontece por meio da elaboração, coleta e análise dos dados coletados.

Compreender o mercado e planejar ações de marketing ajudarão o empreendedor a posicionar sua empresa e seus produtos junto ao consumidor. O planejamento é importante para qualquer empresa, qualquer que seja seu tamanho, porte ou atividade. A Figura 7.9 apresenta a seção de estudos de mercado simplificada com dois setores: o de planejamento e o de informações de marketing.

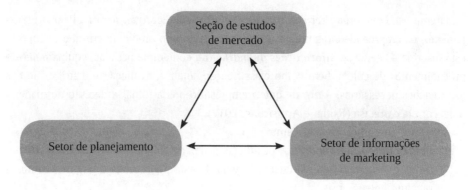

Figura 7.9 • Estrutura da seção de estudos de mercado.
Fonte: Farah et al. (2008, p. 102).

 ### 7.4.4.1 Setor de planejamento

Planejamento pode ser conceituado como o processo de antever o futuro e determinar as próximas ações a serem realizadas, com base nos objetivos pretendidos em curto, médio e longo prazos, minimizando seus possíveis impactos negativos, do que se depreende que deve ser um processo contínuo. Grande parte da mortalidade das pequenas e médias empresas ocorre em razão de fatores intrínsecos a elas, sendo, portanto, indispensável investir em melhorias de produtos e processos e conhecer o segmento em que se vai atuar.

Giuliani (2003) aponta que o pequeno empresário é imediatista, não planeja, e isso decorre da cultura do Brasil, em que a grande necessidade de ser o próprio patrão torna-se, ao mesmo tempo, uma oportunidade e uma ameaça ao negócio.

O empreendedor deve planejar, porque isso leva a administração a pensar no futuro, forçando a empresa a definir e redefinir seus objetivos e a coordenação de esforços, e também esclarecer os padrões de desempenho.

Há um bom número de ferramentas disponíveis, que podem auxiliar na obtenção de resultados eficazes com o planejamento. A seguir, apresentamos cinco pontos que devem ser considerados pelo setor de planejamento:

- Planejar e executar pesquisas de mercado.
- Descobrir oportunidades de mercado.
- Desenvolver a segmentação de mercado para os produtos da empresa.
- Elaborar produtos voltados para o mercado-alvo.
- Avaliar o poder aquisitivo do consumidor-alvo.

7.4.4.2 Setor de informações de marketing

Toda empresa deve organizar seu fluxo de informações, porque, para realizar o planejamento, os empreendedores precisam saber a respeito do ambiente em que a empresa está inserida. O setor de *informações de marketing* contempla pessoas, equipamentos e procedimentos de coleta, bem como classificação, análise, avaliação e distribuição das informações necessárias, a fim de que o empresário possa tomar a decisão de maneira mais correta e precisa (Kotler e Armstrong, 2012).

Podem-se buscar informações em:

- Fontes internas da empresa, pesquisas de marketing, registros internos de pedidos de vendas, preços, custos, níveis de estoque, contas a pagar e contas a receber, entre outras.
- Fontes externas, caracterizadas por dados secundários, publicados para consulta, e dados primários, obtidos diretamente com base em pesquisas de mercado.

Para se ter um sistema de informações confiável, é preciso escolher fontes que garantam a validade dos dados e também construir um banco de dados em que estes sejam armazenados de forma ordenada, o que facilitará o trabalho e auxiliará na tomada de decisões.

A seguir, são apresentadas algumas informações específicas que esse banco de dados deverá conter, ligadas ao perfil dos consumidores-alvo para o produto:

- Consumidores atuais: perfil, hábitos de consumo, fatores de agregação de valor.
- Consumidores potenciais para o produto.
- Produtos concorrentes.
- Impacto da propaganda na venda dos produtos.
- Análise do controle da auditoria das vendas por cliente, região e território.
- Acompanhamento estatístico das vendas.

Na verdade, a construção do banco de dados e seu gerenciamento faz parte do que, no mundo dos negócios, é conhecido pela sigla CRM (*Consumer Relationship Management*), instrumento baseado em banco de dados informatizado, que possibilita a materialização do marketing de relacionamento (Pizzinatto et al., 2005).

● 7.4.4.3 Planejando as atividades de marketing

O planejamento, em especial das atividades de marketing, é indispensável para se obter sucesso em um empreendimento. O marketing tem assumido novos rumos, nos quais o que importa é o relacionamento humano e a formação da imagem junto aos consumidores, o que é uma grande preocupação.

Com exceção de alguns poucos empreendimentos que surgiram como frutos de um bom planejamento, a maioria parece trabalhar com conceitos ultrapassados, gerando prejuízos. Portanto, procuramos apresentar aqui algumas ações de marketing que vão ajudar o empreendedor a elaborar um plano de ação consistente, capaz de colocá-lo à frente de seus concorrentes.

- *A imagem do seu negócio* • O importante para a sua empresa é o que seus clientes pensam dela; se eles a virem de uma maneira negativa, assim será.
- *Nome da sua empresa* • O ideal é que a sua empresa tenha um nome que todos consigam pronunciar, que seja adequado à linguagem de seu público-alvo.
- *Logotipo* • O logotipo deve transmitir a personalidade e a identidade da sua empresa, devendo ser legível e compreensível.
- *Posicionamento* • Sua empresa faz o quê e para quem?
- *Slogan* • Atenção, porque a criação de um *slogan* pode querer mostrar o que você não é.
- *Decoração* • Seus clientes formarão opiniões e conceitos sobre os seus produtos e/ou serviços com base na decoração da sua empresa.
- *Cartão de visitas* • Empresários com poucos recursos financeiros para investir em comunicação devem valer-se de todos os meios que possuem para divulgar seus produtos, serviços e posicionamento. Inclua em seus cartões de visitas os benefícios de se fazer negócio com sua empresa; insira neles os seus valores.
- *Horários e dias de funcionamento* • O horário e os dias de funcionamento fazem parte de seu marketing. Se a sua empresa ficar aberta em dias que seus concorrentes estiverem fechados, você terá alguma chance de ganhar negócios que seriam deles.
- *Atendimento telefônico* • A maneira como seus funcionários, e até mesmo você, atendem ao telefone agrada ou desagrada às pessoas que procuram a sua empresa. Faça um teste: ligue para a sua empresa e escute o que está sendo transmitido.
- *Pós-venda, não, mas pré-venda da próxima venda* • Muitos empresários acham que o processo de marketing termina quando a venda acontece, mas é exatamente

o contrário. O acompanhamento pós-venda é a chave para um bom relacionamento e, sem dúvida, será um facilitador para um próximo negócio com o cliente.
- *Canal aberto* • É indispensável manter um canal aberto com seus clientes e estabelecer um acompanhamento.

As estratégias apresentadas não são as únicas, mas devem fazer parte de um planejamento, em que, com objetivos e metas claramente definidos, poderão posicioná-lo à frente da concorrência. Pode-se dizer que essas ferramentas fazem parte do sistema de marketing de baixo custo, ou seja, marketing de guerrilha, um conjunto de pequenas ações, muitas delas bastante utilizadas pela maioria das empresas. A eficácia , porém, está em utilizá-las de forma integrada e planejada, orientadas por objetivos comuns e mensuráveis.

7.5 Considerações finais

Em uma organização, todos os setores e funções abrangidos pela gestão do marketing compõem o denominado "sistema organizacional de marketing".

O processo de planejamento de marketing, apoiado em sistemas de informações internas e externas à empresa, pode exigir a definição de programas de ação, senão para todos os setores, pelo menos para os que poderão exercer influência na consecução dos objetivos organizacionais.

De qualquer modo, é importante ressaltar o aspecto sistêmico em que as decisões de marketing influem, não somente em relação aos setores que compõem o sistema organizacional, mas também em relação a toda a organização — seus dirigentes e funcionários — e a todos os *stakeholders* organizacionais (segmentos que têm algum tipo de contato com a organização), atingindo, dessa forma, a sociedade como um todo.

Termos-chave

Comunicação integrada de marketing • Abrange a análise das funções estratégicas de cada atividade de comunicação, bem como sua integração contínua e permanente, somando esforços para que a mensagem seja concisa e uniforme.

Comunicação mercadológica • É aquela que contempla as ações desenvolvidas por uma empresa ou entidade para reforçar a imagem de suas marcas, seus produtos e/ou seus serviços, posicionando-as favoravelmente no mercado, aumentando as suas vendas e, por extensão, a sua receita.

Estruturas organizacionais • São todos os aspectos da organização formal, abrangendo divisão do trabalho, especialização e hierarquia.

Holístico • Visão geral, do todo (*holos*).

Informações de marketing • Consiste na coleta, no registro e na análise sistemática de dados a respeito de problemas relacionados à comercialização de bens e serviços.

Marketing de relacionamento • Preocupa-se com a criação e o desenvolvimento de um relacionamento com os clientes.

Marketing social • É a gestão estratégica do processo de inovações sociais a partir da adoção de comportamentos, atitudes e práticas individuais e coletivas, orientadas por preceitos éticos, fundamentados nos direitos humanos e na equidade social.

Marketing transacional • Preocupa-se com a criação de meios de vender mais, independente de quem seja o cliente, o que, em relacionamento com cliente (CRM), não serve muito.

Marketing verde • É a estratégia de marketing voltada ao processo de venda de produtos e serviços que se baseiam em seus benefícios ao meio ambiente.

Sistema de marketing • Conjunto de instituições e de fluxos significativos que ligam as organizações a seus mercados.

Stakeholders • São as partes interessadas e envolvidas, voluntária ou involuntariamente, com a empresa, em que há um objetivo específico de *relacionamento* que traz benefícios para ambas as partes.

💡 Dicas do consultor

Ter um plano de marketing anual com programas semestrais, e até mesmo semanais, contemplando datas especiais, como Natal, Ano-novo, Dia das Mães, Dia dos Pais, Dia dos Namorados etc., é muito importante para definir suas ações de marketing.

O banco de dados deve estar sempre atualizado com as informações coletadas do mercado (o que o cliente quer, o preço que pretende pagar e a qualidade que ele exige) e, assim, disponibilizar elementos para formar o plano de marketing. Além disso, devem ser inseridas informações, como pedidos de vendas, preços, custos, níveis de estoque e contas a pagar e a receber, clientes ativos, inativos e potenciais.

Para elaborar o plano de vendas, monte o zoneamento de vendas e prepare o fluxo de pedidos.

É importante também recrutar e selecionar vendedores, treinar o corpo de vendas, determinar a remuneração dos vendedores, fazer reuniões para incentivar e avaliar o pessoal de vendas. Não descuide também da comunicação interna de marketing (diretoria e colaboradores), disseminando eficiente e eficazmente informações, decisões e fatos relacionados à gestão empresarial. O relacionamento entre pessoas e setores deve ser sempre melhorado; promova motivação, envolvimento e comprometimento do público interno na realização das tarefas. Tenha em mente que você deve "vender" os produtos da empresa, em primeiro lugar, para o seu público interno; atentar para que a relação remuneração/trabalho seja adequada e justa; disseminar no público interno a convicção de que todos têm uma função mercadológica dentro e fora da empresa e que cada pessoa e setor têm produtos e/ou serviços a oferecer para outros.

Quanto ao público consumidor, apresente os diferenciais competitivos da empresa no que tange a produto, preço e distribuição; compartilhe informações, decisões e fatos da empresa com seus fornecedores, a fim de motivá-los a oferecer condições de ofertas atraentes. Faça planos de pesquisa de mercado a fim de descobrir oportunidades de mercado, desenvolver a segmentação de mercado para os produtos da empresa, saber quais produtos são voltados para o mercado-alvo e avaliar o poder aquisitivo do consumidor-alvo.

Planeje todas as atividades de distribuição física, sem descuidar do processo de movimentação dos produtos, da política de distribuição e da seleção dos canais de distribuição

? Questões

1. O microempresário tem condições de criar uma unidade específica de marketing?
2. Que sugestões você daria ao empreendedor para tratar das funções mercadológicas?
3. Que ponto de partida você sugere para um empreendedor construir seu sistema de informações?
4. É possível ao pequeno empreendedor realizar pesquisas de mercado?
5. Como pode o pequeno empreendedor gerir a comunicação com o seu mercado a um custo acessível?
6. Sugira ao pequeno empreendedor processos de gestão da logística que lhe permitam atender às expectativas de entrega dos produtos ao mercado dentro do prazo, sem onerar sua organização.

Referências bibliográficas

American Marketing Association (AMA). Disponível em: <www.ama.org>. Acesso em: 10 mar. 2017.

BENNETT, P, D. *Dictionary of Marketing Terms*. 2. ed. Chicago: American Marketing Association, 1995.

BOONE, L; KURTZ, D. *Marketing contemporâneo*. 12. ed. São Paulo: Cengage Learning, 2009.

CAVALCANTI, M. *Gestão estratégica de negócios*: evolução, cenário, diagnóstico e ação. São Paulo: Pioneira, 2001.

COBRA, M. *Administração de marketing no Brasil*. São Paulo: Cobra, 2003.

FARAH, O. E.; CAVALCANTI, M.; MARCONDES, L.P. *Empreendedorismo estratégico*: criação e gestão de pequenas empresas. São Paulo: Cengage, 2008.

GIULIANI, A. C. *Marketing em um ambiente globalizado*. São Paulo: Cobra, 2003.

KOTLER, P.; KELLER, K. L. *Administração de marketing.* 14. ed. São Paulo: Pearson Prentice Hall, 2012.

KOTLER, P.; ARMSTRONG, J. *Princípios de marketing.* 12. ed. São Paulo: Pearson Prentice Hall, 2012.

HAIR, J. F.; McDANIEL, C. *Princípios de marketing.* São Paulo: Thomson, 2004.

MATTAR, F. N. *Pesquisa de marketing.* São Paulo: Atlas, 1996.

McCARTHY, E. J.; PERREAULT, W. *Marketing essencial.* São Paulo: Atlas, 1997.

OLIVEIRA, F. M. B. *Marketing verde: estudo exploratório no setor industrial.* Dissertação (Mestrado) – Universidade Metodista de Piracicaba (Unimep), Piracicaba. 2004.

PINHEIRO, D.; GULLO, J. *Comunicação integrada de marketing*: gestão dos elementos de comunicação: suporte às estratégias de marketing e de negócios da empresa: fundamentos de marketing e visão da empresa. 4. ed. São Paulo: Atlas, 2013.

PIZZINATTO, N. K. et al. *Marketing focado na cadeia de clientes.* São Paulo: Atlas, 2005.

_____; STRADIOTTO, E.; SPERS, V. R. (coord.). *Administração*: evolução, desafios e tendências. São Paulo: Cobra, 2001.

SANDHUSEN, R. L. *Marketing básico.* 2. ed. São Paulo: Saraiva. 2003.

STEVENS, R. et al. *Planejamento de marketing*: guia de processos e aplicações práticas. São Paulo: Makron, 2004.

YANAZE, M. H. *Gestão de marketing e comunicação*: avanços e aplicações. 2. ed. São Paulo: Saraiva, 2011.

Treinamento para o trabalho

Salim e seus amigos divertiam-se muito com várias brincadeiras, como futebol, queimada, pega-pega, esconde-esconde etc. Na cidade, havia um clube que realizava alguns bailes, mas seus pais administravam seus horários e distribuíam afazeres.

Tinham horário para o trabalho, para os estudos e para o lazer, tudo muito acompanhado e controlado. Salomão, pai de Salim, preocupava-se com a formação educacional dos filhos, tanto assim que, quando na cidade de Cerqueira César, onde moravam, só havia o primeiro grau, ele pagava para os filhos viajarem de trem até as cidades vizinhas, a fim de continuar os estudos, sempre em escolas públicas.

O treinamento para o trabalho se dava de forma interessante. Em primeiro lugar, ele não deixava os filhos sem atividades. Não paravam um minuto sequer. O bar da família funcionava de segunda a segunda, abria diariamente antes das oito da manhã e fechava à noite, após a saída do último freguês.

Após o almoço de domingo, esperava uma hora para fazer a digestão e já os levava para o quintal da casa, que, para a sua tristeza, era de terra. Havia árvores frutíferas que espalhavam folhas e frutos pelo chão que caiam com o vento. As amigas que visitavam de vez em quando as irmãs de Salim também entravam no trabalho. Salomão não perdoava ninguém.

Num domingo, uma de suas filhas, criando coragem, falou:

– Pai, é pecado trabalhar no domingo.

– "Filhínea", "becado" é roubar.

Gestão de pessoas

Yeda Cicera Oswaldo
Elaine Aparecida Dias
Graziela Oste Graziano

Conteúdo

8.1 Introdução
8.2 Desenvolvimento de pessoas
8.3 Valorização e reconhecimento das pessoas
8.4 Considerações finais

Nunca se satisfaça com o que já tenhas feito. Só podes ver o que falta fazer.

MARIE CURIE

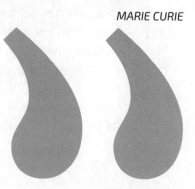

Objetivos do capítulo
Este capítulo apresenta o conceito empregado nas estratégias que objetivam atrair, reter, potencializar e administrar o capital humano de uma empresa. As empresas que o possuem entre suas políticas internas são aquelas que formam profissionais mais bem qualificados e motivados para desempenhar as suas funções.

Entrando em ação
A gestão de pessoas é considerada um dos maiores desafios dos negócios. Quando o empreendedor trabalha sozinho ou com pessoas da família, costuma não se preocupar com isso, mas quando a equipe cresce, surgem os problemas com o pessoal, e ele sente a necessidade de profissionalizar a gestão de pessoas. Para que qualquer tipo de negócio tenha êxito e cresça, são necessários dois elementos fundamentais: processos e pessoas. E, logicamente, só existem processos com as pessoas, então o sonho de um empreendedor passa a ser um quadro de profissionais qualificados, motivados e engajados, pois sem eles não há resultados nem crescimento.

Estudo de caso
Taíse é diretora da Biolin. Sua gestão encontra-se em dificuldades por conta das grandes mudanças que têm acontecido em sua empresa, em razão do crescimento. Sabe que as mudanças estruturais acontecem rápido, mas quando se trata de pessoas, estas acontecem com maior dificuldade por conta da resistência. Para implementar mais rapidamente as mudanças na empresa, ela decidiu criar equipes multifuncionais para analisar e tratar de problemas interdepartamentais, como definição de objetivos, planejamento de mudanças, coordenação, comunicação e estratégias. Taíse quer crescer, mas manter a mesma cultura por meio do trabalho em equipe.
- Como deveria fazê-lo?
- Para ela, a maneira eficaz de promover motivação e participação nas pessoas é localizar e capacitar líderes e remover o velho estilo gerencial autocrático e impositivo que ainda predomina na empresa. Então, como fazer isso? Que critérios utilizar? Como gerar mudanças?

Essas e outras questões serão respondidas e mais bem compreendidas com a ajuda dos tópicos estudados neste capítulo.

8.1 Introdução

O *gerenciamento de recursos humanos* preocupa-se com técnicas e práticas comportamentais para estabelecer um vínculo entre o colaborador e a empresa ao criar e implementar sistemas para atrair, desenvolver e motivar pessoas dentro da organização. Independentemente do porte e de quem fará o papel do gestor dessa área (um profissional da área ou o sócio, por exemplo), a empresa que possui um sistema de recursos humanos completo conta com três processos fundamentais que se influenciam mutuamente: movimentação, desenvolvimento e valorização dos profissionais que nela trabalham (Dutra, 2009; Vecchio, 2008).

Atualmente, o principal desafio das empresas é posicionar-se competitivamente em meio a um cenário repleto de mudanças e incertezas, acompanhar, evoluir e adaptar-se para sobreviver e crescer. As mudanças e as oportunidades somente são implantadas por meio de pessoas engajadas, comprometidas e motivadas. São elas, juntamente com o empreendedor, a força motriz que farão as coisas acontecer.

O momento atual é de *mudanças* e conhecimento. Em questão de meses, um produto ou um serviço torna-se obsoleto. A chance de organizações tradicionais desaparecerem nos próximos cinco anos é de uma em três, e a principal causa de mortalidade é a dificuldade de adaptação a um ambiente complexo, no qual todos os *stakeholders* são cada vez mais exigentes. Sem uma equipe motivada e engajada, dificilmente a empresa sobreviverá nesse cenário.

Vive-se no século do conhecimento, e o detentor deste é capaz de posicionar-se diante dos mercados complexos e fazer toda a diferença no mundo. Esse processo advém de uma busca contínua por novos caminhos e pelo aperfeiçoamento de outros já existentes. O recurso mais importante no atual cenário competitivo e de mudanças são as pessoas. Conhecimento, capital humano, capital intelectual e gestão do conhecimento, embora com implicações e significados diferentes, são os desafios das empresas em tempo de mudanças (Fleury; Fleury, 2001).

Os trabalhos mecânicos, automáticos e com baixa qualificação serão, aos poucos, substituídos por máquinas e tecnologia. Estima-se que em 2030 as empresas terão à sua disposição muitos profissionais com pouca qualificação, os quais concorrerão impetuosamente a uma vaga de emprego em troca de um salário baixo, enquanto os muito qualificados serão disputados pelas organizações e os medianos ficarão desempregados.

E é nesse contexto que as empresas atuarão daqui para o futuro, na disputa por talentos, por aqueles que detêm o conhecimento e que realmente possam fazer a diferença. Esse tipo de capital — o conhecimento —, em geral, não possui origem financeira. Não podemos comprar iniciativa, lealdade ou dedicação de corações e mentes. Precisamos ganhar essas coisas; sobretudo, precisamos motivar as pessoas a querer fazer as coisas que a empresa precisa, porque, assim, ambos — empresa e colaborador — serão beneficiados. Uma espécie de troca ganha-ganha. As pessoas não se entusiasmam com as motivações alheias, a não ser que elas se tornem as próprias motivações.

Para gerir pessoas, o empresário tem de compreendê-las permanentemente. O sistema de gestão do elemento humano funciona em sinergia; não é possível realizar um bom processo seletivo, captar o melhor profissional do mercado e depois não o valorizar ao longo do tempo. Certamente, ele deixará a empresa. O empresário, ainda que ele mesmo não faça diretamente a gestão de pessoas, precisa compreendê-las, avaliar sua entrega e captar e reter os melhores talentos, além de desenvolvê-los e valorizá-los. Nesse caso, a gestão de pessoas não é somente com o departamento de recursos humanos, mas sim uma responsabilidade compartilhada de empresários, líderes e gestores, independentemente do porte da empresa.

 8.1.1 Entrega

Os profissionais, em geral, são analisados e avaliados com base em suas competências e sua capacidade de entrega, mas podem não entregar aquilo que possuem. A empresa reveste-se de cuidado para contratar aqueles talentos que apresentam as características de que precisa e, mesmo assim, é muito comum não haver uma relação equilibrada de troca, porque os profissionais podem ter todas as características de que ela necessita, mas a entrega depende da própria disposição e das condições do meio (Dutra, 2011).

Além do desejo de querer ou não entregar o que possuem, as pessoas podem ser subaproveitadas no trabalho, ou o trabalho pode ter uma alta carga de exigência que faz a energia da pessoa cair, não lhe sendo possível entregar melhores resultados. Por isso, cada vez mais a entrega (E) é entendida como tão importante quanto o *CHA* (Conhecimentos, Habilidades, Atitudes), resultando em *CHAVE* (Conhecimentos, Habilidades, Atitudes, Valores e Entrega) (Oswaldo, 2015).

Apenas profissionais comprometidos fazem a verdadeira entrega, e a ausência de comprometimento é endêmica, gerando desempenho fraco em pequenas, médias e grandes empresas. Rampersad (2012) classifica os colaboradores em três tipos:

1. *Comprometidos* • Aqueles que trabalham por paixão e sentem uma profunda conexão com a empresa; eles promovem inovações e impelem o avanço da organização.
2. *Não comprometidos* • Funcionários que são essencialmente supervisionados; são preguiçosos no período de trabalho e disponibilizam o tempo, mas não a energia ou a paixão, para a execução de suas tarefas.
3. *Totalmente descomprometidos* • Pessoas totalmente insatisfeitas no trabalho e que, cotidianamente, boicotam os sentimentos e as atividades que os colegas comprometidos conseguem realizar.

Diante de um bom trabalho de desenvolvimento e valorização, os profissionais não comprometidos podem ser influenciados e tornar-se profissionais comprometidos, mas também podem tornar-se totalmente descomprometidos e constituir um problema para a empresa, caso sejam negligenciados. Aqueles profissionais descomprometidos dificilmente se entregarão à empresa, pois seus prazeres e sua satisfação encontram-se fora dela. Após detectar um profissional totalmente descomprometido, o gestor de pessoas deve chamá-lo para um *feedback*, pontuar os fatos que demonstram sua falta de engajamento e mostrar quanto esse comportamento é prejudicial para a equipe. Se for um funcionário-chave e a empresa entender que há necessidade de desenvolvê-lo, pode investir em um programa de *coaching* para ele. Se nada der resultado, quanto antes desligá-lo, melhor. A melhoria do desempenho das organizações requer uma força de trabalho altamente envolvida e satisfeita (Rampersad, 2012).

 8.1.2 Movimentação de pessoas

A movimentação de pessoas ocorre pelo movimento físico de cada pessoa na empresa e relaciona-se ao seu desenvolvimento na organização, estando ligada a decisões como: planejamento, atração, socialização e aclimatação, reposicionamento ou recolocação das pessoas (Dutra, 2011).

Trataremos neste capítulo de assuntos básicos relacionados à movimentação de pessoas, que são, principalmente, a captação de talentos e a internalização de ações que visam à construção de uma relação entre a pessoa e a organização.

 8.1.3 Captação de talentos

Captar pessoas é encontrar e estabelecer uma relação de trabalho com aquelas que atendam à necessidade da organização e da função. A captação das pessoas certas é o início de um processo que culmina com a entrega delas para atender às demandas da empresa (Dutra, 2009).

Atualmente, as organizações dispõem de várias técnicas de contratação, podendo ser por tempo determinado (temporário), por tempo indeterminado (atualmente, a forma mais usual) ou a contratação de pessoas jurídicas para prestação de serviços. Há também as cooperativas de trabalho e outras legislações específicas para grupos de trabalhadores de outros segmentos, como na área agrícola, em que trabalham nos períodos de safra.

Em uma pequena empresa, é muito comum observarmos o próprio sócio ou proprietário fazer a seleção de seu pessoal, pois muitos imaginam ser mais prático e menos oneroso para a empresa. Além disso, muitos acreditam que sabem um pouco sobre entrevistas e seleções. Nesses casos, a empresa costuma recorrer a indicações de outras pessoas, anúncios em jornais impressos ou eletrônicos, LinkedIn, *fan pages* ou sites que anunciam vagas, bem como banco de dados ou agentes governamentais (Programa de Atendimento ao Trabalhador — PAT), por exemplo.

178 · Empreendedorismo estratégico

Isso tudo é válido e tentador, mas nem sempre é viável na prática, pois recrutar e selecionar um profissional demanda um grande tempo do selecionador, e se esse for o empresário, talvez seja mais eficaz investir seu precioso tempo naquilo em que ele realmente é bom e que produzirá resultados a médio e longo prazo para a empresa. Além disso, um bom recrutamento demanda conhecimentos que muitas vezes ele não possui.

Por isso, a contratação de uma empresa externa, para a qual ele possa transferir essa responsabilidade, é bastante interessante. Nesse caso, é importante que o empresário avalie as condições contratuais de uma agência de recursos humanos (RH) e também a relação custo/benefício. Essas empresas possuem *know-how* para tratar desses assuntos e já enviam um candidato muito próximo ao perfil solicitado pela empresa. Além disso, é comum que elas reponham o profissional caso haja demissão dentro do período contratual.

Faixa salarial	Percentual cobrado	Período de reposição
Até R$ 5.000,00	50% do salário mensal	60 dias
De R$ 5.001,00 a R$ 8.000,00	70% do salário mensal	90 dias
De R$ 8.001,00 a R$ 15.000,00	100% do salário mensal	120 dias

Tabela 8.1 • Taxa de recrutamento e seleção.
Fonte: ISI Infinity (2016).

Os serviços incluídos na taxa de uma agência de RH costumam ser: recrutamento, pré-triagem, seleção, testes básicos (português, redação, matemática, raciocínio lógico, conhecimentos gerais ou algum específico, a critério da empresa), entrevistas individuais e competência (quando necessário), dinâmicas de grupo (quando aplicável) e infraestrutura para a realização dos processos. Diante disso, o empresário deve avaliar o custo/benefício de a própria empresa realizar o recrutamento e a seleção ou terceirizar esse serviço.

O fato é que o cuidado no processo seletivo é fundamental para uma boa gestão de pessoas; é a porta de entrada para os bons ou os maus talentos. Uma seleção ruim pode prejudicar demasiadamente a empresa e não nos referimos apenas ao dinheiro investido, mas principalmente ao tempo perdido com ambientação e treinamento, que nunca mais retornam para a empresa.

Sempre se acreditou que o pior que uma seleção equivocada poderia provocar era a contratação da pessoa errada, mas essa é a terceira pior situação. Dois problemas ainda mais graves são: (1) deixar de reconhecer e contratar a pessoa certa, deixando que esse candidato ideal passe despercebido pelo processo de seleção; e (2) deixar a pessoa errada no cargo por tempo demais (Charan; Drotter; Noel, 2012).

8.1.4 Internalização das pessoas

A internalização diz respeito à ambientação, à integração da pessoa, à empresa e às boas-vindas que se dá a ela, apresentando-a a pessoas e setores e informando, de forma geral, sobre a organização do negócio. Essa ambientação costuma ser feita pelo RH, pelo próprio empreendedor ou por uma pessoa designada para esse fim.

Entendemos que esse é o momento ideal para, de forma gentil e educada, apresentar e entregar o Manual de Integração e Comportamento do Colaborador. Alguns autores defendem que algo desse tipo pode moldar o trabalhador e tirar sua essência e criatividade; no entanto, a prática mostra que quanto antes o colaborador conhecer o que é aceitável ou não na empresa, melhor será a convivência. Portanto, um manual é muito interessante para que o profissional conheça as regras do jogo. Além das questões comportamentais, tudo o que a empresa considerar importante que o funcionário saiba pode constar nesse material, como a história da empresa, sua missão, sua visão e seus valores, sua organização e também funcionamento, horários, direitos e deveres, entre outras informações.

8.1.4.1 Contrato psicológico de trabalho

Antes e durante a internalização, além dos vínculos formais de trabalho, as pessoas e as organizações tendem a firmar contratos de natureza psicológica. O contrato psicológico de trabalho é um fenômeno psicossocial, abstrato, que liga as pessoas às organizações por meio de um conjunto de expectativas que se estabelece entre ambos. Esse contrato é orientado para o futuro, pois sem a expectativa de intercâmbio no horizonte, as partes envolvidas não se sentiriam motivadas a contribuir e a relação acabaria.

A expressão contrato psicológico foi elucidada por Argyris (1960), para descrever a relação entre empregados e empregadores em uma fábrica. O conceito foi aprimorado ao longo do tempo e definido hoje como um tipo de contrato não escrito que implica a existência, por parte da organização e do colaborador, de expectativas não explícitas que ambos pretendem que sejam realizadas em um processo de trocas (Oswaldo, 2015).

Essa relação tem início nas negociações entre o candidato e o representante da futura contratante, prolongando-se por todo o vínculo empregatício. Nesse processo, existe uma percepção individual e subjetiva do colaborador, que pode estar associada a elementos concretos (salário, promoções) ou abstratos (segurança, desafio pessoal). O contrato psicológico é mutável e dinâmico, podendo ser renegociado e revisto ao longo do tempo, mas, ainda assim, enseja direitos, privilégios e obrigações de ambas as partes.

Esses contratos são classificados em transacionais e relacionais. Transacionais são aqueles cujas trocas são específicas e quantificáveis, ou seja, o funcionário oferece o serviço em troca de valores monetários e econômicos, e os relacionais podem incluir ou não trocas monetárias, mas geram uma expectativa de longo tempo de relação com a empresa, e incluem fatores como apoio e lealdade (Rousseau; Hui; Lee, 2004).

Os contratos tidos como equilibrados conjugam fatores de ambos os modelos, resultando situações justas na troca de benefícios e recompensas. Nesse modelo, a empresa promove a empregabilidade em longo prazo, cria oportunidades de carreira, incentiva a formação continuada e remunera o profissional em razão de seu desempenho. O funcionário, por sua vez, desenvolve competências valorizadas pela empresa, empenha-se no trabalho e compromete-se com os resultados.

Quando ocorre a violação dos preceitos do contrato psicológico, é grande a iminência de quebra do contrato real (legal, por escrito). A transgressão contratual acarreta imediatamente a quebra de confiança e pode desencadear situações negativas, como aumento da rotatividade, maior absenteísmo, diminuição do nível de satisfação laboral e menor envolvimento com a empresa (Oswaldo, 2015).

Organizações comprometidas com seus colaboradores reconhecem que o comprometimento das pessoas, caracterizado por sentimentos afetivos positivos, é um vínculo do trabalhador com os objetivos e os interesses da organização, o que não pode ser obtido por meio de força ou coação. Seria natural uma pessoa expressar sentimentos com o intuito de gostar e desejar se esforçar pela organização, enquanto esta tende a reforçar a relação por meio da implementação de políticas positivas na gestão de pessoas.

8.2 Desenvolvimento de pessoas

Desenvolver pessoas significa criar estímulos e condições para que os profissionais cresçam dentro da empresa. Nesta seção, serão abordados dois itens fundamentais para o desenvolvimento: treinamento e desenvolvimento e responsabilidade compartilhada da gestão de carreira.

8.2.1 Treinamento e desenvolvimento

Estimular o desenvolvimento contínuo das pessoas é uma maneira de manter a vantagem competitiva empresarial e reter seus talentos, e sobretudo, valorizá-los e estimular seu crescimento profissional, estabelecendo uma relação de troca justa e pautada no ganho-ganha.

O conceito de desenvolvimento está associado à complexidade da função, aos negócios da organização e às necessidades de carreira do profissional. Sendo assim, é necessária a criação de bases e interesses organizacionais atrelados à motivação e ao desenvolvimento dos profissionais.

Uma pessoa desenvolve-se quando amplia sua capacidade de entrega, encontra significado no que faz e recebe apoio e incentivo por seu constante desenvolvimento; assim, é importante salientar o compromisso da empresa em propiciar um ambiente que estimule nas pessoas a vontade de sempre melhorar e oferecer o melhor de si.

Não há dúvidas a respeito da importância dos processos de treinamento e desenvolvimento; porém, em boa parte das pequenas empresas, essa ainda é uma prática incomum, provavelmente porque, para a maioria dos pequenos empresários, treinamento e desenvolvimento estejam diretamente relacionados aos custos com cursos externos. No entanto, há muitas outras formas de desenvolvimento que não necessariamente geram grandes custos. Como exemplo, presentear os colaboradores com livros temáticos do que se pretende desenvolver, criar grupos de estudo dentro da própria empresa, incentivar a participação em palestras e cursos gratuitos e realizar mentoria aos profissionais menos experientes.

Ainda assim, toda empresa deve reservar parte de seu orçamento a treinamento e desenvolvimento; como exemplo, citamos o pagamento total ou parcial de cursos de graduação, pós-graduação, cursos livres e processos de *coaching*. Os colaboradores sentem-se motivados, valorizados e energizados quando adquirem novos conhecimentos.

Ao analisar a retenção de talentos e o desenvolvimento dos profissionais, a gestão de pessoas deve considerar as bases da individualidade das pessoas, a análise das diferenças individuais, a análise da efetividade das ações de desenvolvimento e a adequação das ações que vão desenvolver os profissionais (Dutra, 2009).

A obtenção desse envolvimento e comprometimento não se dá por meio de um belo discurso sobre os objetivos sociais ou sobre sua importância na empresa. Tudo isso tem seu peso, mas existem fatores que ultrapassam salários, benefícios e facilidades. O mais importante é a pessoa visualizar suas expectativas no futuro, somente assim ela pode se comprometer (Dutra, 2012).

⬤ 8.2.2 Gestão de carreira: uma responsabilidade compartilhada

As novas abordagens de gestão de carreira preconizam, de maneira geral, a autogestão da carreira, a independência do indivíduo em relação às carreiras tradicionais das organizações, a necessidade de adaptações às novas mudanças e a responsabilidade da pessoa pela própria carreira, dando ênfase aos seus aspectos subjetivos. Abre-se, nesse campo, a possibilidade de a pessoa seguir seus ideais, fazer algo com paixão, ter prazer no que faz e seguir a própria vontade e seu desejo mais profundo (Oswaldo, 2015).

Com todo encargo da carreira passando da organização para o indivíduo, é bem possível que haja um entendimento equivocado para ser desnecessário que as empresas ofereçam perspectivas de crescimento aos seus profissionais, o que é um grande erro. Nos novos modelos de carreira, as organizações precisam redirecionar-se e coordenar essa nova situação, e não se isentar de qualquer tipo de responsabilidade no processo de retenção de talentos. A ideia é de parceria, caso contrário as empresas correm o risco de "serem usadas" pelos profissionais até quando acharem conveniente, para depois se desligarem e procurarem outra, na qual possam agregar valor para si mesmos, e assim sucessivamente. Nesse caso, a instabilidade de emprego não é fato exclusivo do profissional, mas passa a ser também da empresa (Oswaldo, 2015).

A carreira não deve ser entendida como um caminho rígido, mas como consequência de posições e de trabalhos realizados pela pessoa. Esse processo dentro de uma organização pode ser caracterizado como um eixo, conciliando as expectativas individuais às necessidades das empresas. O uso diversificado de conhecimento, experiências e informações são o caminho da transição cultural e a integração de relação do trabalho com a empresa (Dutra, 2009).

 ### 8.2.3 Plano de carreira

Um *plano de carreira* tem o intuito de organizar a estrutura de pessoal dentro da empresa ao longo do tempo. É muito comum ouvirmos que pequenas empresas não possuem um plano de carreira, logo, não há futuro nelas. Isso é um paradigma que pode ser quebrado. O fato de a empresa ser de pequeno porte não significa que ela não crescerá ou que as pessoas não poderão crescer nela. Os planos de carreira não devem ser criados pensando no imediatismo, mas sim com a mente no futuro.

São diretrizes de um bom plano de carreira:

- Adoção de carreira, possibilitando o crescimento profissional fundamentado nas competências do profissional.
- Desenvolvimento e reconhecimento das competências individuais e globais por critérios que proporcionem oportunidades aos colaboradores.
- Adoção de sistema de remuneração adequado, visando à valorização do profissional e sua permanência na organização.
- Valorização dos profissionais que buscam contínuo aprimoramento profissional, com aplicabilidade nas áreas em que atuam.
- Adoção de ferramentas aplicadas à gestão de pessoas que permitam aprimorar, qualificar e tornar mais eficaz os serviços prestados ao cliente.

Além disso, o plano de carreira tem como objetivo proporcionar carreiras compatíveis com as necessidades de pessoal definidas no planejamento de quadro de pessoas; motivar o colaborador à entrega verdadeira diante da ascensão que lhe é oferecida; assegurar que o desenvolvimento do colaborador seja permanente e dinâmico; e oferecer condições aos gestores para utilizar o desenvolvimento de carreira como instrumento efetivo de gestão integrada de pessoas.

8.3 Valorização e reconhecimento das pessoas

O sistema de reconhecimento relaciona-se ao processo motivacional, a fim de aumentar o desempenho e a entrega dos colaboradores. Reconhecimentos podem ser extrínsecos, quando se originam de fontes externas ao colaborador, ou intrínsecos, quando advêm da própria pessoa, constituindo a sua automotivação. Os extrínsecos dizem respeito a remuneração, como salários, benefícios e promoções, enquanto os intrínsecos são a sensação de competência, sucesso, responsabilidade e crescimento pessoal (Vecchio, 2008).

A valorização é a concretização das recompensas recebidas pelas pessoas em contrapartida de seu trabalho para a empresa. Os critérios utilizados têm como referência o mercado e os padrões internos de equidade, que estabeleçam recompensas perenes e justas. A organização possui várias formas de concretizar a recompensa, que vão do reconhecimento da contribuição do trabalho da pessoa por meio de um elogio ou uma premiação até a promoção dela para posições organizacionais com desafios maiores por meio do plano de carreira (Dutra, 2011).

 ### 8.3.1 Remuneração

A prática de valorização remuneratória deve ser estruturada para estabelecer valores, crenças e comportamentos alinhados com as demandas da organização e com o seu direcionamento estratégico. Muito embora seja de conhecimento de todos que a prática salarial sozinha não funciona como elemento determinante para comprometimento, a ausência dela provoca o contrário (Nonaka; Takeuchi, 1995).

Os sistemas remuneratórios devem buscar alinhar-se ao mundo competitivo. Hipólito (2001) enumera os objetivos do sistema remuneratório na empresa:

1. Recompensar a contribuição real que o profissional presta à organização.
2. Estabelecer um equilíbrio salarial, tanto do ponto de vista interno quanto em relação aos padrões vigentes no mercado.
3. Manter as decisões salariais perante os funcionários, os sindicatos ou a Justiça do Trabalho.
4. Possibilitar a delegação efetiva de decisões salariais sem perder a coerência do todo.
5. Permitir precisão e controle maiores na gestão da folha de pagamentos.
6. Reforçar a imagem da empresa diante dos profissionais que nela atuam, do mercado de trabalho e da sociedade.

Para Dutra (2011), a remuneração pode ser direta ou indireta, de acordo com a forma que se apresenta para a pessoa.

8.3.2 Remuneração direta

É o total de dinheiro que a pessoa recebe pelo trabalho realizado. Em geral, é acertado um valor fixo à época da contratação de recebimento mensal, quinzenal ou semanal. A remuneração direta fixa (salário) precisa ser o suficiente para oferecer uma contrapartida justa em relação ao trabalho e suprir as necessidades básicas do trabalhador em épocas de baixa produtividade. Já a remuneração direta variável é composta de comissões, gratificações, premiações ou participação nos lucros ou resultados (Dutra, 2011).

Não são somente os profissionais da área comercial que apreciam e se motivam com a remuneração variável (comissões); outros profissionais da área administrativa e de produção também podem ser beneficiados com o atingimento de metas, como um prêmio de produtividade, por exemplo. A empresa pode estabelecer indicadores que servirão de subsídio para a parte variável da remuneração, os quais podem ser individuais (conclusão de um projeto), setoriais (diminuição de custos do departamento) ou globais (aumento do faturamento, aumento do número de clientes), por exemplo.

É sabido que todos os profissionais apreciam receber algum tipo de recompensa financeira pela atuação destacada.

 ### 8.3.3 Fixação de metas

Empresários e colaboradores precisam entender que as metas são recíprocas e que ambos têm responsabilidade sobre ela, e os gestores são responsáveis por auxiliar os colaboradores a fixar as metas ou os objetivos. Vecchio (2008) afirma que três atributos das metas são fundamentais para melhorar o desempenho:

1. *Especificidade* • A meta precisa ser específica; deve-se evitar estabelecer ou definir metas ambíguas.
2. *Dificuldade* • Aumentar a dificuldade da meta pode resultar maior desempenho; ela deve ser desafiadora, viável, realista e atingível.
3. *Aceitação* • Os colaboradores precisam concordar com as metas fixadas; a aceitação das metas só é possível quando correspondem às aspirações pessoais.

As metas são muito importantes para a equipe, e atingi-las também. Quando os colaboradores não conseguem cumpri-las, resta uma sensação de incapacidade, por isso, é preciso dar muita atenção às metas. O pequeno empresário precisa incentivar sua equipe a concentrar-se no cumprimento das metas, enquanto ele obtém o compromisso desse cumprimento.

8.3.4 Remuneração indireta

É o pacote de benefícios que a pessoa recebe em contrapartida pelo trabalho realizado. Embora gere custo para a empresa, o colaborador não recebe o benefício em dinheiro. A remuneração indireta é complementar à direta e seu intuito é oferecer segurança e conforto aos colaboradores. É composta de facilidades, conveniências e vantagens e serviços que as organizações oferecem aos seus empregados, como: cesta básica, convênios médicos e odontológicos, bolsas de estudos, valor do aluguel de imóvel residencial, vale-alimentação, cartões de crédito, anuidades de colégios, clubes, associações, entre outros benefícios.

A remuneração, assim como os demais tipos de valorização da pessoa na empresa, utiliza como parâmetros para sua determinação a equidade interna e externa, podendo-se associar uma faixa salarial a cada grau de complexidade. Assim, na medida em que a pessoa se desenvolve, aumenta sua agregação de valor e passa a valer mais para a empresa e para o mercado (Dutra, 2011).

A gestão de pessoas e as empresas definirão as competências do indivíduo e analisarão a entrega de cada um. A remuneração obedece a lógica da agregação de valor da pessoa, embora os sistemas formais sejam associados a cargos (Dutra, 2013).

 ### 8.3.5 Recompensas não financeiras

Há outra forma de valorização de profissionais, que não está atrelada ao aspecto financeiro e que se justifica em momentos de crise: o reconhecimento pessoal. A empresa precisa trabalhar com isso a seu favor.

Sabemos que dinheiro é fundamental em nossa vida, mas não é o suficiente para a motivação intrínseca e para o engajamento. Estes se referem ao comprometimento interior e diferem da motivação externa, ou seja, extrínseca. Os profissionais altamente engajados continuarão motivados, independentemente de circunstâncias adversas, quebras de equipamentos e pressões de tempo, entre outras situações.

O ser humano tem necessidade intrínseca de sentir-se parte da equipe, da organização, bem como de sentir-se amado, valorizado e reconhecido. Ele traz consigo uma grande vontade de crescer profissionalmente, tem muitas ambições, cria expectativas, sonha com uma vida melhor, busca novos conhecimentos, quer destacar-se e ser o melhor e ter sucesso na vida (Oswaldo, 2015).

Para a apreciação e o reconhecimento serem eficientes no trabalho, devem ser individualizados e concedidos pessoalmente. Cada indivíduo é único; portanto, é preciso observar e descobrir a linguagem de valorização pessoal de cada um. É necessário identificar o que realmente importa para cada indivíduo e o que o faz se sentir valorizado, e não invadido nem ofendido (Oswaldo; Dias, 2016).

Algumas pessoas gostam de palavras de elogio, de receber um telefonema ou um e-mail, ou de travar uma conversa pessoal, na qual sejam elogiadas pelo desempenho ou pela tarefa realizada. Outras gostam de atenção e de serem ouvidas. Há aquelas que gostam de solidariedade, de ajuda voluntária para a realização de uma tarefa ou um serviço, e outras pessoas gostam de receber pequenos presentes, como chocolates, ingressos para shows, vale-presentes, entre outros. Nesse quesito, vale muito a criatividade da empresa. O importante é entender que existem várias formas de valorização a serem utilizadas pela empresa, uma das quais, o empoderamento dos colaboradores.

 ### 8.3.6 Empoderamento dos colaboradores

O *empoderamento* dos colaboradores é algo relativamente simples; são técnicas e atitudes capazes de gerar neles maior engajamento e satisfação, sem gerar custos para a empresa. A motivação do colaborador pode ser aumentada mediante maiores níveis de participação e autodeterminação, em que ele possa opinar e ter liberdade para a realização das atividades (Vecchio, 2008).

Uma forma de empoderar os colaboradores é desafiando-os sempre a níveis mais altos, começando com algo simples, depois subindo a graus mais complexos. Os profissionais, especificamente os mais jovens e com melhor nível educacional, apreciam funções mais desafiadoras, que visem à expansão de seus limites e ao enriquecimento de suas competências. Por exemplo, um colaborador que realizava atendimentos de suporte somente para pessoas físicas pode ser desenvolvido para atender pessoas jurídicas, o que requer um nível maior de conhecimento e complexidade.

Em uma pequena empresa, é possível ainda incentivar o colaborador a executar as atividades de forma diferente ou incluir elementos adicionais ao trabalho, que possam enriquecê-lo. Por exemplo, o vendedor que digita pedidos, cujas notas fiscais são posteriormente emitidas por outro departamento, pode ser treinado para ele mesmo digitar e emitir a nota fiscal.

Outra forma de empoderamento é a rotatividade periódica de cargos em que a função é a mesma, mas o pessoal que as executa é trocado. A pequena empresa pode utilizar sua baixa formalização para fazer isso de forma rápida e criativa. Diferentemente de uma grande empresa, na pequena empresa todos podem conhecer o trabalho uns dos outros e até mesmo substituí-los durante afastamentos temporários, como faltas ou férias.

8.4 Considerações finais

Gestão de pessoas não é apenas uma implementação de estratégias integradas para aumentar a produtividade no local de trabalho. Empresários que pensam assim correm o risco de perder seus talentos, pois estes se sentirão usados ao longo do tempo.

Sobretudo, os processos e as práticas de gestão de pessoas causam impacto não apenas no desempenho e no engajamento dos profissionais, mas no clima organizacional, que está diretamente relacionado com a satisfação e a motivação dos profissionais e, consequentemente, o engajamento. Quando o ambiente é positivo e construtivo, existe satisfação, responsabilidade, motivação dos profissionais e maior desempenho.

As práticas integradas de gestão de pessoas em pequenas empresas podem ser seu diferencial competitivo, pois muitas ainda não se preocupam suficientemente com uma boa gestão de seu pessoal, pensando nisso somente quando os problemas acontecem, quando começam a perder seus talentos e encontram dificuldade para captar outros no mercado. Somente as empresas que aplicam o sistema completo de gerenciamento de pessoas se sairão melhor em um cenário de mudanças.

Captar, reter, desenvolver, valorizar e reconhecer talentos não são prerrogativas apenas das grandes empresas; elas podem ser praticadas em empresas de pequeno porte, bastando que o empresário queira implantar essa visão em seu negócio, independentemente de haver ou não uma área de recursos humanos em sua empresa.

✏ Termos-chave

CHA • Conhecimentos, Habilidades e Atitudes.

CHAVE • Conhecimentos, Habilidades, Atitudes, Valores e Entrega.

Captar pessoas • É encontrar e estabelecer uma relação de trabalho com pessoas que atendam à necessidade da organização e da função.

Empoderamento • O empoderamento dos colaboradores é algo relativamente simples; são técnicas e atitudes capazes de gerar neles maior engajamento e satisfação, sem gerar custos para a empresa.

Gerenciamento de recursos humanos • Preocupa-se com técnicas e práticas comportamentais para estabelecer um vínculo entre o colaborador e a empresa ao criar e implementar sistemas para atrair, desenvolver e motivar pessoas dentro da organização.

Mudanças • Transformação, evolução ou crescimento de países, comunidades, organizações, pessoas, processos e/ou resultados.

Plano de carreira • Visa à organização da estrutura de pessoal dentro da empresa ao longo do tempo.

💡 Dica do consultor

Seguem-se algumas dicas para melhorar o desempenho do setor mais importante da pequena empresa: sua força de trabalho.

188 · Empreendedorismo estratégico

Recrutamento e seleção:

- Tenha sempre em mãos a descrição do cargo (definição sumária e detalhada, principais responsabilidades e competências essenciais.
- Se a própria empresa decidir fazer o recrutamento, encaminhar anúncios de empregos a órgãos de divulgação, como associações comerciais, Postos de Atendimento ao Trabalhador (PAT), instituições de ensino, inclusive sites de emprego e *fan pages* com essa finalidade. Solicitar indicações de candidatos em potencial para colaboradores que trabalham na empresa.
- Manter um banco de dados com os candidatos que participaram das entrevistas para não chamá-los novamente.
- Pré-selecionar aqueles candidatos que possuem os requisitos mínimos para o desempenho do cargo e chamar somente estes para a entrevista.
- Fazer as entrevistas em um único dia para facilitar o trabalho.
- Aplicar avaliações que possam mensurar as competências do candidato.
- Comunicar aqueles que não foram selecionados que o processo seletivo se encerrou, com a contratação de outra pessoa e agradeça a atenção.

Integração e período de experiência:

- Fazer o contrato de experiência para períodos pequenos, com a opção de renovação, como 45 dias renováveis para mais 45 dias.
- Socializar o colaborador, mostrar as dependências, o funcionamento da empresa, apresentar as pessoas.
- Treinar o colaborador para a função e se possível nomear uma pessoa para acompanhar seu período de ajustamento e sua evolução (um gerente, supervisor ou até mesmo uma pessoa mais experiente).
- Entregar o Manual de Comportamento do Colaborador, no qual deve constar todos os seus direitos e deveres, bem como normas e regras da empresa.
- Dar *feedback* diário e constante para que o colaborador saiba de sua evolução ou necessidade de mudança ou adaptação.
- Fazer uma Avaliação de Desempenho (AD) ao final do período de 45 dias.

Política salarial:

A fim de dotar a empresa de uma política salarial adequada, que lhe permita a manutenção de bons colaboradores, propõe-se:

- Remunerar cada empregado de acordo com o valor do cargo que ocupa.
- Recompensá-lo adequadamente por seu desempenho e sua dedicação.
- Atrair e reter os melhores candidatos para os cargos.

- Ampliar a flexibilidade da organização, dando-lhe os meios adequados para a movimentação do pessoal, racionalizando as possibilidades de desenvolvimento e de encaminhamento.
- Obter dos empregados a aceitação dos sistemas de remuneração adotados pela empresa.
- Manter o equilíbrio entre os interesses financeiros da organização e sua política de relações com os empregados.
- Realizar pesquisas sobre salários e recursos humanos no mercado de trabalho, visando à determinação do comportamento médio da comunidade, necessário à orientação da política salarial da empresa.
- Realizar estudos estatísticos visando à montagem ou à atualização das estruturas salariais da empresa.
- Prestar informações a outras empresas, quando forem patrocinadores de pesquisas.
- Realizar estudos estatísticos sobre a aplicação de sistemas de avaliação de desempenho.
- Realizar o acompanhamento da evolução de desempenho de custo de vida e dos percentuais aprovados pelo governo para aumentos gerais compulsórios.

? Questões

1. Dos três processos fundamentais de gestão de pessoas, qual você considera vital para a organização?
2. Em relação ao comprometimento com a empresa, faça uma lista de comportamentos considerados comprometidos, não comprometidos e totalmente descomprometidos.
3. Quais atividades de treinamento e desenvolvimento a sua empresa possui?
4. A empresa possui metas mensuráveis e compartilhadas com os colaboradores?
5. Como os colaboradores são recompensados quando atingem as metas?
6. Que atitudes você pode tomar para reconhecer de forma não financeira os profissionais da sua empresa?

Referências bibliográficas

ARGYRIS, C. *Understanding organizational behavior*. Homewood, IL: Dorsey Press, 1960.

CHARAN R.; DROTTER, S; NOEL, J. *Pipeline de liderança*. 2. ed. Rio de Janeiro: Campus, 2012.

DUTRA, J. *Competências*: conceitos e instrumentos para a gestão de pessoas na empresa moderna. São Paulo: Atlas, 2013.

_____. Gestão de pessoas – modelos, processos, tendências e perspectivas. Reimpres. São Paulo: Atlas, 2011.

_____. *Gestão de pessoas*: modelos, processos, tendências e perspectivas. São Paulo: Atlas, 2012.

_____. *Gestão por competências*. São Paulo: Gente, 2009.

FLEURY, A.; FLEURY, M. T. L. *Estratégias empresariais e formação de competências*. São Paulo: Atlas, 2001.

HIPÓLITO, J. A. In: DUTRA, J. S. *Gestão por competências*. São Paulo: Gente, 2001.

ISI INFINITY. *Contrato de prestação de serviços de recrutamento e seleção*. Limeira: ISI Infinity, 2016.

NONAKA, I.; TAKEUCHI, H. *Criação do conhecimento*. Rio de Janeiro: Campus, 1995.

RAMPERSAD, H. *Balanced scorecard pessoal*. Rio de Janeiro: Qualitymark, 2012.

OSWALDO, Y. *Planejamento estratégico e autogestão de carreira*: contextos, desafios e desenvolvimento — atenção plena no sucesso. 3. ed. São Paulo: Life, 2015.

_____; DIAS, E. *Formação master em liderança e gestão MLG*: líder coach e mentor positivo (livro eletrônico). Limeira: ISI Infinity, 2016.

ROUSSEAU, D. M.; HUI, C.; LEE, C. Psychological Contract and Organizational Citizenship Behavior in China: Investigating Generalizability and Instrumentality. *Journal of Applied Psychology*, 89 (2), 311-321, 2004.

VECCHIO, R. P. *Comportamento organizacional*. São Paulo: Cengage, 2008.

A carne de cabrito

Do outro lado da rua onde se localizava o comércio de Salomão havia um terreno gramado, local propício para a inserção de novos negócios: a criação de carneiros.

Na cidade havia alguns árabes apreciadores desse tipo de carne e clientes fiéis de Salomão. Depois do abate do animal, Salomão dividia-o em quartos, dianteiros e traseiros, e os filhos saíam de porta em porta oferecendo a carne. O treinamento em vendas consistia na fala pausada do pai:

– Para os patrícios, ofereçam carne de carneiro; mas quando baterem em outras casas, ofereçam carne de cabrito.

Eles alegavam que a carne de carneiro era adocicada. Nessa época, Salim tinha 7 anos e sua irmã Julieta, a quem ele acompanhava, tinha 11 anos.

Essa estratégia o incomodava, nem tanto pela mentira, pois a carne de carneiro não fazia mal algum, era apenas uma questão de preferência; além disso, a cidade era pequena e a população, mesmo conhecendo a propaganda enganosa de Salomão, a comprava. Salim, no entanto, ficava incomodado porque já tinha passado por um sufoco quando um espanhol foi até sua casa para ver a pele do tal cabrito. Salim recorda-se da correria para esconder a pele e a cabeça do carneiro assim que o cliente chegou à loja.

Certa ocasião, bateram na casa de uma senhora, que foi logo perguntando:

– O que vocês querem?

Julieta, sem titubear, foi dizendo:

– Dona, a senhora quer comprar carne de *car*...

– Carne do quê?

– De car... brito, dona – completou Julieta.

– Hoje não.

E eles saíram rapidamente, aliviados pela "saída" de Julieta.
E sumiram rapidamente, aliviados pela "saída" de Julieta.

9

Gestão da produção

Alfredo Colenci,
José Benedito Sacomano
Walther Azzolini Júnior

Conteúdo

9.1 A função produção
9.2 Dimensões de operação da produção
9.3 Ferramentas de análise e controle do produto
9.4 Considerações finais

Quando você vê um negócio bem-sucedido é porque alguém, algum dia, tomou uma decisão corajosa.

PETER DRUCKER

Objetivos do capítulo

Este capítulo tem por objetivo apresentar os principais conceitos sobre a administração da produção e seu gerenciamento, proporcionando uma visão científica do trabalho realizado por administradores de produção e abordando as técnicas fundamentais necessárias ao gerenciamento das operações produtivas.

Entrando em ação

A gestão da produção nas empresas proporciona o apoio às estratégias; impulsionando a empresa a alcançar rapidez na tomada de decisões, na movimentação de materiais e no fluxo de informações, reduzindo custos e evitando desperdícios.

Estudo de caso

Vítor Souza é um excelente consultor de empresas e atento às atividades desenvolvidas nas organizações. Em uma empresa-cliente, notou a preocupação dos gerentes em fazer modificações nos produtos para reduzir custos, aumentar a produtividade do pessoal e encurtar o ciclo produtivo. Preocupavam-se também em saber qual seria o tempo médio de produção para cada produto, ou seja, quantos produtos poderiam ser fabricados por hora, por dia, por semana e por mês.

- Isso proporcionaria às empresas uma ideia do custo da mão de obra por produto?
- Como Vítor poderia assessorá-los nesses aspectos?

Essas e outras questões serão respondidas e mais bem compreendidas com a ajuda dos tópicos estudados neste capítulo.

 ## 9.1 A função produção

De acordo com Slack, Chambers e Johnston (2009, p. 3), "a administração da produção trata da maneira pela qual as organizações produzem bens e serviços". Os autores, por meio de exemplos, mostram a abrangência da gestão da produção. Para eles, o que vestimos, comemos ou usamos chega até nós por meio de atividades produtivas organizadas por gestores de produção.

Para Krajewski, Ritzman e Malhotra (2009, p. 2), a administração de operações refere-se "ao projeto, à direção e ao controle dos processos que transformam insumos em serviços e produtos, tanto para os clientes internos quanto para os externos".

9.1.1 Atribuições do administrador da produção

O administrador da produção deve controlar e coordenar todos os setores produtivos, procurando atender às necessidades de produção previstas de acordo com a mais rigorosa observância do nível de qualidade e do fornecimento das quantidades determinadas. Deve ainda manter os custos dos produtos nos padrões estabelecidos, garantindo à empresa uma posição privilegiada no mercado consumidor.

 ### 9.1.2 Estrutura do sistema produtivo

A administração da produção apresenta, geralmente, uma estrutura organizacional voltada para o máximo aproveitamento dos recursos físicos e materiais da empresa.

Observamos, assim, que isso significa que a administração se estrutura de acordo com o sistema de produção adotado e com a tecnologia empregada, a fim de valer-se da proximidade dos recursos naturais e dos mercados consumidores.

Nesse contexto, os gerentes de produção são os responsáveis por administrar os recursos envolvidos na função produção. Slack, Chambers e Johnston (2009) apresentam a produção como um modelo *input*-transformação-*output*, ou seja, transformação de entradas (materiais, informações e consumidores) em saídas (produtos, serviços, informações processadas e consumidores atendidos). A literatura especializada também se refere ao estudo de gerência de operações como administração da produção.

A administração da produção envolve o mesmo conjunto de atividades para qualquer tamanho de empreendimento. Nas organizações em que o lucro não é a finalidade, o importante é direcionar a administração da produção com o objetivo de atingir as metas estratégicas de longo prazo da empresa, isto é, aquelas que garantam a sua continuidade.

O modelo básico de gerência de operações estabelece um processo de transformação, conforme mostrado na Figura 9.1.

Transformação é o uso de recursos para mudar o estado ou a condição de algo para produzir saídas. Conforme Slack, Chambers e Johnston (2009, p. 9), os *inputs* para o processo de transformação, em geral, são um composto de:

- *Materiais* • Aqui estão as operações que podem alterar as propriedades físicas dos materiais, ou seja, a forma, a composição e as características (por exemplo: indústrias manufatureiras ou de transformação); mudar sua localização (por exemplo: empresas distribuidoras, transportadoras ou de frete); ou alterar a sua posse (por exemplo: lojas de varejo e empresas comerciais).
- *Informações* • Aqui estão as operações que processam a informação, podendo alterar a sua forma ou o seu objetivo (por exemplo: contadores); a sua localização (por exemplo: empresa de telecomunicações); ou a sua posse (por exemplo: consultoria, serviços de notícias etc.).

- *Consumidores* • Aqui estão as operações que podem alterar as propriedades físicas dos consumidores (por exemplo: médicos, cabeleireiros); acomodá-los (por exemplo: hotéis); mudar sua localização (por exemplo: transporte rodoviário, ferroviário ou aéreo); ou ainda agir em seu estado psicológico (por exemplo: teatro, cinema e indústria do entretenimento etc.).

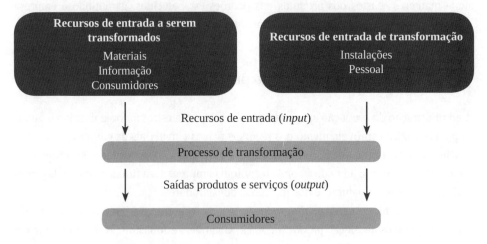

Figura 9.1 • Modelo *input*-transformação-*output*.
Fonte: Adaptado de Slack, Chambers e Johnston (2009, p. 9).

A Figura 9.2, mostra a representação de um modelo de estrutura organizacional que envolve as funções ligadas à produção, tipicamente observado em grande parte das empresas.

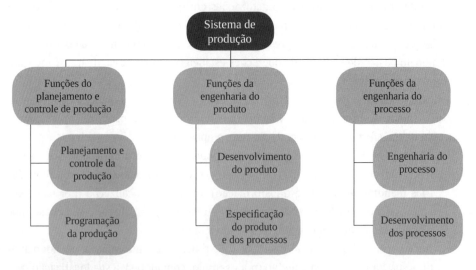

Figura 9.2 • Modelo de estrutura organizacional.
Fonte: Adaptado de Farah e Cavalcanti (2008, p. 112).

9.1.3 Planejamento e Controle da Produção (PCP)

O planejamento e o controle da produção envolvem decisões estratégicas, táticas e operacionais, sempre com o propósito de definir: o que, quanto, quando e quais recursos são necessários para se produzir um produto e/ou serviço.

Uma decisão de nível estratégico compreende a localização da fábrica e a identificação de sua capacidade produtiva. Há também decisões de ajustes de capacidade semanais ou diários, que são decisões tipicamente operacionais.

Vollmann et al. (2006, p. 28) colocam que "a tarefa essencial do sistema de PCP é gerenciar com eficiência o fluxo de materiais, a utilização de pessoas e equipamentos e responder às necessidades do cliente, utilizando a capacidade dos fornecedores e da estrutura interna".

Arnold (1999, p. 29) coloca que "o planejamento e o controle da produção é responsável pelo planejamento e pelo controle do fluxo de materiais por meio do processo de produção". As principais atividades desempenhadas são:

- **Planejamento da produção** • Aqui, o ponto crucial é garantir que a empresa atenda à demanda com a melhor utilização dos recursos. Para tanto, necessita de:
  - previsão de demanda;
  - plano mestre de produção;
  - planejamento de necessidades de materiais;
  - planejamento de capacidade.
- Implementação e controle • Aqui se executa o que foi planejado; para tanto, é necessário o controle das atividades produtivas, incluindo compras.
- Administração do estoque • Os estoques são necessários para suportar as diferenças entre as taxas de demanda e de produção.

Segundo Vollmann et al. (2006, p. 29), as atividades de apoio ao sistema de PCP podem ser divididas em longo, médio e curto prazo, visto que "em longo prazo, o sistema é responsável pelo fornecimento de informações para a tomada de decisões sobre a quantidade apropriada de capacidade (incluindo equipamento, prédios, fornecedores e assim por diante) para atingir as demandas futuras de mercado". Eles afirmam que, "no médio prazo, a questão fundamental tratada pelo sistema de PCP é combinar suprimento e demanda em termos de volume e *mix* de produto".

Os mesmos autores colocam que, no curto prazo, é necessário fazer a programação dos recursos para atender às necessidades de produção e, "enquanto as atividades diárias são realizadas, o sistema de PCP deve acompanhar o uso de recursos e os resultados da execução para relatar o consumo de materiais, a utilização de mão de obra, a utilização de equipamentos, o atendimento de pedidos de clientes e outros importantes indicadores de desempenho da produção" (Vollmann et al., 2006, p. 29).

Na área específica do planejamento da produção, verifica-se um aumento do uso de sistemas computacionais de apoio à decisão, que buscam englobar múltiplos e complexos aspectos que intervêm nos processos de produção e, por isso, são difíceis de ser analisados por planejadores. Essas ferramentas permitem que se escolham as melhores alternativas de produção com respeito aos custos envolvidos e às restrições inerentes ao processo.

Prever as necessidades de materiais é uma atividade comum em todas as empresas. O grande problema é fazer isso de maneira adequada, valendo-se de controles e critérios de reposição que facilitem a produtividade da empresa com os menores custos possíveis, tanto na aquisição e no acondicionamento dos materiais como em seu transporte de manuseio.

As empresas possuem seus clientes internos e externos, os quais requerem insumos, ou produtos, a toda hora; uma questão que se coloca é: *como suprir essas necessidades sem incorrer em erros que levem à perda de clientes, a paralisações no processo produtivo ou a extravio de materiais?*

As empresas devem criar áreas específicas que cuidem adequadamente do suprimento, podendo ser organizadas da seguinte forma:

- **Almoxarifado** • É a unidade que armazena materiais agrupados de maneira racional em suas estantes, prateleiras, gavetas etc., além de possuir um endereçamento que permita rápida localização por meio de codificação definida pela empresa. A codificação permitirá o controle do processo de entrada e saída dos materiais, via sistemas informatizados, e, necessariamente, com requisições assinadas. Para a reposição desses estoques de materiais, devem-se utilizar critérios baseados em estoques mínimos e máximos de cada item do almoxarifado.
- **Recebimento** • É a unidade que recebe os materiais, conferindo os pedidos que originaram a nota fiscal que chega com a mercadoria.
- **Estoque de produtos acabados** • Grandes empresas criam áreas específicas para guardar seus produtos, normalmente próximas ao setor de expedição.

Assim, é importante lembrar que estoque não é só custo, mas também investimento; portanto, as empresas devem zelar por sua manutenção. A realização de inventários periódicos demonstra essa preocupação.

Almoxarifado e compras são setores que devem trabalhar de forma harmônica, cabendo ao setor de compras a adequada seleção de seus fornecedores, a fim de evitar problemas na qualidade dos produtos e seu adequado abastecimento.

 ### 9.1.3.1 Implantação do PCP

No PCP, as decisões de nível estratégico envolvem a localização de unidades fabris e, outro exemplo, a escolha da linha de produtos da empresa. Quanto ao processo de localização de uma empresa, o estudo deve levar em consideração o segmento econômico em que se deseja atuar; é importante destacar a necessidade de averiguar as restrições legais impostas ao local, bem como os benefícios fiscais que podem ser concedidos, a proximidade de sindicatos, a existência ou não de mão de obra qualificada, restrições ambientais, entre outras. Quanto à capacidade, esta representa quanto se pode produzir em razão do *share* (parcela) de mercado que se espera atender e é definida a partir da realização de levantamentos que indiquem o tamanho do mercado. Definidos esses pontos, o investidor deverá contratar empresas especializadas que possam elaborar e executar a nova planta industrial.

O nível tático envolve estudos de previsão de demanda e alocação e utilização de recursos. Quanto ao nível operacional, destacam-se a alocação de carga para cada centro de trabalho e a programação da produção.

 ### 9.1.3.2 Programação da produção

A programação da produção tem como objetivo determinar a sequência em que as tarefas serão realizadas nos centros de trabalho. Para tanto, é necessário definir regras de prioridades. Portanto, os métodos da programação têm a ver com a forma que os pedidos serão atendidos, podendo essa programação considerar: ordem de chegada, tempo de processo, data de entrega, valor do pedido, importância do cliente ou urgência da entrega.

Após o planejamento, deve-se avaliar quanto esses pedidos estão sendo atendidos de forma adequada, principalmente no quesito prazo de entrega. Para comparar diversas regras de sequenciamento, os critérios normalmente utilizados, segundo Gaither e Frasier (2002, p. 347), são:
- *Tempo médio de fluxo* • A quantidade média que as tarefas gastam na oficina (*shop*).
- *Número médio de tarefas no sistema* • O número médio de tarefas na oficina.
- *Atraso médio da tarefa* • A quantidade média de tempo que a data de conclusão de uma tarefa ultrapassa a data de entrega prometida.
- *Custo de preparação* • O custo total para fazer todas as preparações de máquina em um grupo de tarefas.

Os departamentos de programação costumam analisar o desempenho de diferentes regras de sequenciamento e escolhem a regra que tende a se comportar melhor nos critérios colocados.

 ### 9.1.4 A engenharia do produto

A engenharia do produto transforma ideias em planos finais, elabora os desenhos para a construção de modelos e determina materiais e procedimentos de desenvolvimento do produto. É responsável pelo desenvolvimento do produto ou do serviço, propriamente ditos, definindo seus atributos e suas características de funcionalidade, que, percebidos pelo cliente, buscam satisfazer a suas necessidades e expectativas.

9.1.4.1 O desenvolvimento do produto

Da concepção até a venda do produto, existe um percurso que deve ser trilhado para evitar erros frequentemente cometidos por muitas empresas.

A Figura 9.3, apresentada por Gaither e Frasier (2002, p. 100), ilustra "o conceito de engenharia simultânea ou engenharia concorrente, que significa que o projeto de produto/serviço se desenvolve ao mesmo tempo em que o projeto do processo, com interação contínua". Essa prática proporcionou significativa redução no ciclo de introdução de novos produtos.

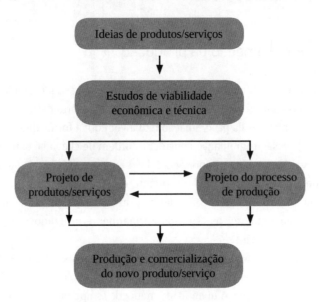

Figura 9.3 • Engenharia simultânea: projeto de processo de produtos/serviços.
Fonte: Adaptado de Gaither e Frasier (2002, p. 100).

É importante destacar seu uso no desenvolvimento do projeto de produto do Desdobramento da Função Qualidade (QFD), que tem como objetivo "assegurar que o projeto final de um produto ou serviço realmente atenda às necessidades de seus clientes" (Slack; Chambers; Johnston, 2009, p. 131).

9.1.4.2 Especificação do produto e do processo

O produto precisa ser submetido a uma análise que permita identificar aspectos de qualidade, como resistência, durabilidade, funcionalidade e possibilidade de ser produzido.

Muitas empresas realizam uma análise de valor para identificar se o produto ou serviço oferecido pode sofrer reduções de custo, por exemplo, com a substituição de materiais, sem afetar a qualidade.

Capítulo 9   Gestão da produção · **201**

● 9.1.5 A engenharia do processo

Se, por um lado, a engenharia do produto se preocupa com o produto ou serviço em si, por outro, a engenharia de processo dedica-se à forma pela qual os produtos e os serviços devem ser produzidos, o que envolve definir a lista de materiais, o roteiro de fabricação (que indicará a sequência de operações necessárias para se produzir determinado produto) e o estabelecimento de todas as especificações do processo. Essas funções têm ligação com a definição do fluxo de materiais no sistema produtivo, que também se relaciona ao arranjo físico (*layout*) da empresa.

Gaither e Frasier (2002, p. 197) destacam que "planejar o *layout* da instalação significa planejar a localização de todas as máquinas, utilidades, estações de trabalho, áreas de atendimento ao cliente, áreas de armazenamento de materiais, bem como de corredores, banheiros, refeitórios, bebedouros, divisórias internas, escritórios e salas de computador, e ainda os padrões de fluxo de materiais e de pessoas que circulam nos prédios".

A engenharia de processo visa à análise do fluxo interno de materiais para a produção dos produtos e serviços oferecidos e, assim, preocupa-se em elaborar um arranjo físico que leve em consideração os objetivos indicados por Slack, Chambers e Johnston (2009), quais sejam:

- *Segurança* • Processos que apresentam perigo devem ter acesso restrito.
- *Extensão do fluxo* • As distâncias percorridas devem ser minimizadas.
- *Clareza de fluxo* • Deve haver sinalização adequada e visível.
- *Conforto para os funcionários* • Deve seguir as normas quanto à iluminação, à ventilação, ao nível de ruído etc.
- *Coordenação gerencial* • Deve facilitar a supervisão e a comunicação com os funcionários.
- *Acessibilidade* • Deve proporcionar acesso adequado às máquinas e às instalações.
- *Uso do espaço* • Deve minimizar o uso do espaço, atendendo às normas específicas e também aos objetivos da organização.
- *Flexibilidade em longo prazo* • Deve considerar possíveis necessidades de alterações futuras.

Nas operações industriais, a elaboração do arranjo físico é complexa, pois relaciona-se à capacidade que foi determinada em função do *share* de mercado, pois sem delimitar quanto se pretende vender não é possível definir o tamanho da fábrica para acomodar as máquinas.

Slack, Chambers e Johnston (2009) apresentam os tipos básicos de arranjo físico:

- **Arranjo físico posicional** • Nesse tipo de arranjo físico, o recurso a ser transformado permanece fixo, enquanto equipamentos, máquinas, pessoas etc. se movimentam até esse local para a execução das operações necessárias. Esse tipo de arranjo físico pode ser necessário, por exemplo, para produtos de grandes dimensões.
- **Arranjo físico funcional** • Nesse tipo de arranjo físico, os recursos ou os processos similares são agrupados em uma mesma área, e os materiais (recursos que sofrem

202 · Empreendedorismo estratégico

a transformação) percorrerão seus roteiros ao longo das operações, de acordo com suas necessidades de processamento.

- **Arranjo físico celular** • Nesse tipo de arranjo físico, há a implantação de células de manufatura, que são projetadas para produzir famílias de itens; dessa forma, há em uma célula diferentes tipos de máquinas. A organização por famílias se dá por semelhança de processamento.
- **Arranjo físico por produto** • Nesse tipo de arranjo físico, os recursos são organizados conforme a conveniência do produto. Em tal *layout*, os funcionários costumam executar repetidamente uma estreita variedade de atividades.
- **Arranjo físico misto** • Nesse tipo de arranjo físico, há uma combinação dos tipos básicos de arranjos relatados ou ainda o uso de diferentes tipos para diferentes partes da operação.

9.1.5.1 Desenvolvimento do processo

O processo produtivo dever ser entendido pelo fluxo a ser percorrido pelos materiais em seu processo de transformação. Nesse processo, são identificadas várias operações às quais os produtos estão sujeitos.

Dessa forma, observamos que o processo é a ação realizada no material, tanto pelo ser humano quanto pela máquina.

Para documentar um processo industrial, são utilizados símbolos para cada atividade, como círculos, quadrados, setas, triângulos e outro. São associadas aos símbolos as atividades sofridas pelos materiais, os quais deverão estar registrados devidamente para cada um dos produtos.

9.2 Dimensões de operação da produção

A gerência de operações trata de operações produtivas, que, tipicamente, envolvem quatro dimensões — volume, variedade, variação e visibilidade —, e seu gestor deve considerar essas dimensões a fim de tomar a decisão adequada em relação à capacidade produtiva, à localização das instalações, ao tipo de arranjo físico e ao desenvolvimento da rede de fornecedores da empresa.

9.2.1 Dimensão volume

Slack, Chambers e Johnston (2009) observam que em operações de grande volume, como é o caso da cadeia de lanchonetes McDonald's, o gestor de operações deve projetar um sistema de produção que tenha um alto grau de repetição de tarefas. Isso possibilita a especialização de trabalhadores e a sistematização do trabalho (procedimentos-padrão estabelecidos em um manual com instruções de como cada parte do trabalho deve ser feita) e de ferramentas e equipamentos. A implicação mais importante disso é a redução do custo unitário, pois, no mínimo, os custos fixos são diluídos em um grande número de produtos vendidos.

Em operações com baixo volume, como em um restaurante pequeno, há um menor número de funcionários, sem grande repetição de tarefas. O custo unitário é mais alto, pois é pouco diluído, em razão da menor quantidade de produtos vendidos.

 9.2.2 Dimensão variedade

Ao contrário das operações de grande volume, empresas que por natureza adotam a dimensão variedade devem projetar seu sistema de produção para atender clientes com necessidades específicas.

Existe nessa situação maior customização dos serviços e produtos oferecidos. Como exemplo, Slack, Chambers e Johnston (2009) compararam os serviços de táxi com o transporte coletivo (ônibus urbano): no caso dos táxis, há muitas rotas, adequadas à necessidade específica de cada usuário; já no transporte coletivo, todos os clientes sujeitam-se a uma rota padronizada.

Em empresas que operam com variedade, há, geralmente, sistemas produtivos pouco padronizados e mais flexíveis e customizados, o que resulta maiores custos para os clientes pela exclusividade oferecida no atendimento.

Dessa forma, a variedade confronta produtos ou serviços altamente padronizados com outros produtos e serviços altamente flexíveis e customizáveis. O que é padronizado tem custos mais baixos e pode ter uma taxa de erros menor.

 9.2.3 Dimensão variação (ou variabilidade da demanda)

Variação no nível de demanda exige que os sistemas produtivos alterem sua capacidade. Slack, Chambers e Johnston (2009) exemplificam essa variação citando um hotel *resort*, que em determinada época do ano apresenta uma alta demanda e em outra, uma expressiva queda; dessa forma, deve haver uma adequação, por exemplo, contratando funcionários extras para atender a alta demanda. Se, ao contrário, a demanda for razoavelmente estável, como em um hotel próximo a uma rodoviária movimentada, este poderá planejar suas atividades rotineiras com maior previsibilidade.

Vemos, assim, que há formas de interferir nos padrões de demanda, como com promoções, para tentar minimizar os efeitos das variações e as consequentes alterações de capacidade.

É importante para os sistemas produtivos tentar prever os níveis de demanda a fim de que possam utilizar os recursos produtivos da melhor forma possível, ou seja, sem ficar com capacidade acima ou abaixo de suas necessidades.

9.2.4 Dimensão visibilidade (ou contato com o consumidor)

Slack, Chambers e Johnston (2009, p. 18) destacam que a visibilidade "significa quanto das atividades de uma operação é percebido pelo consumidor, ou quanto da operação é exposto aos consumidores".

Como essa dimensão envolve o julgamento do cliente por meio de suas percepções, atividades que impliquem estreito contato com os clientes necessitam de funcionários com habilidades interpessoais.

9.3 Ferramentas de análise e controle do produto

Apresentamos aqui as ferramentas que fornecem parâmetros para a análise e o controle do produto.

- *Engenharia robusta* • O objetivo da engenharia robusta é avaliar o produto, quando submetido, por exemplo, a golpes, cargas, quedas, água, sol, vento, calor e vibrações que possam danificar suas partes, como um mancal ou rolamentos. A finalidade é garantir que o produto tenha desempenho satisfatório mesmo em condições adversas.
- *Análise de valor* • A análise de valor refere-se a modificações que podem ser realizadas no produto a fim de melhorá-lo em termos de custos, mantendo a qualidade e o desempenho.
- *Documentação do produto* • A definição do produto ou quaisquer alterações que nele venham a ocorrer deverão ser documentadas por meio de desenhos (peças codificadas), listas de materiais e outros.

9.4 Considerações finais

Este capítulo apresentou os aspectos básicos dos sistemas de produção, com ênfase nas funções de PCP e em engenharia do produto e do processo, além de apresentar as dimensões — volume, variedade, variação e visibilidade — como pontos importantes para a tomada de decisões relacionadas às operações produtivas.

Ao adentrar em qualquer sistema produtivo, algumas questões – como o que, quanto, quando e como produzir — devem ser respondidas, pois impactam diretamente o desempenho da empresa e podem ditar sua posição no mercado. Observa-se que essas questões devem ser tratadas a longo, médio e curto prazos.

É imprescindível que aqueles envolvidos com a administração da produção conheçam os objetivos da organização, bem como seus clientes internos e externos e as condições exógenas, a fim de garantir que a empresa forneça seus produtos e serviços com qualidade, preço adequado, no prazo acordado, respeitando o meio ambiente e com responsabilidade social.

✎ Termos-chave

Almoxarifado • É a unidade que armazena materiais agrupados.

Arranjo físico celular • Nesse tipo de arranjo físico, implantam-se células de manufatura projetadas para produzir famílias de itens, de modo que em uma célula há diferentes tipos de máquinas. A organização por famílias se dá por semelhança de processamento.

Arranjo físico funcional • Nesse tipo de arranjo físico, agrupam-se recursos ou processos similares em uma mesma área, e os materiais (recursos que sofrem a transformação) percorrem seus roteiros ao longo das operações, de acordo com suas necessidades de processamento.

Arranjo físico misto • Nesse tipo de arranjo físico, combinam-se os demais tipos de arranjo ou utilizam-se de diferentes tipos para diferentes partes da operação.

Arranjo físico posicional • Nesse tipo de arranjo físico, mantém-se fixo o recurso a ser transformado, enquanto equipamentos, máquinas, pessoas etc. se movimentam até esse local para a execução das operações necessárias. Esse arranjo pode ser necessário, por exemplo, para produtos de grandes dimensões.

Arranjo físico por produto • Nesse tipo de arranjo físico, organizam-se os recursos conforme a conveniência do produto; nele, em geral, os funcionários executam repetidamente uma estreita variedade de atividades.

Estoque de produtos acabados • Grandes empresas criam áreas específicas para guardar seus produtos, normalmente próximas ao setor de expedição.

Materiais • São elementos reunidos em um conjunto que podem ser usados com algum fim específico e que são necessários à realização de determinada atividade.

Planejamento da produção • É necessário o planejamento para garantir que a empresa atenda à demanda com melhor utilização dos recursos.

Recebimento • É a unidade que recebe os materiais.

Dica do consultor

O primeiro passo do empreendedor é colocar em seu estabelecimento prateleiras, gôndolas, balcões etc., em número suficiente para que seus produtos fiquem bem-dispostos.

O segundo passo é cuidar da limpeza e da arrumação das mercadorias, não se esquecendo de que, dependendo do tipo de comércio, é necessário mudar os itens de lugar constantemente. A aplicação da técnica japonesa 5S é indispensável. Assim, antes de investir em estoque de mercadorias, o empresário precisa preocupar-se com o estoque de dinheiro.

Apenas o estoque adequado em dinheiro permitirá um estoque adequado em produtos, a fim de que não haja faltas e, também, se evite o excesso de produtos que, em muitas ocasiões, pode ocasionar perdas por deterioração (produtos perecíveis) ou obsolescência (produtos para informática, peças automobilísticas, produtos de moda, produtos de época etc.).

Os autores são unânimes quanto à questão de se planejar e controlar a produção. Daí teve origem o Planejamento e Controle da Produção, que tem sido objeto de estudo por pesquisadores até hoje. Para tanto, sugerem a criação de algumas unidades: almoxarifado, recebimento e estoque de produtos acabados (vide detalhamento neste capítulo).

No caso de uma pequena empresa, nem sempre é possível ao empreendedor manter essas unidades com um colaborador em cada uma delas. Em geral, um, dois ou três colaboradores cuidam dessas atividades e de outras mais. O entendimento, porém, é que essas atividades existam de forma distinta e não amontoada, ou seja, sem um ordenamento e sem um espaço que permita que matérias-primas, produtos em acabamento e produtos acabados fiquem devidamente separados, a fim de que se possa ter um controle mais apurado.

Outro passo importante é realizar inventários periodicamente para sanar possíveis erros, pois, como foi dito, estoque não é só custo, mas também investimento; portanto, as empresas devem zelar por sua manutenção. A realização de inventários periódicos demonstra essa preocupação.

É preciso manter um sincronismo entre quem faz a compra (comprador) e quem fornece as matérias-primas para a produção (almoxarife), a fim de que "falem a mesma língua"; para que, quando houver falhas de abastecimento, um colaborador não venha a culpar o outro.

Diariamente, essas questões devem ser respondidas: O que produzir? Quanto produzir? Quando produzir? Como produzir? Suas respostas serão responsáveis pelo desempenho da empresa e podem ditar sua posição no mercado. Essas questões devem ser tratadas a longo, médio e curto prazos.

É imprescindível não só para o empreendedor, mas para todos os colaboradores envolvidos com a administração da produção, que conheçam os objetivos da organização, seus clientes internos e externos e as condições externas do mercado, como fornecedor, consumidor, sistemas político e econômico etc., a fim de garantir que a empresa forneça seus produtos e serviços com qualidade, preço adequado, no prazo acordado, respeitando o meio ambiente e com responsabilidade social.

? Questões

1. Conceitue a função de produção. Quais são as decisões ligadas à administração da produção?
2. Quais são as atribuições do responsável pela administração da produção?
3. Por que a administração de produção é relevante para os gerentes de outras funções organizacionais?
4. O proprietário de uma pequena indústria do ramo de fundição está em fase de crescimento e solicitou um organograma para organizar melhor a produção. Desenhe um possível organograma com as funções básicas.
5. Quais são as principais características dos arranjos físicos celular, posicional e por produto?

Referências bibliográficas

ARNOLD, J. T. *Administração de materiais*. São Paulo: Atlas, 1999.

FARAH, O. E.; CAVALCANTI, M. *Empresas*: criação e administração. São Paulo: Saraiva, 2008.

GAITHER, N.; FRAZIER, G. *Administração da produção e operações*. São Paulo: Pioneira Thomson Learning, 2002.

KRAJEWSKI, L.; RITZMAN, L.; MALHOTRA, M. *Administração da produção e operações*. São Paulo; Pearson Prentice Hall, 2009.

SLACK, N.; CHAMBERS, S.; JOHNSTON, R. *Administração da produção*. São Paulo: Atlas, 2009.

VOLLMANN, T. E.; BERRY, W. L.; WHYBARK, D. C.; JACOBS, F. R. *Sistemas de planejamento e controle da produção para o gerenciamento da cadeia de suprimentos*. Porto Alegre: Bookman, 2006.

A boa mestra

Salim aprendeu a observar sua mãe. Na Síria, ela cursou apenas o ensino fundamental em colégio de freiras. Para ele, Najla era a vendedora mais sagaz do mundo. Sua esperteza para o trabalho, sua criatividade, seus argumentos, sua habilidade na hora da *pechincha* o surpreendiam a cada instante.

Para ela, vender era mais que aumentar o volume de vendas, mais que desenvolver negócios. *Era, acima de tudo, um prazer... uma realização indescritível.* Sua satisfação a cada venda que fechava podia ser comparada à de um esportista quando realiza o que mais quer: uma cesta, uma cortada, um gol.

Quando vendia, as meninas de seus olhos não corriam... bailavam. Seu sorriso era contagiante. Falava com satisfação sobre seus feitos quando o cliente era muito difícil de se convencer. Não fazia propaganda em jornais, rádios, panfletos ou no local de venda. *Sua propaganda estava em seus argumentos, na capacidade de buscar sempre novidades para a sua clientela.*

Najla batia o próprio recorde. Produtos defeituosos, muitas vezes em razão do transporte, acarretavam alguns prejuízos. Carrinhos sem rodas, bonecas sem um braço ou uma perna, louças lascadas ou trincadas, xícaras sem alça, jogos de prato, café ou chá faltando peças não paravam por muito tempo nas prateleiras ou eram devolvidos às fábricas. *Dando descontos, Najla ia vendendo tudo que via pela frente.*

No Natal, as crianças corriam para a sua loja para olhar os brinquedos que chegavam. Salim arrumava tudo e colocava os preços. Certa ocasião, presenciou uma venda a uma mãe que estava com sua filhinha.

– Dona Najla, quero uma boneca para minha filha.

– Infelizmente a senhora veio muito tarde. Este ano, comprei o dobro do ano passado, mas vendeu mais que eu imaginava. O que sobrou foi apenas esta boneca sem um braço, que se perdeu no transporte.

– Tenho de levar assim mesmo. Depois, quando chegar mais, a senhora troca para mim.

– Sem problemas, desde que venha da forma como está levando. E se quiser ficar com essa mesmo, faço um desconto.

Negócio fechado.

Eu aguardava ansioso a ocasião em que ela venderia uma boneca sem cabeça.

10

Gestão financeira

Clóvis Luís Padoveze
Silvio Mandarano Scarsiota
Pedro Luciano Colenci

Conteúdo

10.1 Introdução
10.2 Planejamento financeiro
10.3 Balanço gerencial
10.4 Indicadores financeiros
10.5 Adequação dos custos e formação do preço de venda

Independentemente de ganhar muito ou pouco, para chegar ao sucesso financeiro é preciso saber gerenciar corretamente seu dinheiro.

SAMUEL MAGALHÃES

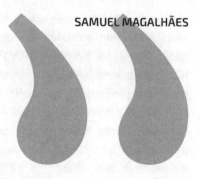

Objetivos do capítulo
O objetivo deste capítulo é apresentar uma abordagem sobre o tratamento econômico financeiro a ser aplicado em pequenas empresas, visando contribuir para sua bem-sucedida gestão. "O capital não admite desaforos." Essa sábia frase nos ensina a tratar bem o mais escasso e custoso dos recursos de produção, capaz de decretar rapidamente o fracasso dos melhores empreendimentos.

Entrando em ação
A gestão financeira deve buscar a melhor margem de lucratividade, equilibrando os gastos e avaliando o saldo atual de contas a pagar e a receber. Assim, com um controle financeiro eficaz, o empreendedor poderá avaliar se o seu capital é compatível com as operações da empresa, identificando possíveis falhas e despesas desnecessárias, além de alternativas de lucro.

Estudo de caso
Soraia Almeida é gerente financeiro da LPMS Motores. Sua responsabilidade é manter a empresa funcionando com uma gestão financeira saudável, buscando maximizar riquezas, e não apenas lucros. Ela sempre prioriza alcançar os padrões ideais e atingir as metas, porém, muitas vezes, tem dificuldade com o planejamento financeiro. Ela sabe que a boa organização financeira tem impacto significativo na tomada de decisão da empresa, mas tem dificuldade com custos e planejamentos orçamentários.
- Como ela poderia proceder?

Essas e outras questões serão respondidas e mais bem compreendidas com a ajuda dos tópicos estudados neste capítulo.

 ## 10.1 Introdução

Chiavenato (2004) admite que "a maioria dos pequenos e médios empresários costuma administrar custos e finanças de maneira intuitiva, por não ter formação nessas áreas". No início do negócio, a gestão baseada na intuição permite obter um bom desempenho; porém, quando a empresa começa a crescer, é imprescindível buscar novos conhecimentos e contratar profissionais especializados para cuidar da gestão financeira.

A abordagem econômica financeira está sujeita a aspectos macroeconômicos, que extrapolam os limites da empresa, e a aspectos microeconômicos, compreendidos no âmbito de decisão do gestor. Todos esses aspectos são interdependentes, influenciando fortemente a empresa no dia a dia.

Capítulo 10 Gestão financeira · **213**

A análise sistemática de possíveis cenários que envolverão a empresa a médio e longo prazo e a análise dos pontos fortes e fracos, das ameaças e das oportunidades (PFOA), exigidas pela necessidade da administração estratégica, poderão prevenir situações inesperadas e permitir, por antecipação, ação de correção de rumo ou de conduta tanto do empreendedor como de toda a empresa.

De modo geral, pode-se afirmar que a saúde e o fortalecimento da pequena empresa se fazem à custa do recurso mais escasso e mais caro, o capital, que lhe exige o tempo todo um alto grau de liquidez a partir de uma competente gestão do caixa (gestão do capital de giro). É o capital de giro que permite ganhos reais em aquisições à vista, com descontos sensíveis, o que repercute diretamente nos resultados da empresa.

É preciso aprender a administrar o escasso dinheiro como única forma de melhorar o ganho. Para se ganhar dinheiro com bois, por exemplo, não é necessário possuir a terra, o pasto, criar e vender bois; basta atuar com dinheiro vivo no negócio de criação, engorda e comercialização de bois, o que pode ser feito na Bolsa de Mercadorias e Futuros (BM&F) ou especulando na praça do mercado municipal. "Saber fazer" não necessariamente significa "ganhar dinheiro com o saber fazer", pois há uma enorme distância entre esses domínios. Sem dúvida, aqui reside a grande armadilha para os entusiasmados empreendedores. De fato, para cada caso são exigidas competências e habilidades bem distintas.

A escolha e a classificação do porte da empresa constituem um facilitador para a sua gestão, pois passa a envolver procedimentos tributários específicos e práticas contábeis próprias, com maior ou menor grau de facilidades e acesso a inúmeros benefícios. A escolha do tamanho da empresa é uma das decisões iniciais a ser estrategicamente tomadas.

10.2 Planejamento financeiro

Muitos empreendedores têm dúvidas sobre a situação econômica e as finanças de suas empresas. O conhecimento sobre essa área é fundamental para a sustentação de um negócio, tanto para a sua sobrevivência como para a sua evolução, competitividade e perenidade.

Em geral, as dúvidas mais comuns são a respeito de como fazer para uma gestão financeira tornar-se eficiente e servir de instrumento básico nas tomadas de decisões no dia a dia do empresário.

Segundo Gitman (2002), o planejamento financeiro diz respeito à transformação dos dados financeiros, para monitorar a situação financeira da empresa e permitir a avaliação de sua capacidade produtiva e a determinação de aumentos ou redução de financiamentos requeridos.

Para Souza (1997), todos os relatórios de planejamento financeiro devem possuir identificação para a diferenciação dos clientes, além da data da coleta ou da revisão dos dados, entre outras informações. Eles devem obedecer a uma regularidade na atualização e em sua divulgação à gestão, mantendo assim a periodicidade.

Para isso, faz-se necessária a utilização de algumas ferramentas que facilitem esse trabalho. Essas ferramentas permitem visualizar a situação do empreendimento, possibilitando ao empresário planejar melhor suas ações. Na verdade, toda ação realizada por uma empresa resume-se em:

- Realizar o lucro adequado nas operações da empresa.
- Transformar o lucro em dinheiro.
- Controlar a entrada ou a saída de dinheiro.

A distância entre realizar o lucro adequado e transformá-lo em dinheiro está fundamentalmente na administração do capital de giro do negócio.

Nesse jogo de entra e sai, essas ferramentas mostram sua importância, pois permitem perceber bem antes quando (e quanto) vai faltar ou sobrar recurso.

Como outro ponto importante para o planejamento financeiro é obter sucesso, a organização precisa ter o que chamamos de "sustentabilidade econômica e financeira". O desenvolvimento sustentável de uma pequena e média empresa requer a definição de uma política realista, focada nas condições do mercado, em que as taxas de juros e os preços dos serviços cubram, no mínimo, os seguintes itens:

- Custos operacionais e financeiros.
- Inflação.
- Riscos inerentes ao negócio (inadimplências, roubo e perdas).
- Depreciação.
- Geração de excedente financeiro para investimento no aumento e na expansão do próprio negócio.
- Imprevistos.

Recomenda-se estabelecer um nível de reserva ou de contingência de, pelo menos, 20% do faturamento para o atendimento de necessidades não previstas.

10.2.1 Por onde começar

Em primeiro lugar, o plano de negócio, ou planejamento empresarial, é indispensável para a obtenção do sucesso empresarial, pois ajudará o empreendedor a tomar as decisões necessárias para dar início ao empreendimento.

Em breve síntese, para elaboração do plano, o empreendedor deverá ter uma noção prévia do funcionamento de seu negócio em relação a: finanças, clientes, fornecedores, concorrentes (mercado) e organização necessária ao bom funcionamento.

Para a tomada das decisões iniciais, não valem os "achismos". As decisões devem sempre se basear em um conjunto de informações necessárias inicialmente para a elaboração do plano de negócio.

Evidentemente, nesse trabalho, estamos enfocando a área financeira; no entanto, as outras áreas da empresa merecem toda a atenção por parte do empresário. Para gerenciar com eficiência a área financeira de qualquer empresa, torna-se necessário implantar alguns relatórios gerenciais, como alguns indicadores de desempenho, para se fazer o acompanhamento periódico do seu desempenho. Os principais relatórios gerenciais da área financeira são os seguintes:

- Controle das vendas realizadas.
- Apuração dos resultados da empresa.
- Controle de caixa do movimento realizado.
- Fluxo de caixa e controle de estoque.
- Balanço gerencial.

Os principais indicadores financeiros são:
- Lucratividade sobre as vendas.
- Rentabilidade dos negócios.
- Margem de contribuição.
- Ponto de equilíbrio.

O gestor é um sistematizador de informações, as quais, reunidas de forma organizada, facilitam o processo de decisões.

A administração financeira das pequenas e médias empresas merece um destaque especial, pois não são necessários sistemas poderosos e caros, uma vez que existem soluções a baixo custo, disponíveis em planilhas eletrônicas que resolvem perfeitamente a questão. Alguns elementos que auxiliam na tomada de decisões e na gestão do dia a dia da empresa são mostrados adiante.

 10.2.2 Elaboração do plano estratégico do negócio

Não há uma receita pronta para se elaborar um plano de negócio, pois se assim fosse as empresas não fariam, os lucros seriam exorbitantes e seria maravilhoso e perfeito para quem o cumprisse. No entanto, as empresas têm realidades bem diferentes, a luta pelo mercado é árdua e o planejamento estratégico é necessário de acordo com os objetivos e as metas de cada uma delas.

Esse planejamento precisa estar adequado às várias realidades, tanto internas quanto externas da organização.

Para manter a estratégia empresarial em dia, faz-se necessário o plano de negócio, sendo ele o meio para alterações administrativas mais eficientes, e para isso é importante, à realização periódica, a adequação da estrutura organizacional à realidade do mercado em que a empresa atua para evitar o aparecimento de fatores que possam comprometer a sobrevivência do negócio. Se esses fatores aparecerem, a empresa deve estar preparada para enfrentá-los.

A empresa precisa implantar o sistema de relatórios, os quais deverão conter os dados necessários, como o levantamento de gastos utilizados na preparação de formação de preço de venda, devendo o administrador financeiro elaborar os relatórios de custos que integrarão o planejamento financeiro.

Na elaboração do plano de negócio, deve ser desenvolvido o planejamento orçamentário com uma antecedência de meses.

Esse planejamento orçamentário, ou orçamento, é uma etapa do planejamento estratégico da empresa que estipula as metas em curto prazo, normalmente de um ano, correlacionadas com finanças (físico financeiro).

O sistema orçamentário identifica, em quantidade física e valores monetários, os resultados projetados dos planos de toda a empresa. Os dados, analisados em uma série de cálculos prévios de receitas e despesas, ajudam a descobrir informações reais sobre determinada conta, por meio dos relatórios contábeis.

Esses relatórios objetivam dar garantia ao gestor, bem como manter os custos dentro de um limite planejado na realidade da empresa e da situação do mercado em que atua. A vantagem disso está na evolução do desempenho da empresa, obtendo melhores resultados.

Com o levantamento atualizado e antecipado de investimentos e gastos, o empreendedor poderá iniciar seu planejamento pelo relatório de orçamento de custos.

● 10.2.3 Controle sobre as vendas

O proprietário de uma pequena empresa ou de um comércio, em geral, conhece o valor ou o volume das vendas realizadas no mês. No entanto, conhecer apenas o montante vendido no mês encerrado é uma informação incompleta, pois torna-se necessário saber qual foi o lucro gerado e qual é a margem de ganho nas vendas realizadas.

Torna-se necessário diferenciar o que é entrada de capital e o que realmente é ganho líquido (caixa, dinheiro livre). Essa é uma confusão comum. Essas informações são necessárias para facilitar a análise do desempenho da empresa com relação a vendas, custos e lucro. Na Tabela 10.1 pode-se verificar um relatório gerencial cujo objetivo é informar as vendas diárias realizadas, os custos das mercadorias vendidas, o lucro bruto e a margem de lucro sobre as vendas registradas. Recomenda-se que esse controle seja feito diariamente, até o término do mês.

Capítulo 10   Gestão financeira · **217**

O objetivo desse relatório é informar as vendas diárias realizadas, os custos das mercadorias vendidas, o lucro bruto e a margem bruta sobre as vendas de determinado período, normalmente um mês.

É muito importante obter alguns itens nesses relatórios, como é o caso dos valores correspondentes às vendas (coluna três), independentemente da forma de recebimento, ou seja, à vista ou a prazo.

Data	Descrição do produto	Valor de venda unitário (R$)	Valor de venda total (R$)	Custo da mercadoria vendida (CMV) (R$)	Lucro bruto ou margem bruta (R$)	Lucro bruto ou margem bruta (%)
(1)	(2)	(3)	(4) = (2) × (3)	(5) = (2) x Custo unitário Mercadoria	(6) = (4) − (5)	(7) = (6) : faturamento mensal
1/03	*3Mts Vinil Oracal*	18,50	55,50	(36,30)	19,20	
1/03	*2 Tintas Vinilica Saturno*	47,45	94,90	(62,00)	32,90	
1/03	*1 Tinta Tecido Tec Screen*	38,65	38,65	(25,25)	13,40	
1/03	*3 Tintas Tecido Genesis*	33,00	99,00	(64,70)	34,30	
1/03	*5 Tintas Tecido Sicoltex*	23,10	115,50	(75,50)	40	
1/03	**Total do dia**		**403,55**	**(263,75)**	**139,80**	**2, 72%**
2/03	*3 Bobinas Vinil Aplike*	450,00	1.350,00	(882,35)	467,65	
2/03	*1 Bobina Vinil Imprimax*	425,00	425,00	(277,80)	147,20	
2/03	*2 Bobinas Vinil Alttack*	750,00	1.500,00	(980,40)	519,60	
2/03	*10 Chapas PVC Dejota*	48,00	480,00	(313,75)	166,25	
2/03	*6 Chapas PVC MMS*	53,50	321,00	(209,80)	111,20	
1/03	**Total do dia**		**4.076,00**	**(2.664,10)**	**1.411,90**	**2,75 %**
31/03	1 Caixa fita embalagem Alpack	3,40	340,00	(222,25)	117,75	

»

218 · Empreendedorismo estratégico

Data	Descrição do produto	Valor de venda unitário (R$)	Valor de venda total (R$)	Custo da mercadoria vendida (CMV) (R$)	Lucro bruto ou margem bruta (R$)	Lucro bruto ou margem bruta (%)
31/03	10 Fitas dupla face 3M	23,00	230,00	(150,35)	79,65	
31/03	3 Rolos máscara de transferência Adere	124,00	372,00	(243,15)	128,85	
31/03	Total do dia		942,00	(615,75)	326,25	0,65 %
Março	Total mensal		51.375,30	(33.578,70)	17.796,60	34,65%
Março	Total de outros custos e outras despesas				(10.788,75)	(21%)
Março	Lucro líquido antes do Imposto de Renda				7.007,85	13,65%
Março	Despesas c/ IR				179,81	(0,35%)
Março	Lucro líquido após IR				6.828,04	13,30%

Tabela 10.1 • Controle de vendas realizadas.

Fonte: Elaborada pelos autores.

Há também os custos das vendas (coluna 4), que correspondem ao valor da aquisição da mercadoria vendida, independentemente de seu pagamento. Para tanto, torna-se necessário, a cada venda realizada, identificar o custo correspondente. Evidentemente, para as empresas que possuem controles de estoques informatizados, o relatório provavelmente é gerado pelo próprio sistema.

Vale ressaltar que o lucro bruto é a diferença entre o valor da venda realizada e o custo da mercadoria vendida. A margem de lucro tem a finalidade de demonstrar o percentual de ganho sobre o valor da venda de cada produto feita pela empresa.

Essas informações, contidas no relatório financeiro, serão de grande utilidade na elaboração de outros controles financeiros necessários à gestão financeira da empresa, como o apresentado na Tabela 10.2.

● 10.2.4 Custos e despesas

Tão importante quanto o registro das vendas é o registro dos custos e despesas. Somente com base nestes registros é que o empreendedor poderá elaborar o demonstrativo de resultados, imprescindível para se avaliar o desempenho da empresa e a correção de rumos.

Capítulo 10   Gestão financeira · **219**

Demonstração do resultado	Dia 1	Dia 2	Dia 3	Demais dias	Acumulado do mês	Análise percentual
Faturamento bruto	1.063,83	957,45	1.276,60	9.468,09	12.765,96	106,4%
(–) Impostos sobre vendas	63,83	57,45	76,60	568,09	765,96	6,4%
= Faturamento líquido	**1.000,00**	**900,00**	**1.200,00**	**8.900,00**	**12.000,00**	**100,0%**
(–) Custo das mercadorias vendidas	625,00	562,50	750,00	5.562,50	7.500,00	62,5%
= Lucro bruto	375,00	337,50	450,00	3.337,50	4.500,00	37,5%
(–) Comissões sobre vendas	50,00	45,00	60,00	445,00	600,00	5,0%
= Margem de contribuição	325,00	292,50	390,00	2.892,50	3.900,00	32,5%
(–) Custos fixos do mês					4.800,00	40,0%
= Lucro (prejuízo) operacional					900,00	7,5%
(–) Despesas financeiras					600,00	5,0%
= Prejuízo antes do Imposto de Renda					1.500,00	12,5%
(–) Imposto de Renda					0,00	0,0%
= Prejuízo líquido do período					1.500,00	12,5%
Ponto de equilíbrio (PE) em valor de venda (incluindo despesas financeiras, como custos fixos)					17.675,94	147,3%

Tabela 10.2 • Desempenho mensal.

Fonte: Elaborada pelos autores

220 · Empreendedorismo estratégico

Não se pode, como muitos o fazem, colocar todos os custos e despesas na simplória divisão tradicional de custos fixos e variáveis. Isto é apropriado apenas para se fazer custeio dos produtos. Para o Demonstrativo de Resultados é falacioso não trazendo quaisquer benefícios ao empreendedor. Faz-se necessário separar em grupos de despesas, obedecendo os princípios contábeis que são a base de toda a análise financeira. Colocar despesas de vendas junto com despesas administrativas e de produção, não permite avaliar qual tipo de despesas que está reduzindo o lucro, e até mesmo ocasionando prejuízos. Portanto, só é possível fazer uma boa gestão de custos, com estes e as despesas devidamente classificados nos seguintes grupos: custo da mercadoria produzido e/ou vendida, despesas de produção, despesas de vendas, despesas administrativas e despesas financeiras.

Registrando todos os custos e despesas é possível já fazer uma breve classificação e posteriormente elaborar o demonstrativo de resultados.

● 10.2.5 Análise dos demonstrativos de resultados

Um exaustivo e constante processo de análise dos demonstrativos financeiros é fator de sucesso na pequena e média empresa. A análise periódica desses demonstrativos é de extrema importância como auxílio ao processo de tomada de decisão.

O objetivo do relatório é apurar o resultado líquido mensal da empresa, que é o valor das vendas menos o custo das mercadorias vendidas e as despesas da empresa. Ressaltamos que a retirada dos sócios (pró-labore) se constitui em uma despesa da empresa, não devendo ser confundida com o lucro líquido. Esse controle financeiro deverá ser elaborado mensalmente.

Esses demonstrativos retratam: (a) os valores de competência de determinado período (mês ou dia), ou seja, o faturamento real (não os recebimentos); (b) o custo da mercadoria vendida (CMV) em relação ao faturamento do mês; (c) os custos fixos do mês, impostos relativos ao faturamento, às comissões devidas; (d) os resultados mensais obtidos: o lucro operacional e o lucro líquido, este último considerando as despesas com investimento e financeiras. Nos demonstrativos, outro parâmetro importante é o ponto de equilíbrio, valor referente ao faturamento mínimo para cobrir os custos fixos e variáveis da empresa.

As seguintes observações e análises são importantes:

- A análise percentual das margens sempre deve considerar o faturamento líquido dos tributos sobre as vendas; o faturamento bruto (ou receita operacional bruta), que contém os impostos sobre vendas, nunca deve ser a base para a análise das margens, uma vez que os tributos cobrados pela empresa são receita do governo, não da empresa.
- Para o exemplo, foi considerado o percentual de 6% sobre o faturamento bruto; isso significa que o faturamento líquido é 94% do faturamento bruto ($ 12.765,96 · 94% = $ 12.000,00).
- Se houver tributos sobre o lucro (no Brasil são o Imposto de Renda e a Contribuição

Social sobre o Faturamento para as empresas do lucro presumido e do lucro real), estes devem ser considerados despesas normais.
- Verifica-se que o percentual da margem de contribuição do mês (32,5% do faturamento líquido) é insuficiente para dar lucro no mês, isso porque a empresa não conseguiu um faturamento mínimo para cobrir os custos e as despesas fixas do mês, isto é, não conseguiu atingir o faturamento para o ponto de equilíbrio.
- O ponto de equilíbrio em favor de venda foi calculado considerando a soma dos custos fixos do mês mais as despesas financeiras ($ 4.800,00 + $ 600,00 = $ 5.400,00), com a seguinte fórmula e cálculos:
  Custos fixos totais do período
- Incorporando agora os impostos sobre vendas de 6%, dividimos o valor por 94% e temos:

  $ 16.615,38 ÷ 94% = $ 17.675,94.

- Para testar fazemos o seguinte:

$$\frac{\text{PE em valor de venda}}{\text{Margem de contribuição percentual}} = \$ 5.400,00 \div 32,5\% = \$ 16.615,38$$

Receita bruta mínima para atingir o ponto de equilíbrio	$ 17.675,94
(–) Impostos sobre vendas: 6%	($ 1.060,56)
= Receita líquida ou faturamento líquido dos impostos	$ 16.615,38
(–) Custos e despesas variáveis: 67,5%*	($ 11.215,38)
= Margem de contribuição total	$ 5.400,00

*Soma do percentual do custo das mercadorias vendidas (62,5%) com o percentual de comissões (5%).

Assim, se a empresa tivesse tido um faturamento bruto de $ 17.675,94, esse faturamento cobriria os impostos sobre vendas, os custos e as despesas variáveis e geraria uma margem de contribuição de $ 5.400,00, que cobriria o total dos custos fixos do mês e as despesas financeiras.

10.2.6 Controle de caixa do movimento realizado

O objetivo do controle de caixa é registrar as entradas e as saídas de recursos financeiros e apurar o saldo disponível. O controle financeiro deverá ser feito diariamente.

Vale ressaltar que, no modelo de relatório de controle de saídas de caixa, apresentado na Tabela 10.3, o valor do saldo inicial do item 1 deve corresponder aos recursos financeiros existentes em dinheiro, cheques e também aos saldos em conta corrente do banco.

222 · Empreendedorismo estratégico

Outro aspecto são as entradas de caixa do item 2, que correspondem aos valores recebidos, referentes às vendas à vista realizadas pela empresa. Com relação aos recebimentos de clientes, devem ser informados os valores correspondentes a duplicatas recebidas, cheques pré-datados e vendas realizadas com cartão de crédito.

Com relação ao valor das outras entradas, trata-se de juros recebidos de clientes por terem pagado alguma conta com atraso, ou, então, de juros referentes à aplicação de sobras de caixa no mercado financeiro.

Por fim, as saídas de caixa do item 3 referem-se aos pagamentos efetuados pela empresa aos fornecedores de mercadorias, ou, então, a pagamentos de despesas operacionais necessárias à manutenção empresarial, como contas de água, luz e telefone, salários e comissões de vendedores, aluguel do prédio etc. No caso de outras saídas de caixa, pode ser amortização de dívidas com fisco, bancos etc.

O saldo final e o lucro líquido são valores diferentes e não compatíveis.

Itens	Dia 1	Dia 2	Dia 3	Dia ...	Dia 30
1. Saldo inicial	(500,00)	0,00	(50,00)	(100,00)	(450,00)
2. Entradas					
2.1. Vendas à vista	800,00	500,00	800,00	500,00	600,00
2.2. Recebimento de duplicatas	1.700,00	1.600,00	1.400,00	1.400,00	3.000,00
2.3 Outras entradas	300,00	300,00	300,00	300,00	200,00
Total de entradas	2.800,00	2.400,00	2.500,00	2.200,00	3.800,00
3. Saídas					
3.1 Fornecedores	1.600,00	1.700,00	1.300,00	1.300,00	1.000,00
3.2 Despesas	600,00	700,00	1.200,00	1.200,00	1.500,00
3.3 Outras saídas	100,00	50,00	50,00	50,00	200,00
Total de saídas	2.300,00	2.450,00	2.550,00	2.550,00	2.700,00
4. Saldo final (1+2–3)	0,00	(50,00)	(100,00)	(450,00)	650,00

Tabela 10.3 • Relatório de controle de caixa do movimento realizado (valores em R$).

Fonte: Elaborado pelos autores.

10.2.7 Análise e adequação do fluxo de caixa e controle de estoque

O Fluxo de Caixa é um instrumento de controle que retrata o movimento real do caixa, considerando um período determinado. Consiste em relatório gerencial que informa toda a movimentação de dinheiro (entradas e saídas de dinheiro), sendo necessário para complementar a análise financeira da empresa.

A grande vantagem da aplicação dessa ferramenta é tornar visível a situação financeira da empresa, para então proporcionar condições adequadas para futuras tomadas de decisões de captação e aplicação de recursos baseadas nas faltas e sobras de dinheiro. Desta maneira, pode-se justificar melhores políticas de compras e vendas uma vez que, ao verificar sobra de caixa, em determinado período, seria de grande importância a sua imediata aplicação no mercado financeiro ou uma negociação com fornecedores na obtenção de descontos para pagamento antecipado de eventuais faturas, caso os descontos obtidos sejam maiores que os juros da aplicação financeira. Já para a falta de dinheiro, justifica-se urgência em rever a política de vendas em relação à concessão de descontos e prazos não condizentes com a sua realidade de pagamentos.

Na prática, se a diferença do caixa for para maior, ou seja, se as entradas excederem as saídas (situação ideal), decisões sobre a melhor aplicação do excedente monetário terão de ser tomadas, considerando não só variáveis como a lucratividade, mas também a liquidez. E se os desembolsos excederem as entradas, poderá ser feita uma nova programação para estes, com o intuito de não ficar com déficit de caixa, uma vez que a falta de estoque de dinheiro em caixa implica despesas de juros bancários, que acabam por aumentar os problemas financeiros da empresa. O grande dilema do administrador financeiro situa-se na *rentabilidade x liquidez*.

Para Marion (1993), existe uma demonstração financeira de grande relevância e utilidade para a empresa, que é o Fluxo de Caixa. Este indica todas as entradas de dinheiro no caixa, bem como todas as saídas, em determinado período e também o resultado do fluxo financeiro.

Segundo Gitman (2002), o planejamento de caixa é a espinha dorsal da empresa. Sem caixa, a empresa não poderá sustentar suas atividades, desviando-se de seus objetivos e, muitas vezes, comprometendo sua sobrevivência, conforme dito no início deste capítulo.

Contudo, é fundamental lembrar que, para ter caixa, é necessário que a empresa gere lucro operacional e lucro líquido, uma vez que o lucro é que traz o caixa para a empresa.

O planejamento de caixa deve ser elaborado para, no mínimo, um ano, evitando assim sobressaltos durante a gestão empresarial ou a necessidade de ajuste de caixa por meio de empréstimos bancários, os quais, se realizados às pressas, acabam tornando-se muito dispendiosos para a empresa.

Para o pequeno ou médio empresário, é essencial desenvolver essa atividade. Esses dados financeiros podem ser organizados e controlados por meio de uma simples planilha de Excel, como se vê na Tabela 10.4.

Para dar início aos relatórios de fluxo de caixa é preciso conhecer alguns pontos importantes, como ter disciplina e criar o hábito de registrar toda e qualquer movimentação financeira ocorrida na empresa em determinada data. Essa sistemática pode auxiliá-lo muito. A falta de um sistema informatizado não deve servir de desculpa para não se registrar manualmente esses movimentos.

Dia 1º	
Saídas	
Pagamento de juros – Banespa:	R$ 150,00
Pagamento de seguros:	R$ 200,00
Pagamento de INSS:	R$ 300,00
Duplicata – Sadia:	R$ 20.700,00
Cheque – João da Silva:	R$ 26.800,00
Pagamento energia elétrica:	R$ 350, 00
	(R$ 48.500,00)
Entradas	
Cheques – clientes	R$ 15.000,00
Duplicatas – clientes	R$ 43.000,00
	R$ 58.000,00
Saldo positivo	**R$ 9.500,00**

Tabela 10.4 • Planilha de controle de caixa (fluxo de caixa analítica).
Fonte: Farah Cavalcanti e Marcondes, 2008, p. 128.

É necessário também, logo nas primeiras horas da jornada de trabalho, verificar, analisar e registrar o saldo em dinheiro no caixa, bem como os saldos bancários. Uma observação deve ser feita quanto ao saldo bancário, pois se trata de um terceiro administrando o seu dinheiro, no qual pode ocorrer também a previsão de que os cheques depositados, já considerados em conta, sejam devolvidos.

Vale lembrar ainda que todos os valores lançados na planilha devem ser reais e, por isso, a atualização deve manter-se em dia. Ao lançar saídas, lembre-se de que despesas com energia elétrica, água e esgoto, impostos municipais, estaduais e federais, assim como aluguéis, salários, prestação de serviços continuados por terceiros, têm data certa para ser pagas, caso contrário haverá incidência de multas e juros de mora. Assim, lance essas despesas como previsões e compare-as com as realizadas na data de ocorrência.

Analise as disponibilidades de caixa para saber qual é a data mais oportuna para efetuar retiradas pessoais (pró-labore).

Outro aspecto importante, caso o negócio seja sujeito a influência de temporadas (alta e baixa sazonalidade), é atentar para o planejamento de suas despesas, a fim de evitar problemas de insuficiência de caixa.

Quando o fluxo de caixa se torna negativo por longos períodos consecutivos, isso indica que o seu capital de giro está comprometido. Nesse caso, é bom pensar em promover vendas à vista com desconto, dando ênfase aos produtos mais parados no estoque.

Deve-se perseguir sempre a liquidez. Com dinheiro em caixa compra-se melhor, podendo-se, no caso de alguns produtos, assumir a liderança de mercado.

A previsão do fluxo de caixa permite saber antecipadamente a quantidade de recurso financeiro de que você precisará e se o montante pode ser gerado pelas vendas e pelos recebimentos. Caso a geração por vendas e recebimentos não seja suficiente, a previsão permitirá que você negocie alternativas de obtenção de financiamentos com mais critério e segurança e maiores chances de negociação de taxas.

> Lembre-se: um caixa em nível adequado evita surpresas quando ocorrem inadimplências na empresa.

O empreendedor deve ainda estar atento a todos os aspectos do seu negócio. Ao pequeno e médio empresário, é imperativo fazer habitualmente visitas aos sites do Serviço Brasileiro de Apoio às Micro e Pequenas Empresas (Sebrae) e das Pequenas Empresas Grandes Negócios (PEGN), acessando especialmente os *links* referentes a pequenas e médias empresas da Confederação Nacional da Indústria (CNI). É surpreendente a quantidade de coisas que se pode aprender para melhorar os negócios da empresa, capturando informações do Brasil e do exterior.

O fluxo de caixa de uma empresa não depende exclusivamente do administrador financeiro, pois decorre de múltiplas decisões (de diferentes áreas), como nível de estocagem, prazos concedidos aos clientes, prazos obtidos de fornecedores, expansão, estabilização ou redução do volume de atividades (produção e vendas), investimentos no ativo permanente, bem como as possibilidades de aportes de capital (Matarazzo, 1997).

Ainda, o empreendedor do pequeno e médio negócio não deve delegar a terceiros o acesso a esses conhecimentos, pois a chave de seu sucesso está no nível de conhecimento empresarial que ele possui.

 ### 10.2.8 Controle de estoques

O estoque é um dos termômetros para verificar se uma empresa está sendo bem ou mal administrada. É comum encontrarmos empresas com estoque desordenado, tanto do ponto de vista físico quanto financeiro.

Segundo o programa Sebrae Responde (encontrado no site), a má utilização dos estoques pode acarretar a diminuição do lucro da empresa, bem como pode não render o que deveria, principalmente quando a quantidade ultrapassa o necessário, descapitalizando a empresa e comprometendo também as outras áreas da organização.

Um importante fator a considerar são as disposições corretas dos itens nos balcões e nas prateleiras, a limpeza e a arrumação, pois o aspecto visual atrai consumidores. Ninguém gosta de entrar em um ambiente sujo e mal-arrumado. Alguns empresários, por conta do comodismo, alegam o seguinte: "Quando minha loja era bagunçada, os produtos amontoados e o chão só no contrapiso, o movimento era melhor; a colocação de carpetes no chão e espelhos na parede afastou o público, que agora pensa que estou praticando preços de loja de gente grã-fina".

Vale lembrar que limpeza é diferente de sofisticação. Muitas vezes, o empresário investe em um acabamento sofisticado, pensando em agradar o cliente e aumentar suas vendas, não alcançando, porém, seus objetivos. Como já dissemos, e continuamos insistindo, temos de estar atentos às mudanças e ao ambiente externo. O segmento mercado-consumidor não é o mesmo de dez anos atrás. Hoje, o fator preço é, na maioria das vezes, decisivo na compra, mas o consumidor preferirá comprar o pão e o leite da padaria em que constatar que a limpeza e a higiene são levadas a sério, a comprá-los em estabelecimento que os mantêm expostos diretamente no balcão, sujeitos a moscas e outros insetos por conta de respingos de leite. Esse tipo de investimento deve ser bem analisado à luz do retorno de capital.

As bancas com peças de roupas amontoadas atraem clientes apenas quando constituem saldos. O restante dos produtos deve estar devidamente arrumado nas prateleiras. É preferível a parede de uma loja pintada simplesmente com tinta látex, a outra com azulejos ou outro material de primeira linha, porém semicoberta de cartazes de shows, cursos, jogos e frases feitas.

O primeiro passo do empreendedor é colocar em seu estabelecimento prateleiras, gôndolas, balcões etc., em número suficiente para que seus produtos fiquem bem-dispostos.

O segundo passo é cuidar da limpeza e da arrumação das mercadorias, não se esquecendo de que, dependendo do tipo de comércio, é necessário mudar os itens de lugar constantemente. A aplicação da técnica japonesa 5S é indispensável.

A má aplicação de uma política de estoques promove uma estrutura financeira inadequada, prejudicando a liquidez da empresa. Sempre que houver excesso de insumos e mercadorias em estoque, menor será a capacidade de financiamento do negócio da empresa por meio de seu capital próprio. Cada vez mais haverá necessidade de obtenção de capital de terceiros por meio de empréstimos, valendo-se, muitas vezes, do uso indiscriminado de "cheque especial" a juros exorbitantes. Assim, torna-se essencial ter uma mão de obra especializada e com conhecimento no ramo, pois a armazenagem inadequada, as compras não planejadas com base no fluxo de caixa, a dependência de poucos fornecedores e o controle inadequado do inventário comprometerão uma boa política na gestão dos estoques. Haverá dificuldades no correto estabelecimento do preço de custos dos produtos, gerando consequentes erros na formação do preço de venda com perdas no faturamento, dificultando, assim, o alcance de lucros desejáveis.

Alguns empresários, iludidos com o fato de que em períodos inflacionários estocar é o melhor remédio, enganam-se, pois isso nem sempre é verdadeiro. O fluxo de dinheiro é como o sangue no corpo humano, deve irrigar toda a empresa. Assim, antes de investir em estoque de mercadorias, o empresário precisa preocupar-se com o estoque de dinheiro. A partir de um controle orçamentário rigoroso, o dinheiro vai fluir não só para o estoque, mas para toda a organização.

As perguntas críticas são:
- De que adianta o empresário superestocar para o final de ano e não ter como pagar o décimo terceiro salário dos funcionários?

- Os funcionários vão receber em mercadoria?
- Conseguirá o empresário recolher o ICMS em janeiro oferecendo produtos à Receita Fiscal?

Não se pretende de forma alguma desaconselhar que se estoquem produtos, mas sim que se dimensionem da melhor maneira o estoque, para que as vendas não sejam perdidas por falta de produtos e também para que o empreendedor não fique "falando sozinho" por falta de dinheiro quando 80% deste foi destinado à estocagem de mercadorias. A questão de especulação financeira de estoque e ganhos advindos de aproveitamento de custos de oportunidade pode existir, mas devem ser tratados fora do âmbito do negócio fundamental da empresa. Trata-se de outra coisa.

10.2.8.1 Estoques não utilizáveis ou de dificuldade de utilização

Um aspecto por demais importante é verificar continuadamente a qualidade das mercadorias estocadas. A qualidade dos itens do estoque reside em saber se eles podem ser realmente transformados em dinheiro por meio das vendas. Assim, estoques obsoletos, deteriorados ou de baixíssima rotatividade devem ser baixados do controle de estoque, devendo ser contabilizados como custo, juntamente com o custo das mercadorias vendidas, para apurar o valor real do lucro bruto e da margem de contribuição.

10.3 Balanço gerencial

A contabilidade, como forma de agrupamento obrigatório de dados, elabora demonstrativos facilmente disponíveis e de grande valia para os analistas de empresas. A análise financeira tem estado sempre presente nos diagnósticos empresariais, em razão, fundamentalmente, da disponibilidade de dados existentes nos balanços e nos demonstrativos de resultados. No entanto, se a apresentação não for simples de entender, o analista pode prejudicar o relatório e, consequentemente, não alcançar os resultados desejados.

O empresário deve exigir do contador ou do escritório de contabilidade que os relatórios contábeis, principalmente o balanço patrimonial e a demonstração do resultado do período, sejam apresentados de forma simples e objetiva, a fim de que se tornem efetivamente um balanço gerencial.

O balanço gerencial demonstra onde os recursos financeiros foram aplicados na empresa (ativo), assim como revela as fontes de recursos financeiros (passivo + patrimônio líquido). O ativo é composto de bens e direitos da empresa; o passivo representa dívidas com terceiros; e o patrimônio líquido (PL), os recursos financeiros dos sócios ou proprietários investidos na empresa. O balanço gerencial é dividido em duas colunas: Ativo e Passivo. Em

Ativo, representam-se as aplicações de recursos feitas na empresa; em Passivo, revelam-se as origens de recursos obtidos pela empresa e que foram investidos no Ativo.

Dessa maneira, o empreendedor pode observar que o total do Ativo sempre será igual ao total do Passivo, por uma razão bastante simples: todos os recursos financeiros que estão aplicados no Ativo tiveram a sua origem no Passivo, ou seja, os recursos aplicados no Ativo estão sendo financiados pelos recursos dos sócios ou dos proprietários ou de terceiros.

Conforme explica o Sebrae, em seu guia para empreendedores, na composição do ativo, o *disponível* representa os recursos existentes no caixa e em bancos à disposição da empresa; já *contas a receber* engloba cheques pré-datados, duplicatas a receber, faturas de cartões de crédito etc. Com relação aos estoques, estes deverão ser avaliados a preço de custo de aquisição. O *imobilizado* é formado pelos bens utilizados pela empresa para manter a sua estrutura operacional, como instalações, prateleiras, expositores, balcão, computadores, vitrines, ar-condicionado, móveis e utensílios. Na composição do passivo, a conta *fornecedores* representa as dívidas que a empresa tem com os fabricantes ou os distribuidores de mercadorias. As *contas a pagar* representam as despesas incorridas pela empresa e que ainda não foram pagas, como salários a pagar, impostos e encargos sociais a recolher, enfim, todos os compromissos assumidos com terceiros que deverão ser pagos nos vencimentos contratados. *Empréstimos bancários* referem-se a compromissos assumidos com os bancos, em razão de a empresa ter tomado recursos emprestados de instituições financeiras. O *patrimônio líquido* representa o capital inicial e os lucros acumulados durante a existência da empresa e pertencem aos proprietários do negócio; é a situação líquida da empresa, ou seja, quanto de fato pertence aos sócios caso a empresa encerre suas atividades. O patrimônio líquido é apurado pela diferença entre o ativo e o passivo.

Cabe lembrar que o lucro líquido faz o patrimônio líquido da empresa aumentar; no entanto, quando acontece um prejuízo, o patrimônio líquido diminui. O valor do lucro líquido não está necessariamente no caixa, pode estar no aumento de qualquer um dos ativos (estoques, contas a receber e imobilizado) ou na redução do passivo (fornecedores, contas a pagar e empréstimos). Outro detalhe importante é quando o patrimônio líquido diminui de um período para outro, o que significa que os sócios estão tendo prejuízo e, dessa maneira, seus recursos aplicados na empresa estão sendo reduzidos.

 10.4 Indicadores financeiros

Os indicadores financeiros são índices apurados com os valores da empresa para auxiliar o gestor ou o proprietário do empreendimento a fazer um acompanhamento da situação econômica e financeira em determinado momento e permitir que estes tomem as decisões gerenciais necessárias para corrigir os desvios que estiverem prejudicando o desempenho dos negócios sob o ponto de vista financeiro.

Existe uma grande quantidade de indicadores financeiros; demonstraremos aqueles que julgamos necessários para que o leitor os implante em sua empresa, avalie-os e tome as decisões adequadas, com o intuito de manter a empresa com uma boa saúde econômica e financeira.

Em breve síntese, temos:

- **Lucratividade sobre as vendas** • Demonstra qual é a lucratividade da empresa, ou seja, o seu poder de ganho, comparando o seu lucro líquido com relação ao seu montante de venda — quanto maior for o índice, melhor. A fórmula para se calcular o índice de lucratividade é a seguinte:

Índice de lucratividade = Resultado líquido ÷ Vendas

Exemplificando: se tivermos um resultado líquido de R$ 1.440,00 e um montante de vendas de R$ 18.000,00, teremos uma lucratividade de 8% (R$ 1.440,00 ÷ R$ 18.000,00 = 8%).

Lembrar sempre que essa margem deve ser calculada sobre o valor das vendas já deduzidas de seus respectivos impostos.

- *Rentabilidade dos negócios* • Tem a finalidade de demonstrar para o gestor ou o proprietário de uma loja de confecções, por exemplo, qual é o seu poder de ganho, ou retorno, sobre o capital investido na empresa.

Para se saber o poder de ganho da empresa, ou seja, a sua rentabilidade, basta dividir o resultado líquido (lucro líquido) pelo total do patrimônio líquido (capital social somado às reservas e aos lucros acumulados não distribuídos) da empresa.

Índice de rentabilidade = Resultado líquido ÷ Patrimônio líquido

Utilizando os valores contidos nos relatórios gerenciais apresentados, vamos determinar a rentabilidade da empresa:

R$ 1.440,00 ÷ R$ 40.000,00 = 4%

O resultado da rentabilidade deve ser analisado em comparação com parâmetros de mercado, dos quais os indicados são:

- Rentabilidade de aplicações financeiras comuns.
- Taxa Selic anual.

Em linhas gerais, a rentabilidade da empresa deve superar esses parâmetros em três pontos percentuais (3%), aproximadamente, uma vez que os riscos financeiros e operacionais da empresa são maiores que o risco das aplicações financeiras em bancos de primeira linha. Em nosso exemplo, a rentabilidade de 4% é extremamente baixa.

É importante, todavia, ressaltar que, em anos de recessão ou de baixo nível de atividade econômica, a empresa pode ou deve aceitar índices de rentabilidade menores, para sobrevivência temporária e posterior retomada de índices normais.

- **Margem de contribuição** • É a diferença entre o lucro bruto e os custos e as despesas variáveis. Para gerar o lucro, o montante da margem de contribuição deve ser superior às despesas fixas e financeiras. A margem de contribuição pode ser definida também como a diferença entre o preço de venda de um produto e os seus gastos variáveis (custo da mercadoria mais as despesas variáveis).

Margem de contribuição = Preço de venda - Gastos variáveis

Para exemplificar, vamos supor que determinado produto esteja sendo vendido por R$ 30,00 a unidade, sendo o custo de aquisição dessa mercadoria R$ 20,00 e as despesas variáveis (comissões e impostos sobre vendas), 10% do preço de venda, ou seja, R$ 3,00.

Vejamos:

Margem de contribuição = R$ 30,00 – (R$ 20,00 + R$ 3,00)
Margem de contribuição = R$ 7,00

Nesse caso, a margem de contribuição desse produto é de R$ 7,00. Portanto, a cada unidade vendida desse produto, este contribui com R$ 7,00 para cobrir as despesas fixas e financeiras e formar o lucro líquido da empresa.

A margem de contribuição também pode ser calculada em porcentagem; para isso, basta dividir o valor encontrado da margem de contribuição pelo preço de venda.

Margem percentual de contribuição = Margem de contribuição ÷ Preço de venda

Em nosso exemplo, teríamos 23,33% (R$ 7,00 ÷ R$ 30,00).

Vale ressaltar que uma loja de confecções, por exemplo, precisa conhecer a margem de contribuição de seus principais produtos, assim como identificar a participação destes no faturamento da empresa. Comparando a margem de contribuição percentual de cada produto com a porcentagem de participação desse item no faturamento da empresa, encontraremos a margem de contribuição ponderada.

Margem de contribuição ponderada = % MC × % PF

em que:
MC = Margem de contribuição
PF = Participação no faturamento

Presumimos que, se o produto do exemplo anterior tivesse uma participação de 20% no faturamento total da empresa, a margem de contribuição ponderada seria de 4,66%.
Vejamos:
Margem de contribuição ponderada = 23,33% × 20%
Margem de contribuição ponderada = 4,66%

 10.4.1 Ponto de equilíbrio

Entende-se por **ponto de equilíbrio** das operações de uma empresa aquele nível ou volume de produção em que o resultado operacional é nulo, ou seja, as receitas operacionais são exatamente iguais ao valor total das despesas operacionais (Sanvicente, 1990).

Toda empresa precisa de certo montante de vendas para cobrir todos os custos e despesas e não ter prejuízo; portanto, quando as vendas se igualam aos custos e às despesas totais, dizemos que a empresa se encontra no ponto de equilíbrio.

Ponto de equilíbrio: Vendas = custos + despesas totais

Como nesse ponto a empresa não tem lucro nem prejuízo, isso serve para o empreendedor saber que a partir dali está conseguindo lucrar.

 10.4.2 Cálculo do ponto de equilíbrio

O cálculo do ponto de equilíbrio pode ser feito de várias maneiras, e uma das formas é utilizando os valores constantes no relatório gerencial Apuração de Resultados da Empresa. O cálculo é bastante simples; basta somar as despesas fixas e as despesas financeiras e dividir o resultado pela porcentagem da margem de contribuição. A fórmula é a seguinte:

Ponto de equilíbrio = CF ÷ MC

em que:
CF = Custos fixos
MC = Margem de contribuição

O cálculo do ponto de equilíbrio pode ser feito antes, durante ou após as atividades operacionais da empresa. Quando é feito antes, tem a finalidade de prever o volume necessário de vendas para que a empresa não tenha prejuízo; nesse caso, trata-se de uma ferramenta que auxilia no planejamento das vendas. Quando é realizado durante as atividades operacionais da empresa, tem como objetivo acompanhar a evolução das vendas e dos custos e despesas do período. E se feito após as atividades, serve para comparar o volume de vendas planejado com o realizado e tomar as decisões necessárias, caso haja algum tipo de distorção.

O ponto de equilíbrio (como mostra o Gráfico 10.1) auxilia muito o empreendedor. Por meio dele é possível visualizar em que data (considerando uma tendência crescente das vendas) o montante do faturamento "cobrirá" o montante dos custos e despesas, atingindo "lucro zero", ou seja, não gerando lucro nem prejuízo. A partir daí, a empresa passará a auferir lucros. Por meio dele é possível estabelecer metas de vendas com base nos lucros desejados pelos proprietários ou acionistas.

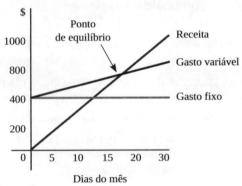

Gráfico 10.1 • Ponto de equilíbrio.
Fonte: Elaborado com base em Kaplan (1997, p. 98).

10.5 Adequação dos custos e formação do preço de venda

Um dos pontos cruciais nas empresas é a área de custos, muitas vezes relegada a segundo plano, em detrimento de fatores como desconhecimento, falta de tempo etc. Tomaremos como base um método simplificado para facilitar a vida dos empreendedores, em que a *ferramenta principal é o demonstrativo de resultado mensal*.

Para exemplificar, vamos focalizar os custos de produção e, para isso, utilizaremos os seis últimos meses. De posse dos demonstrativos de janeiro a junho, destacamos as informações consideradas mais interessantes no momento: os custos de produção, explicitados na Tabela 10.5.

Assim, tem-se:

Histórico	Meses					
	Janeiro	Fevereiro	Março	Abril	Maio	Junho
Faturamento	R$ 1.000	R$ 1.200	R$ 1.200	R$ 1.360	R$ 1.450	R$ 1.630
Despesas de produção	R$ 400	R$ 500	R$ 650	R$ 680	R$ 750	R$ 840
Razão percentual das despesas de produção em relação ao faturamento	40%	41%	54%	50%	51%	51%

Tabela 10.5 • Custos de produção.
Fonte: Adaptada de Farah, Cavalcanti e Marcondes, 2008.

Se forem considerados os meses de janeiro e fevereiro isoladamente, chega-se à conclusão de que as despesas de produção tiveram um comportamento normal, o mesmo não ocorreu no mês de março, que teve um aumento de 13 pontos percentuais em relação ao mês anterior.

Observa-se que, embora não haja alteração no volume de vendas de fevereiro a março, o mesmo não se deu em relação aos custos, que tiveram seu valor elevado em decorrência de aumento nos insumos (matérias-primas). Esse fator foi responsável por uma queda nas vendas e por dificuldades no repasse do aumento dos custos ao preço dos produtos. Verificamos, então, uma redução na margem bruta.

Margem bruta = Faturamento – Despesas de produção

Nota-se, porém, que a razão entre custos de produção e faturamento se mantém estável nos meses subsequentes (abril, maio e junho), não devendo, assim, ser motivo de alarme. No entanto, é preciso analisar o restante do demonstrativo de resultados para ver se essa nova margem bruta (49%) é suficiente para cobrir outros custos (despesas de vendas, administrativas e financeiras) e produzir, assim, resultados satisfatórios.

O mesmo procedimento pode ser adotado para os outros custos. Toda vez que se observa um comportamento anormal, este precisa ser analisado e medidas corretivas devem ser tomadas. Nunca, porém, um custo deve ser avaliado apenas em seu valor absoluto, mas sim em função do faturamento e em determinado período: quatro meses, seis meses ou até um ano.

O *preço de venda* deve ser analisado como se estivesse em uma balança, pois deve ser justo para o consumidor e adequado para garantir a sobrevivência da empresa.

O custo do produto e/ou serviço, os custos fixos, os impostos, as comissões e a margem de lucro devem formar o *valor final*, de tal maneira que ofereça no resultado final o lucro líquido almejado pela empresa em seu plano estratégico.

Para Rossetti (1993), a livre atuação do mercado permite que o preço de venda dos produtos e serviços seja determinado pelas condições de oferta e procura, sincronizando os desejos de consumo dos consumidores (clientes) com a capacidade de oferta da empresa.

Com a aplicação da fórmula, verifica-se que isso é possível, pois, ao aplicar os custos fixos mais os variáveis e o lucro desejado, chega-se ao preço de venda. Assim, temos a seguinte equação:

$$PV = (CV + CF) + L$$

em que:
PV = Preço de venda
CV = Custo variável
CF = Custo fixo
L = Lucro

Essa situação descrita é parcialmente verdadeira, porque, atualmente, quem dita o preço é o mercado consumidor; com isso, resta ao empreendedor monitorar o preço de seus produtos com o dos produtos concorrentes, obtendo, assim, lucro suficiente para cobrir os custos e fazer a organização crescer.

Assim, a maneira mais fácil e eficiente para a pequena e média empresa estabelecer preços é por comparação, isto é, vai-se ao mercado, verificam-se os preços praticados, e em razão destes é que se estabelecem os custos.

Para explanar melhor, o conceito é invertido com relação ao que se usava em passado recente: não são os custos que estabelecem os preços, mas sim os preços de mercado que determinam quanto a empresa pode ter de custos. A nova equação, portanto, será:

$$L = PV - (CV + CF)$$
$$L = PV - CT$$

em que:
CT = Custo total, ou seja, CV + CF

Para utilizar essa técnica, os controles devem ser eficientes e constantes; se assim não for, a empresa não sobrevive. Controles simples e constantes são indispensáveis; ter uma exata noção dos custos ajuda a vender, negociar, fornecer, e isso aumenta a velocidade na decisão, colocando, assim, a empresa à frente da concorrência.

Do ponto de vista administrativo, observamos que, em razão do aumento da concorrência (cada vez mais acirrada) e de uma gradual e constante redução do poder aquisitivo da população (caso brasileiro), a primeira opção torna-se, em alguns casos, impossível, senão desaconselhável; nesses casos, recomenda-se que se faça uma diminuição dos custos.

Capítulo 10 Gestão financeira · **235**

No que se refere aos custos variáveis, uma forma de reduzi-los é investindo em novas tecnologias para um melhor aproveitamento da matéria-prima, o que pode ser realizado por meio de novas máquinas ou de novos métodos de trabalho. Outra forma de reduzir custos variáveis é realizar uma boa negociação de compra de matéria-prima e insumos mediante parcerias com fornecedores.

Por outro lado, a redução de custos variáveis é limitada pelas características dos materiais de que se compõem os produtos e pelo processo produtivo utilizado. Devemos ter cuidado com formas banais de redução de custo. Por exemplo, quando uma empresa de fabricação de tintas látex opta pela diluição das tintas dentro da fábrica (aumentar a quantidade de água em cada lata de tinta), o produto tem seu preço reduzido, pois reduziu-se o custo da matéria-prima por meio de um maior rendimento; o consumidor, porém, saberá que terá de gastar mais tinta para cobrir a parede e, em alguns casos, procurará não comprar mais tal produto, dando preferência ao concorrente.

Não se deve esquecer de que a qualidade é imprescindível em todos os casos e que o produto ou o serviço deve atender plenamente às necessidades e aos anseios do cliente. A redução do peso de produtos empacotados, por exemplo, além de constituir fraude legal, faz o cliente abandonar produtos e queixar-se em órgãos de defesa do consumidor.

Outra forma de redução de custos é diminuir os custos fixos, fator essencial para a melhoria nos lucros. Para isso, o ideal é aumentar o volume de venda, caso o mercado consiga captar uma oferta maior desses produtos. A Tabela 10.6 exemplifica a maneira como o custo fixo influencia o preço de venda e, consequentemente, os lucros.

Durante três meses, a empresa A pagou o mesmo aluguel, mas seu faturamento variou. Veja o percentual das despesas de aluguel sobre o faturamento durante esse período.

Histórico	Meses		
	Janeiro	Fevereiro	Março
Faturamento	R$ 1.000	R$ 1.500	R$ 2.000
Despesas de aluguel	(R$ 200) 20% s/faturamento	(R$ 195) 13% s/faturamento	(R$ 200) 10% s/faturamento
Sobra (margem)	R$ 800 (80%)	R$ 1.305 (87%)	R$ 1.800 (90%)

Tabela 10.6 • Influência do custo fixo sobre o preço de venda (PV).
Fonte: Adaptado de Farah, Cavalcanti e Marcondes, 2008.

Na hipótese de a empresa elevar suas vendas, é possível que o empresário consiga algumas vantagens, como:
- Maior penetração no mercado.
- Maior entrada de caixa.

236 · Empreendedorismo estratégico

- Melhora no lucro.
- Maior capacidade de compra (melhoria na barganha com fornecedores por comprar maior quantidade).
- Menor necessidade de capital de terceiros (se as vendas a prazo forem efetuadas a bons pagadores).

Termos-chave

Lucratividade sobre as vendas • Demonstra qual é a lucratividade da empresa, ou seja, o poder de ganho da empresa comparando o seu lucro líquido com relação ao seu montante de venda.

Margem de contribuição • É a diferença entre o lucro bruto menos os custos e as despesas variáveis. O montante da margem de contribuição deverá ser superior às despesas fixas e financeiras para gerar o lucro. A margem de contribuição pode ser definida também como a diferença entre o preço de venda de um produto e seus gastos variáveis (custo da mercadoria mais as despesas variáveis).

Ponto de equilíbrio • É aquele nível das operações de uma empresa ou volume de produção em que o resultado operacional é nulo, ou seja, as receitas operacionais são exatamente iguais ao valor total das despesas operacionais.

Dicas do consultor

Na elaboração do plano de negócio, o empreendedor deverá colocar, além do capital necessário para fazer face ao investimento inicial, os custos e as despesas excedentes do lucro até atingir o ponto de equilíbrio (situação em que o faturamento cobre todos os custos e despesas, a partir daí a empresa começa a ter lucros).

Recomenda-se estabelecer um nível de reserva ou contingência de pelo menos 20% do faturamento para o atendimento de necessidades não previstas.

Deve-se sempre perseguir a liquidez. Com dinheiro em caixa compra-se melhor, podendo-se, em alguns produtos, assumir a liderança de mercado. Com um caixa em nível adequado, evitam-se surpresas quando ocorrem inadimplências na empresa.

Ainda: o empreendedor do pequeno e médio negócio não deve delegar a outros o acesso a esses conhecimentos; a chave de seu sucesso está no nível de conhecimento empresarial que ele possui.

Se o empreendedor não tiver conhecimentos da área financeira, o ideal é contratar algum funcionário que seja, pelo menos, técnico em contabilidade.

Aconselha-se ao empreendedor que faça cursos rápidos na área financeira, a fim de que possa entender melhor as informações que o colaborador interno lhe transmitir, assim como os aconselhamentos que vier a ter de um consultor externo. Ter ouvidos para essa área é a chave para a sobrevivência de toda e qualquer organização.

? Questões

1. É possível estabelecer o preço de venda de um produto sem que os custos sejam devidamente calculados? Explique.
2. Que motivos causam a mortalidade de micro e pequenas empresas nos primeiros anos de sua existência?
3. Qual é a importância do planejamento financeiro para a sobrevivência dessas empresas?
4. Defina os principais relatórios gerenciais (Controle das Vendas Realizadas, Apuração dos Resultados da Empresa, Controle de Caixa do Movimento Realizado, Fluxo de Caixa e Controle de Estoque e Balanço Gerencial), os principais indicadores financeiros (lucratividade sobre as vendas, rentabilidade dos negócios, margem de contribuição) e, por fim, o ponto de equilíbrio.
5. Qual é maneira mais adequada para se calcular o preço de venda?

Referências bibliográficas

BRASIL. Ministério do Trabalho e Emprego. *Relatório anual de informações sociais* (Rais). Banco de dados. Brasília, DF, 2000.

CHIAVENATO, I. *Empreendedorismo*: dando asas ao espírito empreendedor. São Paulo: Saraiva, 2004.

COLENCI Jr., A. *Um estudo de sistematização de fixação por parafusos de alta resistência, no caso brasileiro*. Tese – Escola de Engenharia de São Carlos da Universidade de São Paulo. São Paulo, 1992.

CONFEDERAÇÃO NACIONAL DA INDÚSTRIA (CNI). Disponível em: <www.cni. org.br/links/links-atpme.htm>. Acesso em: 15 jul. 2006.

DRUCKER, P. F. *Uma era de descontinuidade*. São Paulo: Círculo do Livro, 1968.

FARAH O. E.; CAVALCANTI, M.; MARCONDES, L. P. *Empreendedorismo estratégico*, São Paulo: Cengage Learning, 2008.

GITMAN, L. J. *Princípios da administração financeira*. 7. ed. São Paulo: Harbra, 2002.

INSTITUTO BRASILEIRO DE GEOGRAFIA E ESTATÍSTICA (IBGE). Disponível em: <www.ibge.gov.br/home>. Acesso em: 15 jul. 2003.

238 · Empreendedorismo estratégico

KAPLAN, R. S.; NORTON, D. P. *A estratégia em ação*: balanced scorecard. Rio de Janeiro: Campus, 1997.

KOTLER, P. *Administração de marketing*. 10. ed. São Paulo: Prentice Hall, 2000.

MARION, J. C. *Contabilidade empresarial*. São Paulo: Atlas, 1993.

MATARAZZO, D. C. *Análise financeira de balanços*: abordagem básica e gerencial. 4. ed. São Paulo: Atlas, 1997.

PEQUENAS EMPRESAS GRANDES NEGÓCIOS (PEGN). Disponível em: <http://revistapegn.globo.com>. Acesso em: 26 jan. 2017.

REVISTA FAE BUSINESS. Curitiba: Fae Business School, n. 8, maio 2004.

ROSSETTI, J. P. Introdução à economia. São Paulo: Atlas, 1993.

SANVICENTE, A. Z. *Administração financeira*. São Paulo: Atlas, 1990.

SHACS, I. *Estratégias de transição para o século XXI*: desenvolvimento e meio ambiente. São Paulo: Studio Nobel/Fundap, 1993.

SOUZA, F. C. M. *Funções do departamento de administração financeira de contratos*. São Paulo: Atlas, 1997.

SLACK, N. et al. *Administração da produção*. São Paulo: Atlas, 1997.

TOFFLER, A. *A terceira onda*. 14. ed. Rio de Janeiro: Record, 1980.

A mudança ousada

A Casa dos Presentes ia bem, até que José Leal, ex-bancário, montou a primeira loja de eletrodomésticos de Cerqueira César. Era uma loja muito moderna para os padrões da região. Não possuía balcões, o que chamava a atenção de todos os moradores da cidade, e os clientes podiam circular livremente entre os produtos, como nas atuais lojas de departamentos. Os clientes gostavam, pois era algo novo, diferente.

Leal implantou também outras inovações, como vender a prazo, por meio de boletos pagos na empresa e, posteriormente, carnês.

Salim e sua mãe viam a concorrência aumentar, pois Leal começou a vender bicicletas e velocípedes infantis (brinquedos de maior valor agregado para a Casa dos Presentes), além de brinquedos movidos a corda e a pilha.

Então, surgiu mais um concorrente: o Supermercado Pavão. Os brinquedos colocados nas gôndolas atraíam a criançada, que podia pegá-los antes de pedir para os pais comprarem. Na Casa dos Presentes, o sistema de colocar no balcão não permitia que isso acontecesse, pois os produtos só eram colocados nas mãos dos clientes quando eram solicitados.

Na cabeça de Salim, era necessário contra-atacar. Mudanças teriam de ser feitas, e a principal delas era tirar aqueles três velhos balcões. Como fazê-lo se seu pai não desgrudava da loja? Pois dar ideia nova para ele era receber como resposta um NÃO.

Salim esperou a oportunidade certa, que surgiu quando ficou sabendo de uma viagem que Salomão faria. Esperou a partida de seu pai e pôs em ação seu plano: chamou um amigo e levaram os balcões para os corredores do prédio.

Estava feliz com seu plano. Assim Salomão chegou de viagem e entrou na loja, teve um choque:

— Filínea, o que aconteceu? Roubaram a babai?
— Pai, não é bem isso. É que...

Salomão nem esperou que ele terminasse de se justificar.

— Filha, vai begar já balcon. Eu num quero explicasôm. Vai jáááááááááá!!!

11

Avaliação do desempenho

Rodrigo Franco Gonçalves
Luciana Passos Marcondes
Silvia Helena Ramos Valladão
 de Camargo

Conteúdo

11.1 Necessidade da avaliação do desempenho

11.2 Diagnóstico empresarial

11.3 Característica da análise empresarial

11.4 Análise de desempenho nas empresas maduras

11.5 Avaliação dos resultados financeiros

11.6 Evolução dos Resultados Financeiros (ERF)

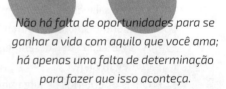

Não há falta de oportunidades para se ganhar a vida com aquilo que você ama; há apenas uma falta de determinação para fazer que isso aconteça.

DR. WAYNE DYER

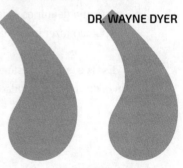

Objetivos do capítulo
Este capítulo tem por objetivo apresentar os conceitos sobre a avaliação de desempenho e as metodologias a serem aplicadas.

Entrando em ação
A avaliação de desempenho envolve um conjunto de ferramentas de grande importância para a gestão das empresas. Com base nos resultados obtidos por meio de um método para quantificar o desempenho de colaboradores ou setores, trabalhar os pontos considerados deficientes para que possam se adequar e alcançar a produtividade desejada; para avaliar a atual situação da empresa e dos colaboradores, a avaliação de desempenho fornece aos líderes: auxílio para que os colaboradores se adaptem às exigências do cargo e atendam às expectativas da empresa; informações aos setores de Recursos Humanos para a construção de programas de treinamento e desenvolvimento dos colaboradores; e ainda define indicadores que orientam na escolha de funcionários a serem agraciados com promoções e prêmios.

Estudo de caso
Antônia, proprietária da empresa Morcovis Ltda., tem uma visão ampla de suas funções. O trabalho em equipe exige que cada um faça a sua parte e ajude os demais a fazerem a sua, a fim de que, no conjunto, a equipe se torne coesa e excelente. Isso significa uma abrangência maior das funções de cada colaborador, além de sua dedicação. A empresa oferece todos os recursos necessários, mas existe uma preocupação quanto ao desempenho de cada um em relação às atividades que precisam ser feitas de forma eficiente e eficaz.

A gerente sabe que o desempenho da equipe em suas respectivas atividades pode melhorar o ambiente de trabalho, mas restam as dúvidas:
- A avaliação de desempenho pode gerar consequências positivas ou negativas?
- Quais os critérios de julgamento?
- Como definir os objetivos da avaliação de desempenho?
- Como fazer uma análise objetiva?

Essas e outras questões serão respondidas e mais bem compreendidas com a ajuda dos tópicos estudados neste capítulo.

11.1 Necessidade da avaliação do desempenho

Como o objetivo desta obra não é apenas a preocupação com a constituição (nascimento e estruturação) do novo negócio, forneceremos exemplos que permitam ao empreendedor responder às seguintes perguntas, que, com certeza, podem inquietá-lo no decorrer de suas atividades. Muitos poderão questionar:
- Valeu a pena deixar de ser empregado para me tornar empresário?
- A remuneração ("retiradas") proporcionada pelo novo negócio compensa a perda de horas de lazer nos fins de semana?
- Minha empresa não vai como eu imaginava. E agora?

Essas e outras questões têm de ser colocadas no início, ou seja, antes do planejamento da nova empreitada. A pressa de ficar sem patrão, sem horário e sem remuneração fixa, aliada à busca do que fazer em períodos de desemprego ou aposentadoria, têm colocado nossos futuros homens de negócios em condições piores do que se encontravam antes.

Muitos não fazem uma pesquisa ambiental para verificar se as condições de mercado, financeiras, tecnológicas e políticas são adequadas. O local de instalação é procurado justamente em função da existência de concorrentes nas proximidades que estão prosperando. Assim, pensa o nosso homem: "Se ele vai bem, eu também irei". A falta de fôlego financeiro (capital de giro necessário até se atingir o ponto de equilíbrio) e a baixa determinação (persistência) do empresário têm contribuído para a mortalidade precoce de suas organizações.

Antes mesmo de fechar o negócio, é importante fornecer ao empreendedor um ferramental que, aliado a outras formas de avaliação, o colocará em situação de poder caminhar com o "pé no chão" e até dar a "volta por cima". Em um negócio lucrativo, não se pode perder de vista os resultados financeiros. Sem dúvida, em um primeiro momento, eles medem a capacidade de crescimento e, em último lugar, a sobrevivência da organização. Em nossa prática como consultores empresariais, para colaborar com os nossos empreendedores, temos conseguido transformar organizações prestes a sucumbir em negócios prósperos e rentáveis.

O diagnóstico é uma tarefa que não acaba nunca. Por exemplo, o pai que quer ver seu filho prosperar percebe que as notas de seu filho não estão boas; então, o chama para uma boa conversa, comparece a todas as reuniões da escola e vê o que pode ser feito para reverter a situação. É assim que o "pai" da empresa deve agir: ele deve avaliar constantemente o desempenho dela, ou seja, deverá ser um avaliador incansável.

11.2 Diagnóstico empresarial

A elaboração do diagnóstico empresarial vem ao encontro da necessidade de se obterem dados para a tomada de decisão. Existem alguns instrumentos para se produzir um bom diagnóstico empresarial. A Figura 11.1 ilustra um roteiro e uma possível alternativa.

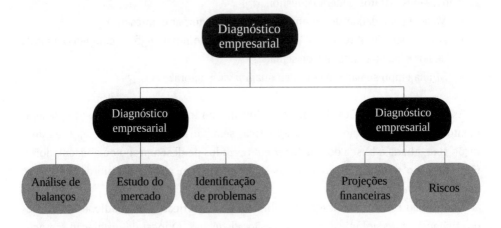

Figura 11.1 • Diagnóstico empresarial.
Fonte: Farah et al. 2008, p. 225.

11.3 Característica da análise empresarial

Os demonstrativos financeiros extraídos de dados contábeis são de suma importância para verificar se o preço de venda praticado foi suficiente para cobrir os custos e as despesas, possibilitando o retorno do capital investido pelo empreendedor. Um fator que pode alterar o desempenho da empresa é o desconto de duplicatas e de cheques pré-datados. Quando surge a necessidade dessa operação, deve-se inserir na composição do preço de venda a porcentagem cobrada pelas instituições financeiras. Esse fato pode alterar substancialmente o resultado financeiro da empresa se isso não for observado.

A melhor maneira de detectar esse tipo de problema é por meio da análise de Demonstração do Resultado do Exercício (DRE), em que estão descritas as receitas, os custos, as despesas e o resultado do exercício. Pela análise vertical do DRE, pode-se conferir, por exemplo, a participação percentual dos custos e as despesas na composição do preço de venda e, consequentemente, o lucro gerado. Os Gráficos 11.1 e 11.2, a seguir, ilustram esse fato.

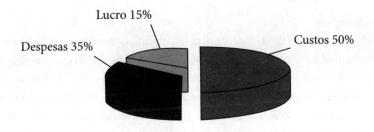

Gráfico 11.1 Composição do preço de venda (estimado).
Fonte: Elaborado pelos autores.

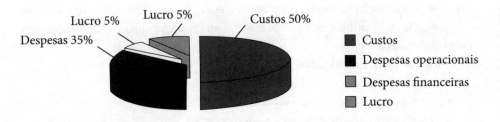

Gráfico 11.2 — Composição da contabilidade.
Fonte: Elaborado pelos autores.

Ao comparar os dois gráficos, observamos que o lucro reduziu; a despesa financeira, não computada no preço de venda do Gráfico 11.1, agora aparece no Gráfico 11.2, na composição da contabilidade.

Se o empreendedor não usar as demonstrações financeiras para a tomada de decisão, ele não visualizará essa falha no preço praticado e, diante disso, pode haver duas consequências: a diminuição no valor de retiradas ou a inadimplência no pagamento de impostos.

11.4 Análise de desempenho nas empresas maduras

Com a maturidade das empresas, surgirão problemas importantes, merecedores de atenção especial. Alguns desses problemas serão abordados aqui.

11.4.1 Dependência de um cliente principal

- **Considerações**

  Quando as vendas de uma empresa dependem fortemente de um único cliente, ele tem condições de impor o preço do bem ou serviço adquirido, o que representa um fator limitador de rentabilidade da empresa. Agravando esse quadro, a eventual falência ou concordata do comprador de maior volume reflete-se de imediato na empresa dependente e, em uma situação extrema, esta pode inviabilizar-se por créditos desse cliente que se tornam incobráveis. Mesmo o simples adiamento inesperado de volumes significativos de recebíveis em razão de maior poder de negociação desse cliente pode acarretar o surgimento de graves problemas à empresa.

  A análise da distribuição atual e da evolução das vendas da empresa permite identificar as possibilidades do tipo de situação comentada. Se constatado um grau excessivo de concentração de vendas a um único cliente, é necessário avaliar se a situação é transitória ou identificar os esforços que devem ser despendidos, visando contornar essa limitação da empresa.

- **Questões a serem investigadas**
  - Qual é o grau de concentração das vendas?
  - Como as vendas evoluíram nos últimos anos?
  - Quais são as justificativas para a concentração?
  - Quais são as possibilidades de diversificação?

11.4.2 Dependência de um único fornecedor

- **Considerações**

  Uma situação análoga à anteriormente descrita ocorre quando há dependência excessiva de um único fornecedor, o qual tem a possibilidade de impor o preço de insumos importantes, que tenham relevante participação nos custos de produção da empresa. À medida que esta atua em um mercado competitivo e enfrenta limitações para repassar aumentos de custos a seus preços, a empresa depara-se com uma desvantagem competitiva que não apenas restringe suas possibilidades de crescimento, como também pode comprometer sua sobrevivência.

- **Questões a serem investigadas**
  - Qual é o grau de concentração das compras?
  - Como estas evoluíram nos últimos anos?
  - Se houver concentração, quais são as justificativas para essa situação?
  - Quais são as possibilidades de diversificação?

11.4.3 Modificações no mercado do produto

- **Considerações**
Produtos, assim como organizações, a exemplo dos seres vivos, estão sujeitos às fases do ciclo da vida: nascimento, crescimento, maturidade e declínio. Um dos objetivos da gestão empresarial é postergar ao máximo a fase de declínio, tanto de produtos quanto da própria empresa.
- **Questões a serem investigadas**
    - Houve alterações significativas na indústria? Na demanda? Na oferta?
    - O que ocorreu com a participação relativa da empresa no mercado?
    - Que fatos novos surgidos afetaram a demanda: costumes, legislação restritiva, mudanças tecnológicas, aparecimento de bens substitutos?
    - Implantaram-se novos produtores concorrentes no mercado interno ou houve aumento de importações?
    - Quais são as possibilidades de a empresa adaptar-se às mudanças de fornecimento?

 ### 11.4.4 Alterações no mercado de insumos

- **Considerações**

Há alterações nos mercados de insumos que são de difícil previsibilidade, em perspectivas de longo prazo. Todavia, há casos relativamente previsíveis, se as experiências passadas forem levadas em conta.
- **Questões a serem investigadas**
    - Houve alteração significativa quanto à disponibilidade e/ou aos preços das matérias-primas essenciais? Em caso afirmativo, foram alteradas somente as condições vigentes para a empresa ou para todo o setor?
    - Havendo alterações no setor, a empresa foi afetada em maior ou menor magnitude?
    - Quais são as possibilidades de a empresa adaptar-se às mudanças?

11.4.5 Política de vendas

A atividade realizada pela empresa depende de um sistema de planejamento que assegure consistência entre os planos de venda e produção, o suprimento adequado, a estocagem de matérias-primas etc. Entre as inúmeras atividades coordenadas requeridas, estão:
- Caracterização das necessidades do consumidor a serem atendidas.
- Especificação técnica do produto ou das linhas de produtos.
- Quantificação das vendas projetadas.
- Quantificação dos insumos necessários.

- Determinação dos estoques estratégicos a serem mantidos.
- Planejamento dos equipamentos e programação da produção.
- Aquisição de matérias-primas.
- Determinação de preços de venda.
- Financiamento do capital de giro.

11.4.6 Empresas familiares

- **Considerações**

Empresa familiar, para o nosso propósito, é aquela em que os sócios-fundadores ou seus sucessores são os responsáveis diretos pela gestão ou exercem influência predominante na administração do negócio. Inexistem razões para preconceito em relação a empresas familiares, uma vez que a maioria das empresas nacionais é familiar ou assim teve sua origem. A despeito disso, apresenta algumas características típicas relacionadas à sua organização societária e administração que, às vezes, provocam uma série de problemas tradicionalmente conhecidos. São marcantes as dificuldades ligadas à sucessão de sócios-fundadores e à delegação do poder de decisão, ou seja, ao processo de descentralização, nas fases de crescimento da empresa.

Alguns fatos têm provocado a falência de empresas ou grupos familiares brasileiros. Mencionaremos, para efeito ilustrativo, algumas situações comuns a essas empresas:
- Discórdia entre herdeiros, privando a empresa de liderança ou inviabilizando a possibilidade de sua capitalização com recursos dos próprios acionistas.
- Empreguismo de parentes sem qualificação que ascendem mais rapidamente, alijando colaboradores competentes.
- Criação de cargos em excesso, visando equilibrar o poder de facções de sucessores.
- Constituição de novas empresas para abrigar familiares dos controladores, descapitalizando o empreendimento pioneiro.
- O principal herdeiro da linha sucessória não tem aptidão, mas é colocado à frente do negócio.
- Dificuldade em descentralizar as decisões, normalmente concentradas no fundador ou no principal executivo representante dos interesses da família controladora (Dolabela, 1999, p. 39).

O crescimento de uma empresa, a partir de certo momento, exige descentralização do processo decisório e delegação de poderes. As operações tornam-se progressivamente mais complexas, havendo um afastamento dos fundadores do exercício de suas habilidades que levaram ao sucesso. Nesse ponto, surgem novas circunstâncias que podem ocasionar estagnação, declínio ou extinção de uma empresa familiar, como:

- O aumento da complexidade de novas transações demanda conhecimentos e habilidades que extrapolam a experiência e as habilidades dos fundadores.
- Os fundadores não percebem os próprios limites e tomam decisões cujos efeitos escapam à sua capacidade de avaliar e controlar.
- Por questão de fidelidade a empregados antigos, ou por laços de parentesco, são preservadas pessoas em funções-chave que não correspondem às novas necessidades da empresa (Dolabela, 1999, p. 40).

- **Questões a serem investigadas**
  - Como está constituída a empresa (tipo de sociedade)?
  - Há conflitos ou existe harmonia entre os sócios?
  - Qual é a composição do capital social? Quem detém o controle acionário?
  - Quem lidera o empreendimento e toma decisões?
  - Quem tem poderes para adquirir e alienar bens e oferecer garantias?
  - Qual é o grau de profissionalização dos administradores?
  - O comando é centralizado ou descentralizado? Em que grau?
  - Que tipos de decisões podem ser tomadas nos diversos níveis hierárquicos?
  - A escolha dos administradores tem como base a análise curricular, levando em conta escolaridade e experiência?
  - Que geração está no comando?
  - Há planos de sucessão em andamento?
  - Qual é a preocupação com a sucessão?
  - Há familiares dos controladores como executivos? Como e onde foram treinados?
  - A empresa utiliza consultorias externas? Com que frequência o faz e com qual finalidade?

⬤ 11.5 Avaliação dos resultados financeiros

Conforme Farah et al. (2008), as ferramentas financeiras para avaliar os resultados financeiros são muitas e vão desde o "balanço da mala" até a contratação de empresas de auditoria de renome internacional.

O "balanço da mala" é aquele que nossos queridos patrícios árabes faziam. No final de cada ano, pegavam a maior mala da loja e lotavam-na de mercadorias; então, voltando-se para a mulher e os filhos, diziam: "Este (a mala cheia) é o capital; o resto é o lucro". E assim era feito, pois o seu começo, ou seja, seu capital inicial, tinha sido uma mala cheia de mercadorias, uma vez que iniciavam como mascates (Farah et al. 2008).

Mas isso foi no passado. Atualmente, utilizam-se de sistemas mais sofisticados. Mesmo assim, estamos longe de aconselhar nossos empresários iniciantes a dotar seus negócios de *softwares* integrados, autogerenciáveis etc., isso deve ser feito de acordo com a real necessidade (quantidade de informações, relações custo/benefício etc.) e a capacidade de investimento da empresa. Tampouco aconselhamos propor a contratação de grandes empresas de auditoria, que, embora possam resolver o problema financeiro imediato, poderão também agravá-lo em razão dos honorários cobrados.

O sistema financeiro é, sem dúvida, o "calcanhar de Aquiles" dos novos negócios. Mesmo que um grande grupo econômico constitua uma nova empresa, é por meio da avaliação econômica desta que se decidirá, ao longo de determinado tempo, pela sua continuidade ou não (Farah et al., 2008).

11.6 Evolução dos Resultados Financeiros (ERF)

11.6.1 A metodologia

A *evolução dos resultados financeiros* (Farah et al., 2008), metodologia aplicada em empresas, constitui uma técnica simples, por meio da qual se pode avaliar algébrica e graficamente os resultados financeiros empresariais em organizações de quaisquer portes, independentemente do ramo em que estiverem atuando.

Para que se consigam respostas rápidas, é imprescindível que, mensalmente, sejam elaborados Demonstrativos de Resultados do Exercício (DRE), os quais devem ser detalhados a fim de que as correções sejam feitas nos locais e nos momentos certos. Se isso for feito, é possível sentir que muita coisa poderá ser corrigida já nos primeiros seis meses de vida da nova empresa.

Para a elaboração dos quadros da ERF, é preciso que os dados mensais solicitados sejam retirados dos Demonstrativos de Resultado do Exercício (DRE).

11.6.2 Procedimentos para calcular o ERF

O procedimento para calcular a ERF é o seguinte:
* Receitas, ou seja, o total bruto das vendas, menos deduções é igual a receita líquida.
* O resultado da receita líquida menos o resultado do somatório das despesas com produção, vendas, administração e finanças é igual a lucro, quando for positivo, e a prejuízo, quando for negativo.

As Tabelas 11.1 e 11.2 permitem exemplificar a metodologia.

Histórico	Meses (R$)					
	Janeiro	Fevereiro	Março	Abril	Maio	Junho
Receitas de vendas (brutas)	100.000,00	150.000,00	200.000,00	250.000,00	300.000,00	350.000,00
(–) Deduções	(10.000,00)	(15.000,00)	(10.000,00)	(20.000,00)	(10.000,00)	(15.000,00)
Receitas líquidas	90.000,00	135.000,00	190.000,00	230.000,00	290.000,00	335.000,00
Despesas com produção	(30.000,00)	(35.000,00)	(35.000,00)	(45.000,00)	(40.000,00)	(70.000,00)
Despesas com vendas	(10.000,00)	(12.000,00)	(15.000,00)	(17.000,00)	(20.000,00)	(22.000,00)
Despesas administrativas	(22.000,00)	(20.000,00)	(25.000,00)	(30.000,00)	(28.000,00)	(40.000,00)
Despesas financeiras	(0,00)	(5.000,00)	(7.000,00)	(0,00)	(10.000,00)	(20.000,00)
Resultado (lucro ou prejuízo)	28.000,00	63.000,00	108.000,00	138.000,00	192.000,00	183.000,00

Tabela 11.1 • Evolução dos Resultados Financeiros (ERF) — Resumo do demonstrativo de resultados dos seis últimos meses.

Fonte: Farah et al. (2008, p. 234).

Histórico	Meses (R$)					
	Janeiro	Fevereiro	Março	Abril	Maio	Junho
Receitas de vendas (brutas)	100.000,00	125.000,00	150.000,00	175.000,00	200.000,00	225.000,00
(–) Deduções	(10.000,00)	(12.500,00)	(8.300,00)	(13.700,00)	(13.000,00)	(13.300,00)
Receitas líquidas	90.000,00	112.000,00	138.000,00	161.000,00	187.000,00	210.000,00
Despesas com produção	(30.000,00)	(32.000,00)	(33.000,00)	(36.000,00)	(37.000,00)	(40.000,00)
Despesas com vendas	(10.000,00)	(11.000,00)	(12.000,00)	(13.000,00)	(14.000,00)	(16.000,00)
Despesas administrativas	(22.000,00)	(21.000,00)	(22.000,00)	(24.000,00)	(25.000,00)	(25.000,00)
Despesas financeiras	(0,00)	(2.500,00)	(4.000,00)	(3.000,00)	(4.000,00)	(7.000,00)
Resultado (lucro ou prejuízo)	28.000,00	45.500,00	67.000,00	84.000,00	107.000,00	122.000,00

Tabela 11.2 • Evolução dos Resultados Financeiros (ERF) — Resumo do demonstrativo de resultados dos seis últimos meses (aplicação da média aritmética simples).

Fonte: Adaptado de Farah et al. (2008, p. 234).

A seguir, no Gráfico 11.3, temos a representação gráfica da ERF, contendo as receitas de vendas.

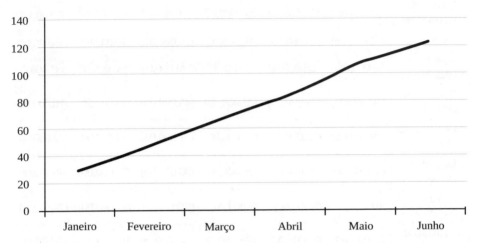

Gráfico 11.3 • Representação gráfica da Evolução dos Resultados Financeiros (ERF) — Receitas de vendas.
Fonte: Adaptado de Farah et al. (2008, p. 235).

Quanto ao comportamento das vendas no período, observa-se, no Gráfico 11.4, que o crescimento foi linear.

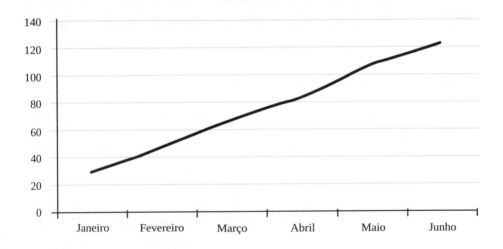

Gráfico 11.4 • Representação gráfica dos lucros e dos prejuízos.
Fonte: Adaptado de Farah et al. (2008, p. 236).

11.6.3 Comportamento dos resultados

Para tratar do comportamento dos resultados, analisaremos o Quadro 11.1.

Janeiro	Fevereiro	Março	Abril	Maio	Junho
28.000,00	63.000,00	108.000,00	138.000,00	192.000,00	183.000,00

Quadro 11.1 • Comportamento dos resultados (valores em R$).
Fonte: Farah et al. (2008, p. 236).

Observa-se, pelos dados apresentados, que houve um declínio no resultado do mês de junho em relação ao mês anterior. Isso, porém, não pode ser assim analisado; a verdade é que não foi no mês de junho que houve queda, mas no mês anterior, maio, que teve um comportamento irregular em relação ao período, ou seja, aos seis últimos meses.

Esperava-se, com base nos meses anteriores, que o total das vendas, em maio, fosse em torno de R$ 170.000,00, mas ocorreu, de fato, uma venda superior a R$ 180.000,00, ou seja, R$ 192.000,00, mais precisamente.

O Quadro 11.4, a seguir, mostra que tal ocorrência é corrigida pela média aritmética simples.

Janeiro	Fevereiro	Março	Abril	Maio	Junho
28.000,00	45.500,00	67.000,00	84.000,00	107.000,00	122.000,00

Quadro 11.4 • Comportamento dos resultados.
Fonte: Farah et al. (2008, p. 237).

Esse procedimento permite verificar que tanto o crescimento quanto a queda abruptos de um mês podem ser corrigidos em razão dos meses anteriores e posteriores. A vantagem não é a utilização pura e simples de artifícios estatísticos, como o da média aritmética simples ou outros, o que não constitui novidade a muitos profissionais. Pretende-se aqui deixar clara a necessidade de uma mudança de postura de certos homens de negócios, cujo comportamento administrativo, em muitos casos, compromete a sobrevivência de suas organizações. Se, por um lado, gastam demais logo após um mês promissor, por outro, pretendem fechar a empresa logo após um péssimo resultado.

A euforia e o pessimismo devem dar lugar a uma tomada de decisão consciente. O empreendedor deve habituar-se a observar os resultados após um período, acompanhando cuidadosamente a evolução dos resultados. É preciso comparar, analisar e, assim, tomar decisões mais bem balizadas — trocando em miúdos, não se deve "chutar" nem "atirar no escuro".

O mesmo procedimento pode ser adotado para todos os custos e despesas com o objetivo não de reduzi-los, pura e simplesmente, mas de acompanhar a evolução deles, verificando se não "saem dos trilhos". Muitas vezes, não é o momento de reduzir custos, mas de aumentá-los, como investir mais em propaganda para aumentar vendas, por exemplo. Finalmente, aconselha-se, neste capítulo, que os empreendedores façam desse método tão simples o termômetro de sua atuação administrativa na sua empresa.

🖊 Termos-chave

Empresa familiar • Para o propósito deste livro, é aquela em que os sócio-fundadores ou seus sucessores são os responsáveis diretos pela gestão ou exercem influência predominante na administração do negócio.

Evolução dos resultados financeiros • Técnica simples, por meio da qual se pode avaliar algébrica e graficamente os resultados financeiros empresariais em organizações de quaisquer portes, independentemente do ramo em que estiverem atuando (Farah et al., 2008).

💡 Dicas do consultor

Manter um banco de dados atualizado que inclua vendas mensais, vendas por cliente, região, por produto ou famílias de produtos, lucratividade, custos e despesas por grupos de contas (produção, marketing, administrativos e financeiros) facilita na elaboração de planilhas excel e na elaboração de gráficos para que os proprietários e executivos possam analisar, contribuindo para uma melhor tomada de decisões.

Analisar o comportamento das vendas, dos custos e despesas e monitorar esses dados é imprescindível para que medidas corretivas sejam tomadas no sentido de melhorar o desempenho da empresa. Além disso, deve-se fazer rotineiramente pesquisas de mercado para avaliar a concorrência, o comportamento do consumidor e outras tendências.

Quanto aos colaboradores, é importante que recebam capacitação por meio de treinamentos internos e externos, cuidando para que tanto os treinamentos como o desempenho da equipe sejam avaliados.

A fim de corrigir rumos, rotas, planos e objetivos deve-se pensar em promover reuniões semanais. Além disso, é importante assegurar que a empresa se pauta por procedimentos claros e transparentes em todos os níveis, buscar sempre que possível auxílio de especialistas externos para aprimorar as estratégias das diversas áreas.

Outro fator importante a ser avaliado é a tecnologia da informação (TI) empregada, os sistemas implantados e o suporte de T.I. da empresa.

As soluções para os problemas podem estar em outras unidades, por isso, sugere-se que o trabalho seja feito de forma integrada com todas as equipes de trabalho, a fim de que os planos setoriais que alimentam o planejamento estratégico da empresa sejam bem executados.

? Questões

1. Do seu ponto de vista, é imprescindível ao empreendedor avaliar constantemente seu negócio? Justifique.
2. Quais as vantagens em se aplicar a metodologia de Evolução dos Resultados Financeiros (ERF) de Farah, Cavalcanti e Marcondes?
3. Quais são as dificuldades de se aplicar sistemas de avaliação de desempenho em empresas familiares?
4. Para que se possa realizar avaliação de desempenho na área de vendas, que atividades devem fazer parte de um planejamento conjunto entre vendas e produção?
5. É possível realizar uma avaliação do desempenho em uma empresa sem realizar um diagnóstico? Justifique.

Referências bibliográficas

BERGAMINI, C. W. *Avaliação de desempenho humano na empresa*. 3. ed. São Paulo: Atlas, 1986.

DOLABELA, F. *Oficina do empreendedor*: a metodologia de ensino que ajuda a transformar conhecimento em riqueza. São Paulo: Cultura Editores Associados, 1999.

FARAH, O. E.; CAVALCANTI, M.; MARCONDES, L. *Empreendedorismo estratégico*: criação e gestão de pequenas empresas. São Paulo: Cengage, 2008.

SACHS, R. T. *Como avaliar o desempenho e a produtividade*. Rio de Janeiro: Campus, 1995.

SHIGUNOV, N. *Avaliação de desempenho*: as propostas que exigem uma nova postura dos administradores. Rio de Janeiro: Book Express, 2000.

O cliente fiel

Miguel era o apelido de meu tio Jorge Salomão. Ele possuía um estabelecimento com os mesmos produtos da loja de meus pais. A loja dele começou antes da nossa.

Embora a cidade fosse pequena, comportava os dois estabelecimentos. Os rendimentos eram suficientes para as duas famílias. Meus pais recebiam Miguel (que era solteiro) para almoçar e jantar, sem nunca exigir um centavo em pagamento. Por outro lado, alguns de meus irmãos trabalhavam em outras cidades. O rendimento da nossa loja servia para sustentar apenas meus pais, minha irmã Julieta e eu (nós dois ainda estudávamos).

Certo dia, um cliente de Miguel precisava urgentemente de um utensílio doméstico, mas como a loja dele estava fechada foi até a loja de meu pai e efetuou sua compra. Decorrida uma semana, ao encontrar-se com Miguel disse:

– Seu Miguel, na semana passada, encontrando sua loja fechada, fui até seu irmão e comprei o que necessitava. É a mesma coisa, né, seu Miguel?

E Miguel respondeu:

– *Brimo é a mesma coisa, mas não é mesma borso!!!*

12

Franquia: uma opção de negócios

Osvaldo Elias Farah
Ruth Aparecida Martins dos Santos
Ethel Cristina Souza Chiari

Conteúdo

12.1 Franquias no Brasil
12.2 Franquias: etapas na aquisição
12.3 Associação Brasileira de Franchising (ABF) e Business Format Franchising (BFF)
12.4 BFF: franquia conforme a natureza dos serviços prestados
12.5 Diferenciais e suportes oferecidos pelas franqueadoras
12.6 Considerações finais

Sempre enfatizei que o empreendedor é o homem que realiza coisas novas, e não necessariamente aquele que as inventa.

JOSEPH A. SCHUMPETER

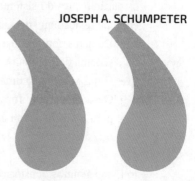

Objetivos do capítulo
Este capítulo tem como finalidade compreender as características e o formato das franquias, apresentando o sistema como uma alternativa de empreendimento e uma forma de expansão de seus negócios.

Entrando em ação
Independentemente de crise ou retração econômica, o setor de franchising continua crescendo, e isso ocorre porque, para muitos empreendedores, a segurança de investir em um modelo de negócio que já deu certo, além de ser atrativa, representa uma espécie de imunidade ao fracasso do empreendimento. Na prática, porém, essa expectativa nem sempre se concretiza em razão de especificidades de cada negócio, pois as franquias são empresas independentes. Então, ainda que o franqueador forneça todo o *know-how* e dê todo o suporte necessário ao franqueado, são as habilidades e a capacidade de liderança deste que determinarão o sucesso ou o insucesso de uma franquia, ou seja, em última análise, a responsabilidade é dele.

Estudo de caso
Um cidadão prestes a tornar realidade o sonho de ter o próprio negócio utiliza, normalmente, todo seu recurso para investir em uma franquia, com a condição ou a expectativa de obter sucesso garantido. Contudo, é necessário analisar todos os pontos, características e formatos para não cair em uma armadilha, mesmo que o sistema de franchising represente uma alternativa de negócio implantada em diversos países e constitua um estímulo à expansão de empreendimentos. O crescimento contínuo desse canal de distribuição no Brasil está ganhando destaque na economia, gerando empregos, agregando valor a produtos e serviços e sendo, de certa forma, acessível, visto que o empreendedor expande o seu negócio com apoio tecnológico e administrativo, além de suporte mercadológico, e conta ainda com o nome já consolidado do franqueador no mercado. O *franchising*, considerado um sistema de distribuição, decorre de uma integração entre os participantes do sistema, que buscam um equilíbrio de resultados unilateral em uma relação que deve ser considerada de longo prazo.
- De quais compromissos o cidadão deve estar ciente antes de entrar em um sistema de franquia?
- O que representa uma Carta Circular de Franquia?
- O que é negócio formatado, classificação e enquadramento dos estágios para identificação das franquias de acordo com as respectivas gerações ou categorias?

Essas e outras questões serão respondidas e mais bem compreendidas com a ajuda dos tópicos estudados neste capítulo.

12.1 Franquias no Brasil

De acordo com a Associação Brasileira de Franchising, ABF (2016), o setor de franquias no Brasil cresceu 8,3% de 2014 para 2015, gerando, no mesmo período, um aumento de 8,5% em empregos diretos em seus postos de trabalho.

Com a internacionalização dos negócios, as empresas passaram a ter acesso global a informações e comercializações, assim como, diante das turbulências econômicas atuais, as pessoas físicas têm optado por garantir um espaço no mercado. Em vista disso, elas buscam novas formas de expandir seus empreendimentos e, para alcançar seus objetivos, têm utilizado redes de distribuição de produtos e serviços, por ser uma forma mais rápida e acessível de crescimento de negócio, motivo pelo qual esses sistemas de distribuição passaram a ter grande importância no mundo dos negócios. É, no entanto, muito variada a tipologia dos sistemas de distribuição à disposição dos empresários.

A pesquisa é exploratória, evidenciando as características e a formatação do sistema de franquias, ou franquia empresarial, considerado um sistema em que um franqueador cede ao franqueado o direito de uso de marca ou patente, com direito de distribuição exclusiva ou não de produtos ou serviços e, às vezes, com direito de uso de tecnologia de implantação e gerência de negócio ou sistema operacional desenvolvido pelo franqueador, mediante pagamento direto ou indireto, sem que fique caracterizado vínculo empregatício, de acordo com a Lei das Franquias. A franquia é o avanço motivado pela competição do capitalismo.

Os métodos empregados nesse trabalho compreendem levantamentos em fontes secundárias, como levantamento bibliográfico para esclarecimento de conceitos, envolvendo livros sobre o assunto, revistas especializadas ou não, internet e órgãos de classe, tendo em vista possibilitar a ampliação dos conhecimentos sobre o estudo em questão.

 ## 12.2 Franquias: etapas na aquisição

De acordo com o portal da ABF (2016), as primeiras etapas para se adquirir uma franquia são:
- Fazer uma autoavaliação, ou seja, conhecer seus interesses e analisar o tipo de negócio que mais se identifica, e levantar toda informação possível a respeito do negócio.
- Entrar em contato com algumas franquias, levantando mais detalhes referentes a sua operação.
- Procurar saber, passo a passo, qual é o procedimento para o candidato se tornar um franqueado da rede de franquias.
- Verificar quais são as responsabilidades do franqueador e do franqueado, a fim de entender qual é o papel de cada um no dia a dia da franquia.

O termo "franquia", segundo o *site* do Sebrae (2016), pode ser usado para referir-se tanto ao sistema quanto à pessoa jurídica que participa de uma unidade ou rede de franquias. Já o termo franchising é utilizado para indicar a estratégia de distribuição e comercialização de produtos e serviços. O sistema de franquias implica dois participantes — o franqueador e o franqueado —, envolvidos em uma relação da qual fazem parte elementos como *royalties*, taxa de franquia, fundo de propaganda e Circular de Oferta de Franquia.

● 12.2.1 Royalty

É o valor ou a remuneração periódica que o franqueado paga pelo uso da marca e pelos serviços prestados pelo franqueador; em geral, o *royalty* é definido como um percentual sobre o faturamento bruto da franquia.

● 12.2.2 Taxa de franquia (*franchise fee* ou taxa inicial)

É uma taxa ou um valor único que o franqueado deve pagar na assinatura do pré-contrato ou do contrato de franquia. A *taxa de franquia* é estipulada pelo franqueador, e seu valor prevê tanto a adesão do franqueado ao sistema, quanto a remuneração do franqueador pelos serviços inicialmente oferecidos ao franqueado. Pode ocorrer de franqueadores cobrarem um percentual da taxa de franquia no momento da renovação do contrato.

● 12.2.3 Fundo de propaganda (ou fundo de promoção)

Esse fundo se refere às taxas de publicidade pagas pelos franqueados e pelas unidades próprias dos franqueadores, devendo ser utilizado para ações de marketing que beneficiem toda a rede. Em geral, o *fundo de propaganda* é administrado pelo franqueador, mas este deve prestar contas periódicas aos franqueados.

● 12.2.4 Circular de oferta de franquia

Segundo a legislação brasileira, esse documento deve ser entregue pelo franqueador ao candidato a franqueado até dez dias antes da assinatura do pré-contrato, do contrato ou do pagamento de qualquer valor. O documento, que deve ser redigido de forma clara e entregue por escrito, deve conter as informações sobre a franquia, a rede de franqueados e tudo o que será exigido do franqueado antes e após a assinatura do contrato de franquia.

12.3 Associação Brasileira de Franchising (ABF) e Business Format Franchising (BFF)

12.3.1 Associação Brasileira de Franchising (ABF)

Os objetivos principais da ABF são promover a defesa do sistema de franchising junto a autoridades constituídas, órgãos públicos, entidades e associações de classe; incentivar o aprimoramento das técnicas de atuação de seus associados; estabelecer padrões para a prática de franchising; e manter intercâmbio constante entre entidades congêneres situadas no exterior.

Segundo a ABF (2016), a formatação do negócio inclui a elaboração dos documentos jurídicos que externarão a relação dos parceiros com o franqueador. A Lei n. 8.955/94 é clara quanto à necessidade de o franqueador oferecer a *Circular de Oferta de Franquia (COF)* com informações básicas sobre o sistema, incluindo a mostra de um modelo de contrato. Esse documento, além de ser uma imposição legal, determina as obrigações de cada uma das partes, estabelecendo os limites necessários para a manutenção da saúde da rede e do sistema de franquia.

12.3.2 Fatores contratuais da franquia de formato de negócio (BFF — Business Format Franchising)

O contrato de franquia, como já citado, é regido pela Lei n. 8.955/94 e por princípios de direito, sendo orientado pela relação inerente à operação e por relações jurídicas e contratuais, abrangendo um vasto campo de atuação. Origina, por consequência, as mais diversas cláusulas, que variam de acordo com a natureza e a importância do produto e com os interesses das partes contratantes.

Para Mauro (1994), cada contrato de franquia tem sua individualidade, que deverá refletir a operação e a relação específica de determinada empresa. Algumas cláusulas são sempre necessárias e obrigatórias para caracterizar o contrato de franquia, como as que determinam:

- Investimentos, taxas e verbas a serem pagas pelo franqueado.
- Concessão de franquia e uso da(s) marca(s).
- Prazo e condições de renovação contratual.
- Delimitação do território.
- Previsão para retorno do capital/margem de lucro.
- Direitos e obrigações do franqueado.
- Programas de treinamento.
- Serviços prestados pelo franqueador.

- Seleção e montagem do ponto.
- Fornecimento de produtos e equipamentos.
- Publicidade/promoções e marketing.
- Controle de qualidade.
- Instrumentos de fiscalização e controle.
- Cessão de direitos e sua transferência.
- Modificações no sistema.
- Cancelamento ou rescisão contratual, entre outras.

Essas cláusulas contratuais, apesar de variáveis, são a base legal da relação jurídica de franchising, devendo cobrir todos os aspectos e características do negócio franqueado, como também definir os direitos e as obrigações das partes.

Na categoria Franquia de um Negócio Formatado (BFF — Business Format Franchising), as empresas adeptas veem o franchising como um relacionamento entre comerciantes, o qual se compõe de quatro aspectos obrigatórios:

1. *Cessão do direito de utilização de uma Marca Registrada*, seja ela um nome, seja uma marca de serviço, um logotipo, um símbolo ou uma forma de propriedade intelectual, de modo que as partes se tornem coproprietárias dessa marca.

2. *Concordância em trabalhar com um Plano de Marketing substancialmente preparado pelo franqueador* (o proprietário original do negócio e o criador do sistema), que fornecerá assistência substancial e contínua a seus franqueados (os comerciantes associados), os quais serão financeiramente controlados em troca dessa transmissão de *know-how*.

3. *Transferência de um fluxo de receita do franqueado ao franqueador*, que pode ter a forma de uma taxa inicial e/ou de um pagamento contínuo de *royalties*, calculado geralmente como um percentual sobre o faturamento e, ocasionalmente, sobre o aprovisionamento de mercadorias, acompanhado de taxas de contribuição, taxas sobre gastos com treinamento e utilização de equipamentos, entre outras que o franqueador determinar.

4. *Direito unilateral do franqueador, assegurado por cláusula contratual, de terminar o acordo no momento em que lhe aprouver*, independentemente do prazo de duração do contrato oficialmente estipulado.

De acordo com Cherto e Rizzo (1994), as chamadas franquias de terceira geração, ou BFF, contêm vários ingredientes a mais, além de uma marca e de um ou mais produtos. Nesse formato, o franqueador transfere ao franqueado todo um conceito e toda uma forma de se instalar, operar e administrar com eficiência determinado tipo de negócio.

Segundo Foster (1995), a BFF envolve uma combinação de marca, propaganda, treinamento, manual operacional, procedimentos gerenciais sistemáticos e outros componentes. Uma franquia de formato de negócio tem quatro componentes básicos:

1. Uma identidade, isto é, uma marca.
2. Um sistema operacional ou um formato de negócio.
3. Um sistema de apoio.
4. Um relacionamento financeiro constante.

12.3.3 Instrumento de franquia: a BFF

A BFF consiste na estruturação e no desenvolvimento de todo o processo de operação do negócio que será repassado aos franqueados. Tem a finalidade de reproduzir em qualquer localidade uma cópia fiel das características básicas que permitam fazer daquele negócio um sucesso.

Pode-se afirmar que, se o sistema estiver bem estruturado — como o BBF —, o negócio, com certeza, se tornará um investimento de sucesso, pois o franqueador que possuir franqueados bem estabilizados no negócio terá o respaldo de uma marca forte e bem conceituada em todo o mercado. No entanto, se os franqueados tiverem problemas operacionais e estruturais, o franqueador, mais cedo ou mais tarde, deparará com o fracasso de um dos seus maiores bens no ramo empresarial, que é a sua marca e a credibilidade do seu negócio.

O franqueador que não investir em treinamento, consultoria de campo e controle de sua rede como um todo poderá enfrentar muitas dificuldades, com possibilidades, até mesmo, do encerramento das atividades.

12.4 BFF: franquia conforme a natureza dos serviços prestados

Segmentações são modalidades de franchising que podem ser estabelecidas para entender melhor sua aplicação nos diversos tipos de negócios. A seguir, apresentamos as diversas segmentações de franchising, que levam ao desenvolvimento das tipologias do sistema.

De acordo com a natureza dos serviços prestados à rede franqueada, pode-se segmentar o sistema de franquia em gerações; assim, atualmente, temos franquias de primeira, de segunda, de terceira, de quarta e de quinta geração.

As duas primeiras gerações do sistema nada mais eram que formas de se conseguir vendedores ou representantes que tornassem determinada marca ou produto presente no mercado; nessas gerações, o franqueador tinha muito pouco ou quase nada a oferecer a seus franqueados.

Quando o sistema evoluiu para o chamado "negócio formatado", ou de terceira geração, as empresas franqueadoras passaram, efetivamente, a transferir seu *know-how* e sua forma de gestão, mas, em contrapartida, começaram a exigir que seus franqueados respeitassem à risca os procedimentos e os comportamentos descritos em seus manuais.

De acordo com Cherto e Rizzo (1991), é muito importante conhecer, em detalhes, as características das franquias que se enquadram em cada estágio, para que se possa analisar, classificar e avaliar, do ponto de vista pessoal, cada uma das franquias (e cada um dos franqueadores) que decidir investigar.

A maioria das franquias que se pode encontrar no mercado brasileiro, atualmente, ainda está no estágio menos desenvolvido. São relativamente poucas as franquias nacionais que merecem a denominação de "franquias de terceira geração" ou de "formato de negócio". Isso não significa necessariamente um problema insolúvel; mesmo nos países mais avançados, nos quais a vasta maioria das franquias é de terceira geração, ainda sobrevivem algumas mais rudimentares.

Existem dois pontos fundamentais quando se está avaliando a qualidade e o nível de profissionalismo de uma franquia de terceira geração e do respectivo franqueador:

1. *A existência de um protótipo do negócio* • Conhecido como **unidade piloto**, um protótipo do negócio é o local onde o franqueador testa todos os conceitos da operação e consolida sua tecnologia de atuação.

2. *A sistematização da tecnologia* • É por meio da sistematização da tecnologia que o franqueador pode garantir um padrão de uniformidade para toda a rede de franquias.

A unidade piloto e a sistematização são considerados o coração de uma operação de franchising. Para multiplicar um negócio pelo país com segurança, um franqueador precisa desenvolver métodos e estipular procedimentos que possam ser facilmente absorvidos e postos em prática, viabilizando sua aplicação em diferentes situações.

A seguir, apresentaremos a classificação e o enquadramento dos estágios para a identificação das franquias, de acordo com suas respectivas categorias.

⬤ 12.4.1 Franquia de primeira geração

Na franquia de primeira geração de marcas e de produtos, as franquias são utilizadas como canal alternativo de distribuição. Precursor do sistema de franchising, esse modelo tem características básicas, pois nele o foco da relação reside no fornecimento pelo franqueador de produtos ou serviços que serão revendidos pelos franqueados a terceiros e na utilização da marca em conexão com essa revenda. Trata-se de um modelo em que o franqueado tem mais liberdade e menos suporte operacional, que, todavia, já está ultrapassado. Em razão de seu baixo nível de profissionalização, a franquia de primeira geração, na qual não costuma haver contrato de franquia, que já elimina sua classificação como franquia, oferece riscos tanto para o franqueador quanto para o franqueado.

Por outro lado, Gelman (1990) enumera alguns pressupostos básicos das franquias de primeira geração:

1. O franqueador concede autorização ao franqueado para que este use a sua marca em conexão com a revenda de certos produtos e/ou a prestação de certos serviços, que costumam ser fornecidos ao franqueado pelo próprio fornecedor ou, ao menos, por meio e/ou sob licença deste.

2. O apoio e a orientação que o franqueador oferece ao franqueado raramente ultrapassam um projeto arquitetônico para a adequação do ponto de venda ao padrão visual característico dos negócios que levam a marca do franqueador.

3. O franqueador não transfere ao franqueado a tecnologia necessária para a implantação do negócio que vai abrir e tocar.

4. A rede de negócios que opera sob a marca do franqueador, incluindo as franquias, é utilizada como canal alternativo — e não como canal exclusivo — para o escoamento e a distribuição dos produtos/serviços que levam a marca do franqueador.

5. Entende-se, por fim, que franquia de primeira geração é uma forma rudimentar desse modelo de negócio, em que o franqueador concede ao franqueado o direito de uso de sua marca para a revenda de seus produtos, muito embora ele também utilize outros canais de distribuição.

● 12.4.2 Franquia de segunda geração

Na franquia de segunda geração de marcas e de produtos, as franquias são utilizadas como canal exclusivo para a distribuição de produtos e/ou serviços com a marca do franqueador. Esse modelo difere do anterior pelo fato de os produtos e/ou serviços serem encontrados pelos consumidores exclusivamente nas lojas que operam com a marca do franqueador, e não, por exemplo, em lojas de departamentos.

Esses dois tipos de franquia são excessivamente dependentes do talento, do *feeling* e das demais habilidades pessoais do franqueado, o que pode representar uma limitação. Na franquia de segunda geração, o franqueador presta poucos serviços à rede franqueada, mas procura transferir alguma tecnologia de implantação e de operação às unidades franqueadas. O modelo está mais concentrado na distribuição de produtos, em que a própria força do produto e de sua marca são os fatores críticos de compra por parte do consumidor. O franqueador, por sua vez, limita sua atuação ao desenvolvimento e à padronização da unidade-padrão e ao sistema operacional, mas interfere muito pouco no controle da unidade franqueada.

Não existe, por parte do franqueador, a preocupação em instalar unidades piloto antes de implantar o sistema nem em desenvolvê-lo. O grau de liberdade do franqueado é maior, assim como o seu risco. A maioria dos franqueadores de segunda geração não possui contrato de franquia nem manuais de formatação do sistema e de orientação ao franqueado. De modo geral, a captação de franqueados é feita por terceiros (corretores de franquia), e o modelo é frequente no setor de perfumaria e cosméticos e em distribuidoras de combustíveis e montadoras de automóveis.

Esse tipo de franquia se assemelha muito ao anterior, mas os produtos são distribuídos somente por meio da sua rede. Para Gelman (1990), os pressupostos básicos para uma franquia de segunda geração são essencialmente os mesmos de uma franquia de primeira geração, com uma única diferença: a rede de lojas que utiliza a marca do franqueador na fachada é usada como canal exclusivo para a distribuição dos produtos/serviços que levam a marca do franqueador.

Sintetizando essa análise, Cherto e Rizzo (1991) sugerem que o profissional que pretende entrar no negócio de franquia de segunda geração tenha alguma experiência empresarial, assim como esteja habituado a tomar decisões e a resolver problemas por si mesmo.

Tal como ocorre com quem compra uma franquia de primeira geração, o adquirente de uma franquia de segunda geração, para ter sucesso como empresário, dependerá excessivamente do próprio talento, da experiência que tiver acumulado em negócios iguais ou semelhantes ao que estará implantando e, principalmente, da própria sorte.

 12.4.3 Franquia de terceira geração

O terceiro tipo de franquia é a chamada **Business Format Franchising (BFF)**, também conhecida como franquia de negócio detalhadamente formatado, franquia empresarial ou ainda franquia de terceira geração. Trata-se de um sistema mediante o qual o franqueador transfere a seus franqueados toda a competência por ele desenvolvida em tudo o que diz respeito à implantação e à operação de um negócio de sucesso, geralmente em nível varejista. Nessa categoria, temos franqueadores como *McDonald's* e *Yázigi* — no Brasil — e da maior parte dos franqueadores com operações internacionais, associando-se plenamente com a definição americana supracitada.

Para Meiler (1992), a BFF, ou franquia de formato do negócio, é caracterizada por um profundo e contínuo relacionamento entre franqueador e franqueado, o qual abrange não somente o produto, o serviço e a marca, mas também a transferência de toda a "formatação" do negócio — plano estratégico de marketing, treinamento, manuais de operação e padrões, controle de qualidade e um contínuo processo de comunicação em duas vias — do franqueador para o franqueado. Esse modelo se distingue substancialmente do franchising de produto e de marca pelo fato de que, nesse último, a relação entre franqueador e franqueado se dá em nível superficial, consistindo basicamente em uma operação de compra e venda em que o detentor da marca permite (concede) seu uso ao revendedor autorizado, e na BFF a relação entre franqueador e franqueado é regida juridicamente por um contrato, que estabelece vínculos de direitos e obrigações mútuas de grande profundidade.

A franquia de terceira geração é o sistema em que o franqueador, além do desenvolvimento do produto ou do serviço, desenvolve também a operação do próprio negócio; nesse processo, o franqueado tem mais garantia de sucesso, e o franqueador, maior competitividade em seu mercado e maior controle dos padrões de gestão das unidades de varejo. Mais seguro para ambas as partes, mas bem mais complexo, esse modelo de negócio prevê que toda a operação seja sistematizada, e as formas de instalação, operação e administração do negócio sejam previamente definidas.

Para ser um franqueador de terceira geração, é preciso, em primeiro lugar, fazer um diagnóstico para saber quão franqueável é o negócio. Isso feito, o franqueador, antes de iniciar a implantação de suas franquias, deve desenvolver internamente, na própria empresa, um plano completo de franchising. Em uma franquia de terceira geração, o franqueador instala uma ou mais unidades piloto para testar seu negócio e o próprio sistema. Nesse tipo de franquia, o franqueador presta, no mínimo, os seguintes serviços ao franqueado: treinamento pré-operacional; assessoria na escolha do ponto comercial; e supervisão, suporte e controle das unidades.

A partir da terceira geração, o franqueador possui o seu negócio formatado, com manuais desenvolvidos para os franqueados, e executa a captação e a seleção interna de candidatos à franquia. Esse modelo de negócio, no qual o compromisso entre as partes é mais forte, exige a assinatura de um contrato de franquia, e, em geral, o franqueador possui uma estrutura interna própria para administrar a rede. A franquia, a partir da terceira geração, deve ser a fórmula preponderante entre os diversos tipos de franquia existentes, uma vez que esse tipo aumenta a eficiência do canal de distribuição em relação aos outros tipos de sistemas de franquia.

Para Gelman (1990), uma franquia de terceira geração tem características básicas, pois é o que de mais avançado existe hoje no mundo em matéria de franchising. Desde que bem planejadas, bem estruturadas e bem implantadas, costumam, obviamente, assegurar a seus adquirentes efetivas condições de ser bem-sucedidos na implantação, na operação e na administração dos próprios negócios, independentemente de estes terem experiência anterior no ramo de atividade específica em que atuarão com a franquia.

Na franquia de terceira geração, o franqueador transfere aos seus franqueados a tecnologia que ele desenvolveu, testou na prática, ordenou e sistematizou em tudo que se relacione a planejamento, implantação, operação e administração de um negócio como o que o franqueado vai instalar e operar (sua franquia). Além disso, o franqueador oferece uma ampla e eficiente prestação de serviços a cada um de seus franqueados, como:

- Análise profissional do ponto onde o franqueado deverá instalar sua franquia.
- Assistência na implantação da franquia, inclusive com o fornecimento de projetos, especificação de materiais, equipamentos e insumos, indicação de fornecedores habilitados e capacitados etc.
- Treinamento completo do próprio franqueado e, se for o caso, de sua equipe, com reciclagens periódicas; fornecimento e atualização contínua de manuais (o mais completo possível) que contenham o máximo de informações úteis, a fim de que

cada franqueado possa operar e administrar sua franquia com o máximo de eficiência e sempre de acordo com os padrões estabelecidos pelo franqueador.

- Manutenção de, no mínimo, uma unidade piloto ou um protótipo, uma unidade própria, com características iguais ou semelhantes àquelas que serão operadas e administradas por seus franqueados, a qual o franqueador utiliza como laboratório para testes e desenvolvimento e aperfeiçoamento constante de tecnologia, de novos produtos/serviços e de técnicas de atuação e de gestão das franquias de sua rede.

Sintetizando essa análise, Cherto e Rizzo (1994) explanam que o empreendedor de franquia de terceira geração tem características específicas de um perfil identificado com o tipo de negócio que pretende gerenciar e é adaptável ao treinamento do franqueador; além disso, ele apresenta pouca disposição para riscos e aventuras no mundo dos negócios. Enfim, está em busca de segurança.

12.4.4 Franquia de quarta geração

O franqueador de quarta geração deve ater-se aos seguintes serviços adicionais:
- Reciclagem do treinamento inicial pelo menos uma vez por ano.
- Reuniões regionais e anuais dos franqueadores, com relatórios de avaliação individual.
- Manutenção de um canal de comunicação aberto com a rede franqueadora, para sugestões e reclamações.
- Jornal interno e telefone gratuito (0800) para comunicação com a rede franqueadora e para captação de pontos comerciais para os franqueados.

12.4.5 Franquia de quinta geração

Para ser uma franquia de quinta geração, o franqueador deve prestar os seguintes serviços adicionais à rede, em relação às franquias de terceira e de quarta geração:
- Desenvolver um Conselho de Administração de Franqueadores com poder de influência nas decisões da empresa.
- Criar cargo de *ombudsman* interno, que procure alertar o franqueador quanto a seus desvios de conduta.
- Desenvolver, interna ou externamente, condições de financiamento do investimento inicial ou da expansão do franqueado.
- Criar um sistema de recompra ou revenda de unidades consideradas problema.

Como característica básica das franquias de quarta e de quinta geração, as quais se diferenciam da de terceira geração pela qualidade do sistema desenvolvido e pela prestação de serviços à rede, o franqueador deverá deter determinado número de unidades próprias, a fim de nunca perder o contato com o mercado.

12.5 Diferenciais e suportes oferecidos pelas franqueadoras

Seguindo os princípios preconizados pelo marketing para conquistar clientes e ampliar mercados, as franqueadoras têm se esforçado para oferecer diferenciais a fim de captar novos franqueados. Além desses diferenciais anunciados, elas oferecem todo tipo de suporte aos novos empreendedores.

O Quadro 12.1 apresenta um resumo dos diferenciais observados em uma pesquisa envolvendo 14 empresas que oferecem franquias nos mais diversos segmentos.

Tipos de empresa	Principais diferenciais da franquia	Suporte oferecido
Comércio de produtos naturais	• Marca reconhecida e premiada com experiência de quase três décadas no segmento. • Suporte ao novo franqueado. • Treinamentos presenciais e *on-line*. • Central de negociações e centros de distribuição. • *Software* de gestão e intranet. • Ações de marketing. • Consultoria de campo.	• Investimento em marketing digital e TV: site (mais de 400 mil acessos/mês); blog (mais de 80 mil acessos/mês); informe aos clientes (mais de 140 mil). • Divulgação em mídia: *on-line*, encartes, revistas. • Capacitação dos franqueados: treinamentos voltados para gestão, motivação, liderança e técnicas de vendas.
Lavanderia *express*	• Conceito inovador para atender ao novo comportamento do consumidor. • Baixo custo operacional. • Serviço atrativo e econômico para o consumidor.	• Auxílio na busca de ponto. • Projeto de identidade visual. • Acompanhamento e reforma do imóvel. • Comunicação e marketing. • Consultoria de campo. • Gestão: indicadores e parcerias. • Suporte operacional. • Assistência técnica.

»

272 · Empreendedorismo estratégico

Tipos de empresa	Principais diferenciais da franquia	Suporte oferecido
Alimentação (*milk-shakes*)	• Linha de produtos variada. • Produto para todas as idades e classes sociais. • Unidades abastecidas por fábrica própria, com estrutura logística própria e terceirizada para garantir a entrega de produtos frescos. • Mercado em crescimento. • Produtos de qualidade com preços acessíveis. • Sem taxa de franquia, *royalties* e fundo de propaganda.	• Assessoria para a seleção e a negociação do ponto comercial. • Definição do projeto arquitetônico. • Apoio na seleção da equipe (primeiro quadro de funcionários). • Treinamento inicial (primeiro quadro de funcionários). • Gestão financeira. • Consultoria de campo. • Assessoria de marketing.
Bufê infantil	• Vasta experiência no segmento. • Maior rede de franquias especializada em festas infantis da América Latina. • Projeto inovador e exclusivo. • Mercado em crescimento	• Suporte ao franqueado com consultor de vendas. • Plano de marketing e ações promocionais. • Treinamento. • Avaliação de resultados. • Auxílio na escolha do ponto comercial.
Alimentação (*wraps*, saladas, sanduíches)	• Apoio de executivos e consultores para auxiliar desde a escolha do ponto comercial até a gestão e o suporte na inauguração. • Treinamento da equipe com visitas periódicas. • Estudo de viabilidade. • Auxílio jurídico e contábil.	• Fornecimento de projeto arquitetônico. • Suporte e orientação na contratação da equipe. • Divulgação e estratégias de marketing.
Ensino de idiomas	• Foco no idioma inglês. • Metodologia atrativa. • Grupos de, no máximo, seis alunos. • O aluno pode estudar em qualquer uma das unidades do País. • Em 18 meses, o aluno completa o curso, podendo fazer, posteriormente, módulos mais avançados.	• Consultoria de campo. • Treinamento sobre o mercado. • Suporte à gestão. • Treinamento de docentes. • Suporte de marketing.

Tipos de empresa	Principais diferenciais da franquia	Suporte oferecido
Costura	• Vasta experiência: 14 anos de operação. • Métodos inovadores. • Serviços de alta qualidade, com preços acessíveis e rapidez.	• Acesso a todo *know-how* da franqueadora. • Treinamento inicial do franqueado e sua equipe. • Projeto arquitetônico. • Suporte de marketing.
Comércio de roupas	• Atendimento personalizado. • Conforto, qualidade. • Roupas que seguem as principais tendências da moda. • Moda social e casual.	• Auxílio na seleção do ponto comercial. • Suporte na montagem e abertura da loja. • Supervisão e consultoria de campo. • Desenvolvimento e fornecimento de produtos. • Apoio na gestão de estoque. • Apoio no recrutamento e na seleção da equipe. • Ações de marketing.
Alimentação (*food truck*)	• Segmento em crescimento. • Praticidade e baixo investimento. • Fácil locomoção, podendo ir a vários eventos.	• Auxílio na produção da unidade móvel. • Auxílio na locação de um ponto fixo.
Alimentação (praça de alimentação em *shoppings*)	• Experiência no ramo. • Segmento em expansão. • Alta receptividade com os públicos A, B e C. • Alia entretenimento a alimentação de alta qualidade.	• Assessoria para a escolha do ponto. • Assessoria nas negociações de compra ou locação do imóvel. • Apoio durante as obras. • Fornecimento dos projetos de construção, decoração e montagem da loja. • Assessoria para a compra de equipamentos, móveis e utensílios. • Marketing promocional para a inauguração. • Treinamento do franqueado e seus funcionários. • Apoio jurídico.

»

274 · Empreendedorismo estratégico

Tipos de empresa	Principais diferenciais da franquia	Suporte oferecido
Comércio de moda íntima	• Experiência no ramo. • Possui parque industrial. • Combina inovação e criatividade à melhor matéria-prima e tecnologia do mercado.	• Auxílio na avaliação e negociação do ponto comercial. • Projeto arquitetônico. • Apoio na montagem e inauguração da loja. • Treinamento de vendas. • Supervisão no gerenciamento do negócio. • *Software* de gestão integrada. • Investimento em marketing.
Clínica de estética	• Oferta de mais de 30 procedimentos estéticos. • Onze anos de referência no mercado. • Videoconferência semanal. • Suporte diário ao franqueado.	• Consultoria na escolha do ponto e em toda a implantação do negócio. • Treinamento para o franqueado e sua equipe. • Marketing.
Serviço de depilação	• Dezoito anos de experiência no ramo. • Cera de depilação com maior elasticidade e baixa temperatura com registro no Ministério da Saúde. • Atendimento sem hora marcada. • Centro de orientação profissional	• Consultoria de campo. • Consultoria de compras. • Suporte: operacional, recursos humanos e financeiros. • SAC. • Médica dermatologista. • Marketing. • Acompanhamento da obra.
Alimentação	• Experiência de 15 anos no mercado. • Atende aos públicos A, B e C. • *Mix* de produto diversificado e de grande aceitação. • Produtos com qualidade e valor reconhecidos pelos clientes.	• Operacional e nutricional. • Marketing. • Controle financeiro. • Assessoria de imprensa. • Assessoria jurídica.

Quadro 12.1 • Diferenciais e suporte oferecidos por franquias de diversos segmentos.

Fonte: Elaborado pelos autores com base em material publicitário de franqueadoras (ABF Expo 2016).

Com base ainda nessa pesquisa, foram levantados dados com um resumo dos investimentos necessários para iniciar uma franquia, conforme apresentado no Quadro 12.2.

Tipo da empresa	Investimentos
Comércio de produtos naturais	• Investimento inicial: a partir de R$ 245.000,00. • Capital de giro: R$ 50.000,00. • Taxa de *royalties*: 4,5% do faturamento bruto. • Fundo de propaganda: 1% do faturamento bruto. • Taxa de franquia. • Montagem da loja. • Equipamentos. • Estoque inicial.
Lavanderia *express*	• Investimento: a partir de R$ 198.000,00. • Taxa de franquia: R$ 28.500,00. • *Royalties*: 5% do faturamento. • Fundo de propaganda: 2% do faturamento. • Espaço físico: área mínima de 40 m². • Estrutura: maquinário; mobiliário etc.
Alimentação (*milk-shakes*)	• Investimento: varia de R$ 38.500,00 a R$ 88.500,00. • Espaço físico: 6 m² a 25 m² mais apoio para estoque acima de 15 m². • A primeira compra deve ser completa (por volta de R$ 10.000,00). • Reforma e adequação do ponto comercial.
Bufê infantil	• Taxa de franquia: de R$ 120.000,00 a R$ 180.000,00. • *Royalties*: 8% do faturamento mensal. • Taxa de propaganda: 2% do faturamento mensal. • Investimento: a partir de R$ 596.500,00.
Alimentação (*wraps*, saladas, sanduíches)	• Taxa de franquia: R$ 30.000,00. • *Royalties*: 5% do faturamento. • Fundo de propaganda: 2% do faturamento. • Capital de giro: R$ 30.000,00. • Custo de instalação: a partir de R$ 220.000,00.
Ensino de idiomas	• Investimento inicial: de R$ 200.000,00 a R$ 250.000,00. • Taxa de franquia: R$ 30.000,00. • Capital de giro: a partir de R$ 40.000,00.

276 · Empreendedorismo estratégico

Tipo da empresa	Investimentos
Costura	• Espaço físico: 30 m² a 40 m². • Investimento: R$ 118.725,00. • *Royalties*: 6% sobre o faturamento bruto. • Fundo de propaganda: 4% sobre o faturamento bruto.
Comércio de roupas	• Taxa de franquia: R$ 50.000,00. • *Royalties*: 5% sobre as vendas. • Espaço físico: 50 m².
Alimentação (*food truck*)	• Taxa de franquia: R$ 60.000,00 (o restante do investimento depende do projeto). • *Royalties*: 5% sobre o faturamento bruto. • Fundo de propaganda: 1% sobre o faturamento bruto.
Alimentação (praça de alimentação em *shoppings*)	• Investimento: R$ 510.000,00. • Taxa de franquia: R$ 125.000,00. • *Royalties*: 5% sobre o faturamento bruto. • Fundo de propaganda: 1% sobre o faturamento bruto.
Comércio de moda íntima	• Taxa de franquia (inclui projeto arquitetônico): R$ 48.000,00. • Investimento total estimado: R$ 350.000,00. • *Royalties*: 1,5% do faturamento bruto. • Fundo de propaganda: 2,5% do faturamento bruto. • Espaço físico: área a partir de 50 m².
Clínica de estética	• Investimento: a partir de R$ 65.000,00
Serviço de depilação	• Investimento: a partir de R$ 195.000,00. • Capital de giro: R$ 25.000,00. • Espaço físico: 50 m² a 60 m². • *Royalties*: 15% do faturamento bruto. • Fundo de propaganda: 3%.
Alimentação	• Taxa de franquia: R$ 50.000,00. • *Royalties*: 6% do faturamento bruto. • Investimento médio: R$ 250.000,00. • Espaço físico: entre 20 m² a 45 m².

Quadro 12.2 • Requisitos e investimentos para ser um franqueado.

Fonte: Elaborado pelos autores com base em material publicitário de franqueadoras (ABF Expo 2016).

12.6 Considerações finais

Alguns autores destacam que é inegável, porém não surpreendente, a velocidade com que o franchising está se incorporando ao sistema de distribuição brasileiro. Afinal, em um país em que o capital é escasso e, portanto, caro, foi descoberto um modelo que fascina o empresário ambicioso ou o futuro empreendedor, ávido por crescer rapidamente e sem precisar investir muito, e atrai aquele que sonha um dia ter o próprio negócio, e ainda com a proteção e o charme de uma empresa conhecida. É um sistema eficaz, que permite alcançar diferentes consumidores em potencial, com diferentes perfis e expectativas.

O franchising inspira confiança em razão da padronização de preços, produtos e serviços, o que proporciona a redução da variedade de marcas e, consequentemente, facilita a decisão de compra do consumidor, fazendo desse sistema um sucesso. Isso se deve também, em grande parte, à disposição de mudança por parte do fabricante, que, consciente de que não pode competir adequadamente sem um bom *sistema de distribuição*, está disposto a investir em um canal adequado. Sua operacionalização, porém, não é uma atribuição simples, desde a formação da rede até a elaboração e o cumprimento das cláusulas contratuais das BFF.

Pode-se considerar que a franquia está se tornando uma estratégia alternativa para a distribuição de produtos e serviços para empresas que desejam iniciar um empreendimento ou ampliar suas operações, apoiando-se na experiência do franqueador. Para este, também é uma boa forma de praticamente contar com um sócio, embora não no sentido formal da palavra, dado que ambos são empreendedores individuais. Fala-se em sócio porque o franqueado tem todo o empenho em investir na aceitação dos produtos da marca franqueada, a qual ele representa, pois essa marca constitui o próprio negócio e meio de vida.

Termos-chave

***Business Format Franchising* (*BFF*)** • Sistema pelo qual o franqueador transfere a seus franqueados toda a competência por ele desenvolvida em tudo o que diz respeito à implantação e à operação de um negócio de sucesso, geralmente em nível varejista.

Circular de Oferta de Franquia (COF) • Documento com informações básicas sobre o sistema, incluindo a mostra de um modelo de contrato que o franqueador deve fornecer ao futuro franqueado.

Franchising • Modelo de negócio que decorre de uma integração entre os participantes do sistema, que buscam um equilíbrio de resultados unilateral em uma relação que deve ser considerada de longo prazo.

Fundo de propaganda • É o montante referente às taxas de publicidade pagas pelos franqueados e pelas unidades próprias dos franqueadores, que deve ser utilizado para ações de marketing que beneficiem toda a rede.

278 · Empreendedorismo estratégico

Royalty • É o valor ou a remuneração periódica paga pelo franqueado pelo uso da marca e pelos serviços prestados pelo franqueador. É comum cobrar-se um percentual sobre o faturamento bruto.

Taxa de franquia (*franchise fee* ou taxa inicial) • É uma taxa ou um valor único que o franqueado deve pagar na assinatura do pré-contrato ou do contrato de franquia. Ela é estipulada pelo franqueador, e seu valor prevê tanto a adesão do franqueado ao sistema, quanto a remuneração do franqueador pelos serviços inicialmente oferecidos ao franqueado. Pode ocorrer de franqueadores cobrarem um percentual da taxa de franquia no momento da renovação do contrato.

Unidade piloto • Protótipo do negócio; local onde o franqueador testa todos os conceitos da operação e consolida sua tecnologia de atuação.

🔦 Dicas do consultor

Ao decidir abrir uma franquia, informe-se antes se é vantajoso fazê-lo ou abrir uma empresa própria. Avalie as vantagens e as desvantagens de um sistema ou de outro.

Consulte mais de um profissional, a fim de obter melhores esclarecimentos, e visite o site da ABF, pois nele consta vasto material, disponibilizado sem custos, mas tenha sempre em mente que a palavra deles não é a última, ou seja, a clareza do que fazer tem de partir de você. A ABF é uma instituição voltada a franquias, e não a outro tipo de sistema.

É importante analisar antecipadamente o segmento de mercado com o qual você tem mais afinidade e gostaria de trabalhar.

Outra dica é a Feira de Franchise; visite-a, pois também é interessante.

Ao bater na porta do franqueador, não se entusiasme nem assine nenhum documento. Peça a relação de franqueados em cidades próximas à sua (pelo menos três), para que você possa consultá-los e obter informações sobre várias coisas, como assistência tecnológica e administrativa e suporte mercadológico oferecido. E não se esqueça de perguntar sobre treinamento constante, presencial e *on-line*. E também, antes de fechar com determinada franquia, avalie todos os custos, investimento total, taxas cobradas etc. Na conversa com franqueados, você poderá ainda avaliar a lucratividade e saber se está compensando continuar franqueados ou não.

? Questões

1. Qual é a diferença entre negócio independente e negócio formatado?
2. Qual é o perfil do empreendedor que se lança em uma franquia?
3. Quais são os cuidados que o futuro franqueador deve tomar para iniciar o negócio formatado?
4. Quais são as etapas para se tornar um franqueado de sucesso?

Referências bibliográficas

BARROSO, L. F. *Franchising e direito*. São Paulo: Atlas, 1997.

CHERTO, M. R; RIZZO, M. Franchising na prática. São Paulo: Makron Books, 1994

_____. Franchising: como comprar sua franquia passo a passo. SãoPaulo: Makron, Mc-Graw-Hill, 1991.

CHURCHILL JR., G. A.; PETER, J. P. *Marketing*: criando valor para o cliente. São Paulo: Saraiva, 2000.

FOSTER, D. L. *O livro completo do franchising*. Rio de Janeiro: Infobook, 1995.

KOTLER, P. *Administração de marketing*: análise, planejamento, implementação e controle. São Paulo: Atlas, 1996.

MAURO, P. C. *Guia do franqueador*: como crescer através do franchising. São Paulo: Nobel, 1994.

MORAIS NETO, D. D. Contrato de franchising. *Bahia Forense*. Salvador: v. 32, jan./jun., 1990.

PORTER, M. E. *Estratégia competitiva*: técnicas para análise de indústrias e da concorrência. Rio de Janeiro: Campus, 1986.

STERN, L. W.; EL-ANSARY, A. I.; COUGHLAN, A. T. *Marketing channels*. 5. ed. New Jersey: Prentice Hall, Inc., 1996.

Indicação de sites

Academia Brasileira de Recursos Humanos: www.abrhbrasil.org.br/cms

Administrative Science Quarterly (ASQ): www.johnson.cornell.edu/Administrative-Science-Quarterly

American Marketing Association: www.ama.org

American Society of Training and Development: www.astd.org

Asamblea Annual Cladea — Consejo Latinoamericano de Escuelas de Administración (Cladea): www. cladea.org

Associação Brasileira de Engenharia de Produção: www.abepro.org.br

Associação Brasileira de Franchising (ABF): www.abf.com.br

Associação Brasileira de Marketing Direto (Abemd): www.abemd.org.br

Associação dos Peritos Judiciais do Estado de São Paulo (Apejesp): www.apejesp.com.br

Associação Nacional de Entidades Promotoras de Empreendimentos Inovadores (Anprotec): www.anprotec.org.br

Associação Nacional de Pesquisa e Desenvolvimento das Empresas Inovadoras (Anpei): www.anpei.org.br

Associação Nacional de Pesquisa, Desenvolvimento e Engenharia da Babson College:-www.babson.edu

Associação Nacional dos Contabilistas das Entidades de Previdência: www.ancep.org.br

Associação Nacional dos Executivos de Finanças, Administração e Contabilidade: www.anefac.com.br

Association for Information Systems: www.qual.auckland.ac.nz/

Babson College: www.babson.edu

Biblioteca Digital de Teses e Dissertações da USP: www.teses.usp.br

Business Association of Latin American Studies: www.balas.org

Business Power Tolls: www.businesspowertools.com

Caderno Profissional em Administração Unimpe (CPA): www.cadtecmpa.com.br

Câmara Brasileira de Comércio Eletrônico: www.camara-e.net

Center for Business Planning: www.businessplans.org

Código Brasileiro de Ocupações — Ministério do Trabalho: www.mte.gov.br

Comissão de Valores Mobiliários: www.cmv.org.br

Congresso Brasileiro de Recursos Humanos: www.conarh.com.br

Conselho Federal de Administração: www.cfa.org.br

Conselho Federal de Contabilidade: www.cfc.org.br

Conselho Regional de Administração de São Paulo: www.crasp.org.br

Conselho Regional de Contabilidade do Estado de São Paulo: www.crcsp.org.br

Conteúdos de RH: www.rh.com.br

DSS Resources: http://dssresources.com/

282 · Empreendedorismo estratégico

Ebsco — Information Services: https://www.ebsco.com/e/pt-br

Ebsco — Information Services: www.ebsco.com/homepage/brasil

Electronic Journal of Information Systems in Developing Countries (EJISDC): http://www.ejisdc.org/ojs2/index.php/ejisdc

Empreendedor – Inovação, Gestão e Valor aos Negócios: www.empreendedor.com.br

Empreender Endeavor: www.endeavor.org.br

Empresa Brasileira de Pesquisa Agropecuária (Embrapa): www.embrapa.br

Empresas Inovadoras (Anpei): www.anpei.org.br

Encontro de Administração Pública e Governança (Enapg): http://www.anpad.org.

Encontro de Estudos Organizacionais (Eneo): www.anpad.org/evento

Encontro de Estudos sobre Empreendedorismo e Gestão de Pequenas Empresas : www.anegepe.org.br

Encontro de Estudos sobre Empreendedorismo e Gestão de Pequenas Empresas (Egepe): www.egepe.org.br

Encontro Nacional de Engenharia de Produção (Enegep): www.abepro.org.br

Encontro Nacional de Pós-Graduação em Pesquisa em Administração: www.anpad.org

Estudo e Desenvolvimento de Novos Negócios (URFJ): www.gn2.ufrj.br

European Information Systems Evaluation (EJISE): www.ejise.com

Federação das Indústrias do Estado de São Paulo (Fiesp): www.fiesp.com.br

Federação dos Contabilistas do Estado de São Paulo (Fecontesp): www.fecontesp.org.br

Federação dos Contabilistas nos Estados do Rio de Janeiro, Espírito Santo e Bahia: http://www.fedcont.org.br/

Federação Nacional das Empresas de Serviços Contábeis e das Empresas de Assessoramento, Perícia, Informações e Pesquisas: www.fenacon.org.br

Feira do Empreendedor – International Business Show: www.feiradoempreendedor.com

Financiadora de Estudos e Projetos (Finep): www.finep.gov.br

Franquia na web: http://franquianaweb.com.br

Fundação de Amparo à Pesquisa do Estado de São Paulo (Fapesp): www.fapesp.br

Fundação Getulio Vargas — Gestão do conhecimento: www.fgvsp.br\conhecimento

Fundação Instituto de Pesquisa Contábeis, Atuariais e Financeiras: www.fifecafi.org

Fundação Parque de Alta Tecnologia São Carlos (ParqTec): www.parqtec.com.br

Grupo de Estudo e Desenvolvimento de Novos Negócios (UFRJ): www.gn2.ufrj.br

Information Systems Journal (ISJ): http://onlinelibrary.wiley.com/journal/10.1111/(ISSN)1365-2575

Inova – Agência da Inovação da Unicamp: www.inova.unicamp.br

Instituto Brasileiro de Geografia e Estatística (IBGE): www.ibge.gov.br

Instituto de Estudos para o Desenvolvimento Industrial: www.iedi.org.br

Instituto dos Auditores Independentes do Brasil (Ibracon) — Diretoria Nacional: www.ibracon.com.br.

Instituto dos Auditores Independentes do Brasil: www.ibracon.com.br

Revista Eletrônica de Sistemas de Informação (Resi): http://www.spell.org.br/periodicos/ver/59/revista-eletronica-de-sistemas-de-informacao

Revista Eletrônica em Administração (REAd): http://read.adm.ufrgs.br/

Revista Eletrônica em Administração (REAd): http://seer.ufrgs.br/read

Revista Gestão em RH — www.gestaoerh.com.br

Revista InformationWeek: www.informationweek.com

Revista Marketing Cultural: www.marketingcultural.com.br

Revista Melhor: www.revistamelhor.com.br

Revista Pequenas Empresas e Grandes Negócios: www.revistapegn.globo.com

Revista Pesquisa Fapesp: http://revistapesquisa.fapesp.br/

Revista Treinamento e Desenvolvimento: www.rtd.com.br

Rodadas de Negócios Ciesp: http://rodadas.ciesp.com.br

Scientific Eletronic Library On-line (Scielo): www.scielo.br

Seminários em Administração (Semead): http://semead.com.br/19/edicoes-anteriores

Seminários em Administração (Semead): www.fea.usp.br/fia

Seminários em Administração (Semead): www.fea.usp.br/fia

Serviço Brasileiro de Apoio às Micro e Pequenas Empresas de São Paulo: www.sebrae.com.br/sites/PortalSebrae/ufs/sp?codUf=26

Serviço Brasileiro de Apoio às Micro e Pequenas Empresas: www.sebrae.com.br

Serviço de Apoio à Pequena e Média Empresa (Sebrae): http://www.sebrae.com.br/sites/PortalSebrae

Serviço de Apoio à Pequena e Média Empresa: www.sebrae.com.br

Simpósio de Administração da Produção, Logística e Operações Internacionais (Simpoi): www.simpoi.fgvsp.br

Simpósio de Engenharia de Produção (Simpep): www.simpep.feb.unesp.br

Simpósio de Excelência em Gestão e Tecnologia (SEGeT): www.aedb.br/seget

Simpósio de Gestão da Inovação Tecnológica: http://www.anpad.org.br/~anpad/eventos.php?cod_evento=5

Simpósio de Gestão e Estratégia em Negócios (Simgen): www.ppgen.ufrrj.br/simgen/

Sindicato dos Contabilistas de São Paulo: www.sindcontsp.org.br

Small Business BC: smallbusinessbc.ca

Small Business BC: www.sb.gov.bc

Sociedad Latinoamericana de Estrategia (Slade): http://sladeinternacional.org

Sociedade Brasileira da Gestão do Conhecimento: www.sbgc.org.br

Sociedade Brasileira para o Progresso da Ciência (SBPC): www.sbpcnet.org.br

Sociedade Latino-americana de Estratégia (Slade): www.sladeinternational.com

The Business Association of Latin American Studies: www.balas.org

Yeda Oswaldo — Publicações de artigos: http://www.yedaoswaldo.com.br/publicacoes.php

Zumble: www.zumble.com.br

Instituto Uniemp: http://www.uniemp.org.br/uniemp.html

International Association of Science Parks (IASP): www.iaspworld.ws

Journal of Computer Information Systems: http://www.tandfonline.com/loi/ucis20#.

Journal of Information Systems: www.palgrave-journals.com/ejis/index.html

Junta Comercial do Estado de São Paulo: www.jucesp.sp.gov.br

Knowledge and Information Systems — An International Journal: www.cs.uvm.edu/~kais/

Laboratório de Tecnologia e Sistemas de Informação (TECSI/FEA-USP): http://www.tecsi.fea.usp.br/objetivossistemasinformacao/

Massachusetts Institute of Technology (MIT): web.mit.edu

Ministério da Fazenda — Receita Federal: www.receita.fazenda.gov.br

Ministério da Fazenda Nacional: www.tesouro.fazenda.gov.br/contabilidade

National Business Incubation Association (USA): www.nbia.org

Network for Teaching Entrepreneurship: www.nfte.com

Núcleo de Política e Gestão Tecnológica (PGT) USP: http://pgt.prp.usp.br/

Observatório de Prospectiva Tecnológica Industrial (OPTI): www.opti.org

Palo Alto Software: www.paloaltosoftware.com

Pequenas Empresas Grandes Negócios: http://revistapegn.globo.com/

Perícias, Informações e Pesquisas (Fenacon): www.fenacon.org.br.

Plano de Negócio: seu portal de empreendedorismo e plano de negócios: www.planodenegocios.

Portal da Classe Contábil: www.classecontabil.com.br

Portal da Contabilidade: www.portaldecontabilidade.com.br

Portal do Franchising: www.portaldofranchising.com.br/franquias

Portal do Marketing: www.portaldomarketing.com.br

Portal Periódicos Capes: www.periodicos.capes.gov.br

Posto Fiscal — Secretaria da Fazenda de São Paulo: www.pfe.fazenda.sp.gov.br

Presidência da República Federativa do Brasil: www.presidencia.gov.br

Programa Jovem Empreendedor: www.empreendedores.net

Proquest — Information and Learning: www.proquest.com

Revista Angrad: www.angrad.org.br

Revista CRN Brasil: www.crn.com.br

Revista de Administração da USP (Rausp): www.rausp.usp.br

Revista de Administração de Empresas (RAE): http://rae.fgv.br/rae

Revista de Administração de Empresas (RAE): www.rae.com.br/rae/index.cfm

Revista de Administração do Mackenzie: www.mackenzie.com.br/editoramackenzie/revistas/

Revista de Administração Pública: www.ebape.fgv.br/academico/asp/dsp_rap_sobre.asp

Revista de Administração Unimep: www.raunimep.com.br

Revista de Práticas Administrativas (RPA): www.unicorpore.com.br

Revista de Práticas Administrativas (RPA): www.unicorpore.com.br